유닉스의 탄생

유닉스의 탄생

세상을 바꾼 운영체제를 만든 천재들의 숨은 이야기

초판 1쇄 발행 2020년 8월 3일
초판 2쇄 발행 2020년 9월 22일

지은이 브라이언 커니핸 / **옮긴이** 하성창 / **펴낸이** 김태헌
펴낸곳 한빛미디어(주) / **주소** 서울시 서대문구 연희로2길 62 한빛미디어(주) IT출판부
전화 02-325-5544 / **팩스** 02-336-7124
등록 1999년 6월 24일 제25100-2017-000058호 / **ISBN** 979-11-6224-328-2 93000

총괄 전정아 / **책임편집** 이상복 / **기획 · 편집** 윤나리
디자인 표지 최연희 내지 김연정 조판 이경숙
영업 김형진, 김진불, 조유미 / **마케팅** 박상용, 송경석, 조수현, 이행은, 고광일 / **제작** 박성우, 김정우

이 책에 대한 의견이나 오탈자 및 잘못된 내용에 대한 수정 정보는 한빛미디어(주)의 홈페이지나 아래 이메일로
알려주십시오. 잘못된 책은 구입하신 서점에서 교환해드립니다. 책값은 뒤표지에 표시되어 있습니다.

한빛미디어 홈페이지 www.hanbit.co.kr / 이메일 ask@hanbit.co.kr

UNIX: A History and a Memoir, 1st edition

지금 하지 않으면 할 수 없는 일이 있습니다.
책으로 펴내고 싶은 아이디어나 원고를 메일(writer@hanbit.co.kr)로 보내주세요.
한빛미디어(주)는 여러분의 소중한 경험과 지식을 기다리고 있습니다.

세상을 바꾼 운영체제를 만든
천재들의 숨은 이야기

유닉스의 탄생

브라이언 커니핸 지음, 하성창 옮김

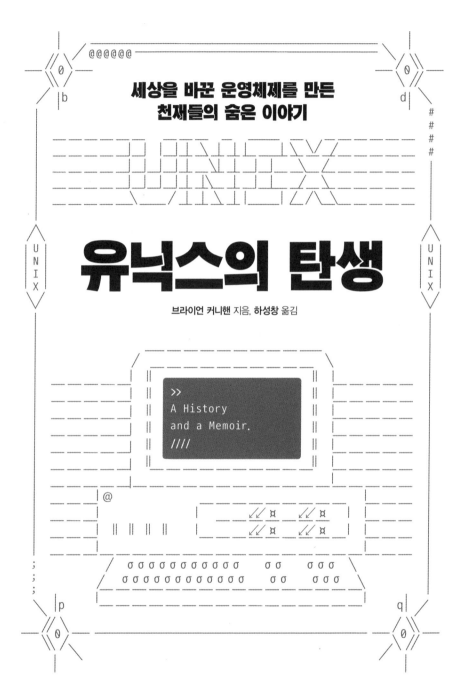

>>
A History
and a Memoir.
////

H3 한빛미디어
Hanbit Media, Inc.

"유닉스는 리눅스와 C 언어 등 수많은 운영체제와 프로그래밍 언어, 소프트웨어의 기반입니다. 그런데 이렇게 중요한 유닉스의 역사에 관해 다루는 책은 놀랍게도 국내에 별로 없었습니다. 이제 이 책 덕분에 국내 개발자들이 유닉스의 기원과 유닉스를 만든 사람들, 그 시기의 상황 등을 모두 살펴볼 수 있게 되었습니다. 유닉스 운영체제의 역사와 흐름을 이해하는 것은 앞으로 컴퓨팅의 세계가 어디로 어떻게 나아갈 것인지 생각해보는 데도 중요한 시사점을 던져줍니다. 이 책이 번역되어 정말 기쁩니다."

권순선, 리눅스/오픈 소스 커뮤니티 KLDP 설립자, 구글 글로벌 머신러닝 생태계 프로그램 리드

"유닉스를 만든 걸출한 천재들과 역사적 시공간을 함께 했던 브라이언 커니핸은 Awk, AMPL 등을 설계한 훌륭한 컴퓨터 과학자이며, 『C 언어 프로그래밍』의 공동 저자다. 그는 유닉스의 요람이었던 벨 연구소에서, 역사적 탄생을 목도하며 느꼈던 감동을 담담하고 유쾌하게 펼쳐냈다. 과장하지 않으면서도 위트 있는 글 덕분에 역사적 인물들이 한층 더 가깝게 느껴진다. 잘 알려지지 않은 수많은 비화는 흥미를 더한다. 지하철에서 버스에서 혹은 커피숍에서 한 호흡에 읽을 수 있을 만큼의 내용과 재미를 가진 책이다. 이 책을 읽는 동안 켄 톰프슨을 동료로 데니스 리치를 선배로 둔 벨 연구소의 연구원이 된 듯한 기분 좋은 환상에 취할 수 있을 것이다."

김명신, 한국마이크로소프트 이사

"이 책은 처음부터 끝까지 한 호흡에 읽어버릴 만큼 재미있고 흥미로운 이야기로 가득 차 있습니다. 특히, 유닉스의 태동이 시작된 벨 연구소 이야기

는 너무나도 신기합니다. 적재적소에 인재가 등장해 필요한 무엇인가를 만들어내고, 서로의 성과를 자랑하며 발전해나가는 모습은 컴퓨터 천재들이 만들었던 초기 해커 문화를 그대로 보여줍니다. 이 책을 읽으며 유명한 천재 개발자 데니스 리치, 켄 톰프슨과 저자 브라이언 커니핸의 이야기 외에도 더글러스 매클로이와 리 맥마흔 등 숨은 조연들의 노고를 확인할 수 있어 좋았습니다. 또한 유닉스 커널뿐만 아니라, 유닉스를 유닉스답게 만드는 여러 도구가 어떤 고민을 거쳐 만들어졌는지 생생하게 느낄 수 있어서 좋았습니다. 현대 컴퓨터 하드웨어와 소프트웨어는 정말 빠른 속도로 성장하고 있습니다. 이 책에 등장하는 여러 천재들이 고민하며 만든 결과물이 없었다면, 아마 지금과는 다른 모습으로 성장했을지도 모릅니다. 작금의 컴퓨터 환경이 어떻게 시작되었는지, 또 앞으로 어떻게 발전해갈지 궁금하다면, 이 책을 읽으며 작은 단서를 찾아보길 바랍니다."

윤종민, GNU 프로젝트 활동가

벨 연구소는 '70년대의 구글', 아니 그 너머에 있는 존재다. 소위 '유닉스 방'에 모인 천재와 그 동료들은 열정과 우정이 가득한 분위기 속에서 운영체제와 프로그래밍 언어의 역사를 바꾼 유닉스와 C 언어를 창조했다. 50살이 넘은 유닉스와 그 진화적 후손들(BSD와 Darwin, 30살의 젊은 리눅스)은 현재 구글, 아마존의 대형 서버뿐 아니라, 손안의 작은 스마트폰 속에 자리 잡고 인류를 '포위'한다. 세계를 정복하리라 확신하던 MS 윈도우만이 오히려 개인용 PC에 갇혀 있는 상황이다. 천재들과 같은 건물, 같은 유닉스 방에서 함께 했던 저자는, 그토록 아름답고 유쾌했던 연구 분위기와 유닉스 같은 창조물이 다시 나올 수는 없을 거라며 아쉬워하는 한편 은근히(?) 자부심을 드러내기도 한다. 유닉스 핵심 개념과 명령을 모두 알고 있다고 자부하던 본인도, 벨 연구소 천재들이 그 하나하나를 얼마나 어렵게 혹은 얼마나 기발하게 만들어나갔는지, 서로가 어떻게 연관되는지 알아가는 재미에 밤새 미소 짓고 맞장구치며 읽었다. 나이 든 C 프로그래머들의 '영원한 선생님'이기도 한 저자가 다시 한번 유닉스 신화로 우리에게 찾아왔다. 과연 벨 연구소의 인간적 신화의 시대가 다시 올 수 있을까? 내 대답은 100% 저자와 같다.

이만용, 오픈소스놀리지(주) 대표

"이 아름다운 책은 데니스 리치와 브라이언 커니핸이 쓴 『C 언어 프로그래밍』에 버금가는, 모든 개발자를 위한 필독서다. 나는 이 책을 읽는 동안 5년간 일했던 뉴저지 벨 연구소 캠퍼스 풍경 속으로 돌아가 가물거리던 유닉스와 C를 눈앞에 떠올렸다. 이 책은 첫 장을 펼치면 마지막 장을 덮을 때까지 아무것도 할 수 없는 엄청난 마력을 가진 책이다. 번역의 품질도 탁월하다. 내가 언젠가 다시 책을 쓸 때, 브라이언 커니핸이 이 책에서 보여준 풍부한 사료, 흥미로운 스토리, 기술적 깊이, 간결하고 흡입력 있는 문체의 반이라도 따라갈 수 있다면 좋겠다. 모든 개발자에게 일독을 권한다."

임백준, 삼성리서치

지은이·옮긴이 소개

지은이 브라이언 커니핸 Brian Kernighan

벨 연구소 유닉스 개발팀의 일원이며, 30년 동안 벨 연구소의 컴퓨팅 과학 연구 센터에서 일했다. 스크립트 언어인 Awk와 모델링 언어인 AMPL을 공동 개발했고, 문서 조판용 도구를 포함하여 다양한 유닉스 프로그램을 만들었다. 토론토 대학교에서 기초공학 학사 학위를, 프린스턴 대학교에서 전기공학 박사 학위를 받았다. 2000년부터 현재까지 프린스턴 대학교의 컴퓨터 과학과 교수로 재직 중이다. 『C 언어 프로그래밍』(휴먼싸이언스, 2016)과 『프로그래밍 수련법』(인사이트, 2008) 등 십여 권의 IT 서적을 공동 집필했다. 이외 저서로『Hello, Digital World』(제이펍, 2017)가 있다.

옮긴이 하성창 sungchang.ha@gmail.com

고려대학교 컴퓨터학과를 졸업했다. 삼성전자에서 소프트웨어 개발자로 일하면서 TV 및 셋톱박스용 소프트웨어 개발 프로젝트에 참여했다. 이후 LG전자에서 테크니컬 라이터로 일하면서 시스템 온 칩, 웹 엔진, 소프트웨어 플랫폼 관련 기술 문서를 작성했고, webOS 기반 오픈 소스 프로젝트용 개발자 사이트를 만드는 데 주도적인 역할을 했다. 지금은 매스웍스MathWorks 코리아에서 로컬라이제이션 전문가로 일하고 있다. 『Hello, Digital World』(제이펍, 2017)를 번역했다.

우리는 '유닉스가 없었다면?'이라는 질문을 이따금 접합니다. 사실 이 질문은 유닉스 자체에만 국한되지 않습니다. 질문을 고쳐보면 다음처럼 될 것입니다. '유닉스가 없었다면, 또 유닉스와 함께 만들어진 프로그래밍 언어, 명령어, 운영체제 설계 방식이 없었다면 세상은 어떻게 달라졌을까?'

역사에 가정은 없다지만, 리눅스, 맥OS를 비롯한 다양한 유닉스 계열 운영체제와 C 언어처럼 유닉스와 연계해서 만들어진 많은 기술이 실질적으로 디지털 세상을 움직이는 만큼, 지금과 같은 기술적 풍요가 더 늦게 찾아왔거나 아주 다른 방향으로 전개됐을지도 모를 일입니다.

자라나는 세대를 위한 컴퓨터 교육을 보더라도 유닉스는 여전히 큰 영향을 미치고 있습니다. 대표적인 사례로, MIT에서 개발하고 전 세계 많은 대학교에서 사용하는 교육용 운영체제 xv6는 유닉스 제6판을 현대적인 컴퓨팅 환경에 맞춰 재구현한 것입니다.

2019년은 유닉스가 태어난 지 50년이 되는 해였습니다. 이를 맞아 저자인 브라이언 커니핸은 벨 연구소에서 유닉스의 탄생과 발전, 번성과 쇠퇴를 지켜본 유닉스 역사의 산증인으로서, 각종 자료에서 수집한 사실과 더불어 자신의 회상을 담아 이 책을 발표했습니다.

저자는 먼저 유닉스가 만들어지기 전 벨 연구소를 둘러싼 시대적 배경을 소개하고, 벨 연구소 조직 구조와 평가 체계처럼 잘 알려지지 않은 사실을 알려줍니다. 다음으로 두 인물, 켄 톰프슨과 데니스 리치를 중심으로 유닉스가 만들어지는 과정에 주목하며, 두 사람의 천재성이 어떻게 기존 기술을 한 차원 끌어올려서 운영체제의 정수를 빚어냈는지 보여줍니다. 이어서 유닉스 개발팀 관리자이자 숨은 공로자인 더그 매클로이를 재조명합니다. 위대한 업적을 일구는 데 훌륭한 멘토의 역할이 얼마나 중요한지 새삼 일깨워주는 대목입니다.

이외에도 저자를 비롯한 조연들이 유닉스를 필두로 한 컴퓨터 기술 발전에 어떻게 기여했는지 많은 일화와 함께 소개합니다. 사실 말이 조연이지 컴퓨터 과학 분야에서 모두 쟁쟁한 인물들이라, 한 명씩 검색해보며 읽는 것도 의미 있을 것입니다.

책의 종반부는 유닉스가 다른 운영체제로 파생되고 진화하는 과정, 벨 연구소가 격동의 시절을 맞이하면서 유닉스가 쇠락하는 과정을 간략히 설명하고, 이상의 내용을 갈무리하면서 끝맺습니다.

저자는 유닉스의 창시자들을 애써 영웅으로 포장하지 않습니다. 그들은 저자의 오랜 동료이자 친구였고, 돈이나 명예보다는 순수한 열정으로 더 나은 세상을 위한 기술 개발에 헌신한 사람들이었습니다. 이 책은 유닉스의 역사를 애정 어린 시선으로 회고하면서 그들이 마땅히 받아야 할 관심을 불러일으키며, 고인이 된 데니스 리치를 추모합니다.

벨 연구소 유닉스 개발팀처럼 우애 넘치고 자유로운 환경이 현실에서는(특히 요즘같이 경쟁적인 환경에서는) 매우 드물다는 점을 저는 잘 알고 있습니다. 그래도 가끔은 유닉스처럼 세대를 뛰어넘는 결과물을 낳은 이야기에서 교훈을 얻고 이상을 꿈꾸는 것도 필요하다고 봅니다. 소프트웨어 개발을 지망하는 학생부터 유닉스 시절에 대한 향수가 있는 분들까지 이 책을 재미 있게 읽으셨으면 합니다.

컴퓨터에서 명령줄 인터페이스를 사용하거나 프로그래밍을 해본 경험이 있는 독자라면 이 책을 더 재미있게 읽을 수 있을 것입니다. 그렇지 않더라도 설명을 따라가면 대략적인 흐름을 이해하는 데 무리는 없을 것이라 생각합니다. 다만, 명령어 사용법이나 프로그래밍 기법을 안내하는 실용서가 아니므로, 책에 나온 그대로 입력해서 실행되는 것을 보장하지는 않는다는 점을 참고해두시기 바랍니다.

특별히 감사의 뜻을 전하고 싶은 이들이 있습니다.

우선 저자에게 깊은 감사의 마음을 전합니다. 브라이언 커니핸은 『C 언어 프로그래밍』(휴먼싸이언스, 2016년)부터 국내에 번역되지 않은 많은 고전에서 특유의 문체와 구성으로 컴퓨터 기술 서적의 품격을 높인 인물입니다. 또한 이 책에서도 설명한 것처럼 컴퓨터를 이용한 조판 기술의 초기 단계에 중요한 역할을 했습니다. 인연이 닿아서 이분의 책을 두 번째로 번역하게 되었는데, 까다로운 질문도 흔쾌히 답해주셔서 번역하는 데 큰 도움이 되었습니다.

다음으로 이 책이 번역될 수 있게 해주신 한빛미디어 및 관계자분들께 감사합니다. 윤나리 편집자님은 초기에 날카로운 조언으로 번역의 질을 높이는 데 큰 도움을 주셨고, 독자 입장에서 한 번 더 생각해볼 수 있게 이끌어주셨습니다. 이상복 팀장님은 판권 계약 초기부터 전반적인 진행에 신경을 많이 써주셨습니다. 또한, 더 완성도 높고 균형 잡힌 책이 될 수 있도록 시간과 에너지를 써주신 디자이너와 조판자에게도 감사합니다.

그동안 제가 거쳤던 학교와 회사에서 많은 가르침을 주신 선후배 및 동료분들께도 깊이 감사드립니다. 지금의 제가 있기까지는 그분들의 도움과 지원이 큰 몫을 했다는 것을 이 책을 번역하면서 다시금 깨달을 수 있었습니다.

마지막으로 항상 저를 걱정해주시고 응원해주신 부모님, 형님들, 그리고 사랑하는 아내에게 고마운 마음을 전합니다.

하성창

• 일러두기
– 원문 병기는 초출에 한해 표기했습니다.
– 주요 인물, 기관, 고유명사를 정리한 인명록을 추가했습니다.
– 본문의 주석은 모두 옮긴이의 것입니다.

인명록

더글러스 매클로이Douglas McIlroy _ 유닉스 개발팀 관리자이자 멘토다. 유닉스 파이프의 개념을 고안하고 `diff` 명령어를 포함한 여러 가지 유닉스 도구와 malloc 라이브러리를 만들었다.

데니스 리치Dennis Ritchie _ 유닉스를 켄 톰프슨과 함께 개발하고, C 프로그래밍 언어를 만들었다.

데이브 디첼Dave Ditzel _ CRISP 마이크로프로세서를 레이 매클렐런Rae McLellan과 함께 개발했다.

데이비드 게이David Gay _ AMPL 언어를 공동 개발하고, 포트란을 C로 번역해주는 도구인 f2c를 공동 개발했다.

로린다 체리Lorinda Cherry _ 수학 조판 언어인 Eqn을 공동 개발하고, 라이터 워크벤치Writer's Workbench(WWB)의 핵심 구성 요소를 개발했다.

로버트 모리스Robert H. Morris _ 유닉스 초기 버전의 수학 라이브러리와 계산기 프로그램, 보안 프로그램 개발에 기여한 컴퓨터 과학자이자 암호 기법 연구자다.

로버트 포러Robert Fourer _ 미국 노스웨스턴 대학교 경영 과학/운용 과학과 교수로, AMPL 언어를 공동 개발했다.

롭 파이크Rob Pike _ UTF-8 인코딩, 플랜 9 운영체제를 동료와 함께 만들었고, 이후 구글에서 Go 프로그래밍 언어를 공동 개발했다.

리 맥마흔Lee McMahon _ 스트림 편집기인 Sed를 개발했다.

리누스 토르발스Linus Torvalds _ 유닉스 계열 운영체제인 리눅스Linux와 소스 코드 버전 관리 시스템인 깃Git을 개발했다.

리처드 해밍Richard Hamming _ 컴퓨터 공학과 통신 이론에 큰 공헌을 한 수학자다. 해밍 코드, 해밍 윈도, 해밍 거리를 고안했다.

마이크 레스크Mike Lesk _ 어휘 분석기를 생성하는 Lex 프로그램과 다양한 문서 생성용 매크로를 개발했다. 또한 printf와 scanf 함수의 첫 번째 버전이 담긴 이식성 있는 I/O 패키지를 개발했다.

마이클 머호니Michael Mahoney _ 미국 프린스턴 대학교 과학사 교수. 유닉스 개발에 참여한 사람들과 인터뷰를 해서 유닉스의 역사에 대한 폭넓은 구술 기록을 만들었다.

마크 로카인드Marc Rochkind _ AT&T 운영 지원 시스템에 사용된 프로그래머 워크벤치Programmer's Workbench(PWB)에서 소스 코드 제어 시스템Source Code Control System(SCCS)을 개발했다.

맥스 매슈스Max Mathews _ 유닉스 제1판 개발 당시 벨 연구소 음성 및 음향 연구 센터 센터장으로, PDP-11 구매 비용을 댔다. 컴퓨터 음악의 선구자다.

멀틱스Multics _ 유닉스 설계와 개발에 영향을 준 시분할 운영체제다.

브라이언 커니핸Brian Kernighan _ 이 책의 저자. 『C 언어 프로그래밍』(휴먼싸이언스, 2016)을 데니스 리치와 공동 집필하고, Awk, AMPL 언어를 동료와 함께 만들었다. 유닉스Unix라는 이름을 만든 것으로 알려져 있다.

비야네 스트롭스트룹Bjarne Stroustrup __ C++ 프로그래밍 언어를 만들었다.

빌 조이Bill Joy __ 버클리 소프트웨어 배포판Berkeley Software Distribution (BSD) 운영체제 개발의 핵심 인물로, vi 편집기와 TCP/IP 드라이버도 개발했다.

샘 모건Sam Morgan __ 유닉스 개발 당시 컴퓨팅 과학 연구 센터 센터장. 응용수학자다.

스튜어트 펠드먼Stuart Feldman __ Make 프로그램을 개발했다. 이외에 첫 번째 포트란 77 컴파일러를 공동 개발했다.

스티븐 본Stephen Bourne __ 유닉스 제7판용 본 셸Bourne Shell을 개발했다.

스티븐 존슨Stephen Johnson __ 구문 분석기를 생성하는 Yacc 프로그램, 이식성 있는 C 컴파일러를 개발했다.

앤드루 타넨바움Andrew Tanenbaum __ 네덜란드 암스테르담 자유대학교 컴퓨터과학과 교수. 유닉스 계열 운영체제인 미닉스Minix를 만들었다.

앨프리드 에이호Alfred Aho __ Awk 프로그래밍 언어를 공동 개발했다. '용 책'으로 알려진 『Principles of Compiler Design』(Addison Wesley, 1977)과 『Compilers: Principles, Techniques, and Tools』(Addison Wesley, 2006)를 공동 저술하여 컴파일러 기술 정립과 발전에 크게 기여했다.

에릭 슈미트Eric Schmidt __ 벨 연구소에 여름 인턴으로 들어와 Lex 어휘 분석기를 재구현해서 대폭 개선했고, 이후 구글 CEO가 됐다.

윌리엄 베이커William O. Baker _ 유닉스 개발 당시 벨 연구소 부소장이었다가 연구소장이 됐다. 화학자다.

유닉스 프로그래머 매뉴얼Unix Programmer's Manual _ 유닉스 명령어, 시스템 호출, 라이브러리 함수 구문 규칙과 사용 예시를 제공하는 매뉴얼이다. 유닉스 버전은 함께 배포된 유닉스 프로그래머 매뉴얼의 버전에 해당한다.

제라드 홀즈먼Gerard Holzmann _ 모델 검사기인 Spin과 이미지 변형 프로그램인 Pico를 만들었다.

조 오산나Joe Ossanna _ 유닉스 초기 버전 개발에 참여했고 문서 생성용 프로그램인 Nroff와 Troff를 개발했다.

조 콘던Joe Condon _ 하드웨어 전문가. 켄 톰프슨과 함께 체스 두는 컴퓨터 벨 Belle을 개발하고 라이노트론 202 조판기 리버스 엔지니어링을 주도했다.

존 라이언스John Lions _ 호주 뉴사우스웨일스 대학교 교수로 재직했다. 유닉스 제6판 소스 코드에 대한 상세한 해설서를 썼다.

존 매시John Mashey _ 벨 연구소 PWB 개발 그룹에서 PWB 셸을 개발했다. PWB 셸은 향후 유닉스 셸 개선에 영향을 미쳤다.

존 벤틀리Jon Bentley _ 더글러스 매클로이와 함께 최적화된 퀵 정렬 알고리즘을 만들었고 『생각하는 프로그래밍』(인사이트, 2013)을 썼다.

카버 미드Carver Mead _ 캘리포니아 공과대학교 교수이자 반도체 공학의 선구자다. 반도체 분야 교재의 고전인 『Introduction to VLSI Systems』

(Addison-Wesley, 1980)를 린 콘웨이^{Lynn Conway}와 공동 집필했다. 1127센터 멤버들에게 집적회로 설계를 다룬 단기 특강을 통해 하드웨어 지식을 전수했다.

컴퓨팅 과학 연구 센터^{Computing Science Research Center} _ 벨 연구소 산하 센터 이름으로, 유닉스가 탄생한 곳이다. 1127 센터로도 불린다.

켄 톰프슨^{Ken Thompson} _ 유닉스를 데니스 리치와 함께 개발하고, grep 명령어와 파이프(표기법 포함)를 개발했다. UTF-8 인코딩, 플랜 9 운영체제를 동료와 함께 만들었고, 체스 두는 컴퓨터 벨을 조 콘던과 함께 만들었다. 이후 구글에서 Go 프로그래밍 언어를 공동 개발했다.

텔레타이프 모델 33^{Teletype Model 33} _ CTSS와 유닉스 초기 버전에 문자를 입력하기 위해 사용된 입출력 장치. 키보드와 프린터로 구성된다.

플랜 9^{Plan 9} _ 유닉스 이후에 벨 연구소에서 연구용으로 개발된 운영체제. 지금은 널리 사용되지 않지만, UTF-8 유니코드 인코딩을 남겼다.

피터 와인버거^{Peter Weinberger} _ Awk 프로그래밍 언어와 첫 번째 포트란 77 컴파일러를 공동 개발했다. 얼굴 사진이 유명하다.

필리스 폭스^{Phyllis Fox} _ 수치 처리 컴퓨팅의 선구자. 포트란 프로그래머를 위한 PORT 라이브러리 주요 기여자다. 또한 벨 연구소에서 여성 연구자로 선구적인 역할을 했다.

하워드 트리키Howard Trickey _ 플랜 9 운영체제 개발팀 멤버. stdio 등 주요 표준 라이브러리를 플랜 9으로 이식했다.

PDP-7 _ DECDigital Equipment Corporation의 미니컴퓨터. 유닉스 프로토타입과 B 언어가 PDP-7 기반으로 만들어졌다.

PDP-11 _ PDP-7보다 향상된 DEC의 미니컴퓨터. 유닉스 제1판과 C 언어가 PDP-11 기반으로 만들어졌다.

헌사

데니스 리치를 추모하며

서문

"옛 추억이 위로가 되는 이유는 장밋빛을 띠는 경향이 있기 때문입니다. 좋았던 일, 오래 했던 일, 더 나은 삶을 위한 기술을 창조하는 데 기여했다는 기쁨이 주로 떠오릅니다."

- 데니스 리치, 「The Evolution of the Unix Time-sharing System(유닉스 시분할 시스템의 진화)」, 1984년 10월

유닉스 운영체제는 1969년 벨 연구소의 다락방에서 만들어진 이래로 유닉스의 창시자들이 상상하지 못한 정도로 뻗어나갔다. 유닉스는 많은 혁신적인 소프트웨어가 개발되도록 했고, 무수한 프로그래머에게 영향을 주었으며, 컴퓨터 기술의 전체 궤도를 바꿔놓았다.

유닉스와 유닉스 파생 운영체제는 대중에게 널리 알려져 있지는 않지만, 많은 사람이 일상 속에서 사용하는 다양한 시스템의 중심에 자리 잡고 있다. 구글, 페이스북, 아마존을 비롯한 수많은 서비스는 리눅스 기반으로 구동되는데, 리눅스는 유닉스 계열 운영체제다. 휴대전화나 맥 컴퓨터도 유닉스에서 파생된 다양한 운영체제를 실행한다. 알렉사 같은 음성 인식 기기나 자동차에서 사용하는 내비게이션 소프트웨어도 유닉스 계열 운영체제로 구동된다. 웹 서핑을 할 때마다 쏟아지는 광고를 생성하는 시스템, 더 정확한 표적에게 광고 공세를 펼치려고 사용자를 추적하는 시스템도 유닉스 기반으로 작동할 가능성이 있다.

유닉스는 50년도 더 전에 두 인물이 만들었고 소수의 협력자와 지지자가 도움을 줬다. 나는 운이 좋았던 덕분에 그 역사적인 현장에 함께했으나, 유닉스

탄생에 직접적으로 기여한 바는 없다. 내 공으로 돌릴 만한 것은 몇몇 유용한 소프트웨어를 개발한 일과, 일류 공저자들 덕분에 유닉스와 그 프로그래밍 언어, 도구, 철학을 익히는 데 도움을 주는 책들을 쓴 일이라 하겠다.

이 책은 유닉스 역사서이자 회고록이다. 유닉스의 기원을 알아보고, 유닉스가 무엇인지 어떻게 만들어졌으며 왜 중요한지를 설명한다. 하지만 학술 도서는 분명히 아니므로 각주를 달지 않았다. 원래 계획과 달리 역사서보다는 회고록에 좀 더 가깝게 됐다.

이 책은 컴퓨터 사용이나 발명의 역사에 관심 있는 모든 독자를 위한 책이다. 전문적인 내용을 다소 포함하지만, 배경지식이 별로 없더라도 기본 아이디어를 이해하고 그것이 왜 중요한지 알 수 있을 만큼 충분한 설명을 제공하고자 했다. 너무 복잡해 보이는 부분은 넘어가도 괜찮으니 단어 하나하나 읽으려 할 필요는 없다. 프로그래머 독자에게는 어떤 설명은 너무 뻔하고 지나치게 단순화된 것처럼 보일 수도 있다. 그래도 몇몇 역사적 통찰은 도움이 될 것이다. 함께 소개하는 숨은 이야기가 새롭고 흥미롭게 다가가기를 바란다.

최대한 정확한 내용을 전달하고자 노력했지만 내 기억에도 오류가 있을 것이다. 참고 자료로 삼은 인터뷰, 다른 인물들의 회고록, 녹음된 사료, 책과 문서에 나오는 기록이 내 기억과 일치하지 않는 경우가 있었고 자료 간에도 항상 일치하지는 않았다.

다행히도 유닉스 개발 초기에 관여했던 많은 이들이 아직 살아 있어서 내가 헷갈리는 부분을 바로잡는 데 도움을 받았다. 물론 그들도 기억력 감퇴나 장밋빛 기억의 편향에서 벗어나지 못할 수도 있겠지만, 오류가 있다면 겸허히 내 책임으로 인정하겠다(적어도 다른 누군가가 원인 제공자라고 확실하게 말할 수 있기 전까지 말이다).

이 책을 쓴 주목적은 컴퓨팅의 역사에서 특히 풍부한 결실을 맺고, 많은 기술이 형성된 시기에 대한 놀라운 이야기를 들려주기 위해서다. 우리가 당연시하면서 사용하는 기술의 진화 과정을 이해하는 일은 중요하다. 기술을 어떻게 개발하고 어떤 방향으로 발전시킬지 결정한 것은 모두 실존 인물들이었으며, 이들은 실제로 여러 현실적 제약과 시간의 압박 속에서 일했다. 유닉스의 역사를 더 많이 알수록 유닉스를 개발한 창의적인 천재들의 진가를 인정하고 현대 컴퓨터 시스템이 왜 지금과 같은 모습으로 발전하게 됐는지 더 잘 이해할 수 있을 것이다. 아니면 적어도 과거와 현재의 간극을 좁히는 데 도움이 될 것이다. 지금 볼 때는 매우 비합리적이거나 이상하게 보이는 과거의 결정이 당시에 쓸 수 있던 컴퓨팅 자원과 환경의 한계 속에서는 충분히 자연스럽게 귀결 가능한 결론이었다는 것을 이해하게 될 것이다.

유닉스 운영체제가 이야기의 핵심이기는 하지만 전부는 아니다. 가장 널리 사용되는 프로그래밍 언어 중 하나인 C 언어 이야기도 다룬다. C 언어는 인터넷과 인터넷 기반 서비스를 실행하는 시스템의 중심부를 구현한다. 물론 벨 연구소에서 유닉스와 함께 탄생한 다른 프로그래밍 언어도 있다. 특히 C++는 C 언어만큼이나 널리 사용된다. 워드, 엑셀, 파워포인트 같은 마이크로소프트 오피스 도구가 C++로 작성되었고, 웹 브라우저 대부분도 마찬가지다. 프로그래머가 일상적으로 사용하며 당연하게 여기는 핵심 도구 수십여 가지가 유닉스 초창기에 작성됐으며 여전히 많은 프로그래머에게 사랑받는다. 이러한 도구는 대개 40~50년 전과 거의 동일하다.

컴퓨터 과학 이론도 기술 발전에 필수적이며, 종종 엄청나게 유용한 도구가 개발되게 돕는다. 하드웨어 분야에서는 칩 설계 도구, 집적회로, 컴퓨터 아키텍처, 독특한 특수 목적 장치에 대해 연구가 이루어졌다. 여러 분야의 상호작용은 종종 예기치 못한 발명으로 이어지는데, 이런 협업은 회사(AT&T 및 모기업인 벨 시스템 등) 전체가 매우 다채로운 분야에 걸쳐 놀라운 생산성을 낼 수 있었던 이유다.

기술 혁신이 어떻게 일어나는지에 대한 흥미롭고 의미 있는 이야기도 있다. 유닉스가 시작된 벨 연구소는 훌륭한 아이디어를 많이 만들어내고 잘 활용했던 뛰어난 연구 기관이었다. 세상을 바꾼 여러 발명의 근원지인 벨 연구소가 일하는 방식에는 분명 배울 점이 있다.

유닉스 이야기는 소프트웨어를 설계하고 구축하는 방법과 컴퓨터를 효과적으로 이용하는 방법에 대해 분명히 많은 통찰을 던져준다. 이 책의 전반에 걸쳐 이러한 점을 강조하려고 노력했다. 간단하면서 특징적인 예로, 소프트웨어 도구에 대한 유닉스 철학은 새로운 소프트웨어를 작성하지 않고도 기존의 프로그램들을 결합함으로써 폭넓고 다양한 일을 수행할 수 있게 했다. 이것은 오래된 전략인 분할 정복divide and conquer을 프로그래밍에 접목한 사례다.

큰 규모의 일을 작은 조각으로 나눔으로써, 각각을 더 쉽게 처리하고 예상 밖의 방식으로 결합할 수 있다.

마지막으로, 유닉스가 벨 연구소에서 가장 눈에 띄는 소프트웨어이기는 했어도 그것이 벨 연구소가 컴퓨팅에 공헌한 유일한 것은 결코 아니었다. '1127 센터' 또는 그냥 '1127'로 알려진 '컴퓨팅 과학 연구 센터'는 20~30년 간 대단히 생산적이었다. 이 센터는 유닉스에서 영감을 받아 유닉스를 작업 기반으로 이용했는데, 컴퓨팅 역사에 기여한 바는 유닉스를 훨씬 넘어섰다. 1127 센터의 구성원은 수년간 컴퓨터 과학 분야 핵심 교재이자 프로그래머의 참고 서적이 된 중요한 책들을 집필했다. 1127 센터는 산업계에서 보기 드물게 영향력 있는 컴퓨터 과학 연구소였고, 현재까지도 비슷한 규모 중에서 가장 생산성이 뛰어난 연구소로 손꼽힌다.

유닉스와 그 주변에서 일어난 연구 활동은 왜 그렇게 성공적이었을까? 어떻게 두 사람의 실험이 말 그대로 세상을 바꿔놓은 무엇인가로 발전하게 됐을까? 비슷한 일이 다시 일어나지 않을 만큼 이례적인 사건이었을까? 더 중요한 질문인 '이처럼 영향력 있는 결과를 미리 의도할 수 있을까'에 대해서는 이 책의 마지막 부분에서 다시 다뤄본다. 일단 유닉스의 성공은 몇 가지 요인이 우연히 결합한 덕분이라고 생각한다. 걸출한 두 인물, 뛰어난 조연, 유능하고 현명한 관리자와 경영진들에 매우 장기적 안목을 취한 회사의 안정적 재정 지원, 아무리 색다른 연구를 하더라도 간섭하지 않는 자유로운 환경까지 더해졌다. 또한 기하급수적인 속도로 작고 저렴하고 빨라진 하드웨어에 힘입어 유닉스는 널리 채택되었다.

나를 포함해서 벨 연구소에서 일했던 많은 사람에게 유닉스 개발 초창기는 놀랍도록 창조력이 넘치고 즐거운 시절이었다. 여러분이 이 책을 읽으며, (앞서 데니스 리치가 표현한 대로) 새로운 것을 창조하고 삶을 더 낫게 만드는 일의 기쁨을 어느 정도 느낄 수 있기를 바란다.

감사의 말

이 책을 쓰면서 뜻밖의 즐거움을 누렸다. 수많은 친구 및 동료와 다시 연락이 닿은 것이다. 그들은 자신의 기억과 굉장한 이야기를 아낌없이 나눠주었다. 얼마나 귀중한 일인지 말로 표현하기 어렵다. 이야기를 듣는 시간은 무척 즐거웠다. 모든 이야기를 책에 다 담을 수는 없는 게 무척 아쉽다. 함께 일할 수 있어 행운이었던 뛰어난 이들에게 고마움을 느낀다.

책 군데군데 인물 전기를 배치했는데, 유닉스의 탄생을 가능하게 한 세 사람을 위주로 구성했다. 바로 켄 톰프슨, 데니스 리치, 더글러스 매클로이다. 켄과 더글러스는 이 책을 위해 헤아릴 수 없을 만큼 소중한 의견을 주었다. 혹시 내가 틀리게 전달하거나 무심코 잘못 표현한 부분이 있다면 결코 그들의 탓이 아니다. 데니스의 형제인 존과 빌은 값진 의견을 주었고, 데니스의 조카인 샘은 몇몇 초고에 대한 상세한 의견을 주었다.

예전에도 여러 번 그랬던 것처럼 존 벤틀리는 대여섯 차례에 걸쳐 쓴 초고에 깊은 통찰이 담긴 소중한 의견을 주었다. 또한 책의 구성 및 강조할 부분에 대한 유용한 제안, 수많은 일화, 작문에 대한 세심한 의견을 보내주었다. 존에게는 다시 한번 큰 마음의 빚을 졌다.

제라드 홀즈먼은 조언과 함께, 보관하던 자료를 보내주었다. 원본 사진 여러 장을 준 덕분에 책에 볼 거리가 많아졌다.

폴 커니핸Paul Kernighan은 초고 여러 장을 읽고 무수한 오탈자를 찾아주었다. 또한 몇몇 훌륭한 제목을 제안해주었는데 그중 '유닉스로 말하는 사람들의 역사'라는 제목을 끝내 사용하지 않기로 한 것은 무척 아쉽다.

앨프리드 에이호, 마이클 비앙키^{Michael Bianchi}, 스튜어트 펠드먼, 스티븐 존슨, 마이크 레스크, 존 린더먼^{John Linderman}, 존 매시, 피터 노이만^{Peter Neumann}, 롭 파이크, 하워드 트리키, 피터 와인버거는 예리한 서평과 함께 유닉스 초기 시절의 이야기를 들려주었다. 그중 많은 부분을 그대로 인용하거나 표현만 바꿔서 책에 실었다.

또한 마이클 버챈드^{Michael Bachand}, 데이비드 브록^{David Brock}, 그레이스 엠린^{Grace Emlin}, 마이아 하민^{Maia Hamin}, 빌 조이, 마크 커니핸^{Mark Kernighan}, 멕 커니핸^{Meg Kernighan}, 윌리엄 맥그래스^{William McGrath}, 피터 매클로이^{Peter McIlroy}, 아널드 로빈스^{Arnold Robbins}, 조나 시노위츠^{Jonah Sinowitz}, 비야네 스트롭스트룹, 워런 투미^{Warren Toomey}, 재닛 베르테시^{Janet Vertesi}에게서 유익한 의견과 함께 도움을 받았다.

많은 이들의 아낌없는 지원에 깊이 감사한다. 오류나 잘못 옮긴 내용이 있다면 내 책임이라는 점을 다시 한번 밝혀둔다. 지난 50년이 넘는 세월 동안 많은 이가 유닉스에 중요하게 기여했다. 혹시 이 책에서 소홀히 다룬 점이 있다면 미안한 마음을 전한다.

브라이언 커니핸

목차

 ## 벨 연구소

 ## 유닉스 프로토타입(1969)

목차

목차

 유산

UNIX

벨 연구소

—

"하나의 정책, 하나의 시스템, 범용적인 서비스"

- AT&T의 사명^{mission} 선언, 1907년

"시골 풍경에 둘러싸인 벨 전화 연구소의 뉴저지 중심 연구 단지를 처음 보면 마치 현대식 대규모 공장처럼 보인다. 어떤 의미에서는 공장이라고 할 수 있지만, 아이디어를 만드는 공장이라 생산 라인은 눈에 보이지 않는다."

- 아서 클라크^{Arthur Clarke}, 『Voice Across the Sea』(Luscombe, 1974). 존 거트너^{John Gertner}의 『The Idea Factory』(Penguin Random House, 2012)에서 재인용

유닉스가 어떻게 만들어졌는지 이해하려면 벨 연구소를 알아야 한다. 특히 벨 연구소가 일한 방식과 창조적인 연구 환경을 이해해야 한다.

AT&T^{American Telephone and Telegraph Company}는 미국 전역에서 많은 지역 전화 회사를 합병하면서 생겨났다. 운영 초기부터 AT&T는 전국적인 전화 시스템을 제공하려고 노력하면서 맞닥뜨린 과학적, 공학적 문제를 체계적으로 다룰 연구 기관이 필요하다는 것을 깨달았다. 이러한 문제를 해결하고자 1925년에 연구 개발 자회사인 벨 전화 연구소^{Bell Telephone Laboratories}를 만들었다.

벨 연구소Bell Labs나 BTL, 또는 단순히 연구소the Labs로 불리기도 했으나 벨 연구소의 핵심 관심사는 늘 전화 통신 기술이었다.

벨 연구소는 뉴욕시 웨스트가 463번지에 있었지만, 제2차 세계대전이 발발하며 많은 사업부가 뉴욕 외 지역으로 이전했다. AT&T는 전시 협력 활동에 적극적으로 참여했는데, 매우 다양한 주요 군사 문제에 전문 기술을 제공했다. 여기에는 통신 시스템은 물론이고, 대공포 사격 통제용 컴퓨터, 레이더, 암호 기법도 포함됐다. 이러한 업무 중 일부는 뉴욕에서 33km 서쪽에 있는 뉴저지 교외 시골에서 이루어졌다. 가장 큰 연구 단지는 머리 힐에 있었는데, 뉴 프로비던스와 버클리 하이츠에 걸친 작은 지역이다.

그림 1-1 뉴욕시 웨스트가 463번지(①)에서 뉴저지 머리 힐의 벨 연구소(②)

[그림 1-1]은 대략적인 주변 지세를 보여준다. 웨스트가 463번지는 허드슨강 근처 9A 고속도로 표시에서 약간 북쪽에 있다. 머리 힐의 벨 연구소는 78번 주(州) 간 고속도로 바로 북쪽에 뉴 프로비던스와 버클리 하이츠

간의 경계에 걸쳐 있다. 두 위치는 지도 위에 점으로 표시했다.

벨 연구소는 점차 머리 힐로 더 많이 이전했고, 1966년에는 웨스트가를 완전히 떠났다. 1960년대 머리 힐에는 직원이 3천여 명이 있었고 그중 1천 명 이상이 물리학, 화학, 수학 및 다양한 공학 기술 분야를 전공한 박사 인력이었다.

[그림 1-2]는 1961년에 머리 힐 연구 단지를 찍은 항공 사진이다. 주 건물이 세 개가 있었는데, 빌딩 1은 오른쪽 아래를 향하고 있고, 빌딩 2는 왼쪽 위에 있으며, 빌딩 3은 개방형 안뜰이 있는 정사각형 모양의 오른쪽 건물이다. 1970년대에 새 건물이 두 개 들어서서 막히기 전까지는 빌딩 1 한쪽 끝에서 빌딩 2 다른 쪽 끝까지 쭉 연결되는 통로가 있었다.

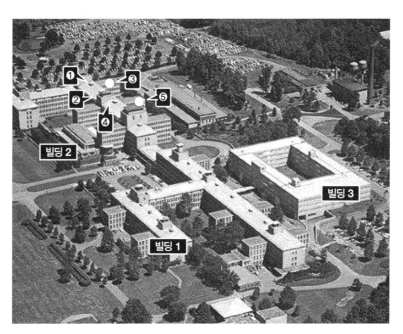

그림 1-2 1961년 벨 연구소(벨 연구소 제공)

① 9번 계단

② 8번과 9번 계단 사이에 있던 초기 유닉스 방(2C-644, 이 다락 공간 근처)

③ 정규직 입사 이후 사무실

④ 8번 계단

⑤ 인턴 시절 사무실

나는 1967년 인턴으로 시작해 2000년에 퇴직할 때까지 빌딩 2에서 30년 넘게 지냈다. 내가 사용했던 사무실들은 5층(꼭대기 층) 옆쪽 동에 점으로 표시한 부분에 있었다. 나중을 위해서 알려두자면, 이 사진에서 9번 계단은 빌딩 2의 맨 끝자락에 있고 8번 계단은 단지 중심 쪽으로 한 동 더 가까이 있다. 초창기 시절 대부분 동안 유닉스 방은 8번과 9번 계단 사이에 있는 6층 다락에 있었다.

[그림 1-3]은 2019년에 벨 연구소를 촬영한 구글 위성 사진이다. 빌딩 6과 빌딩 7은 1970년대 초에 들어섰고, 1996년 이후 한동안 빌딩 6이 루슨트 테크놀로지의 본사 건물이었다. 사진에 붙은 명칭에 회사의 역사가 얼마나 많이 담겨 있는지 보면 흥미롭다. 마커 이름은 '벨 연구소', 진출로는 '루슨트 벨 연구소', 진입로는 '알카텔-루슨트 벨 연구소', 그리고 피라미드형 빌딩 6 정상에는 '노키아 벨 연구소'가 있다.

나는 벨 연구소의 역사에 대해 상세한 글을 쓸만한 적임자는 아니다. 다행히 이미 다른 작가들이 쓴 훌륭한 책이 있다. 특히 좋아하는 책을 소개하자면, 자연과학 부문을 집중적으로 다루는 존 거트너의 『벨 연구소 이야기』(살림Biz, 2012)와 정보과학 부문을 탁월하게 설명하는 제임스 글릭의 『인포메이션』(동아시아, 2017)이 있다. 벨 연구소 공식 출판물 중 방대한(일곱 권에 거의 5천 쪽에 달한다) 『A History of Engineering and Science in the

Bell System(벨 시스템의 공학 및 과학 연구사)』은 완전하고 권위 있어 개인적으로 항상 흥미롭게 읽는 책이다.

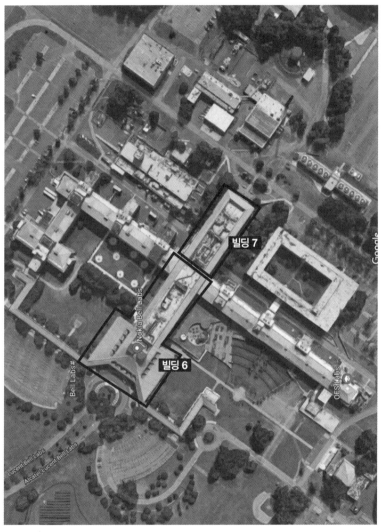

그림 1-3 2019년 벨 연구소

벨 연구소의 자연과학 연구

벨 연구소 설립 초기에는 연구 대부분이 물리학, 화학, 재료 과학, 통신 시스템을 주제로 다뤘다. 연구원들은 자신이 관심 있는 연구를 추진할 특별한 자유를 누렸다. 당시에는 의미 있는 문제가 주변에 워낙 풍부했기에 과학적으로 흥미로우면서도, 벨 시스템뿐만 아니라 세상에 유용할 가능성이 있는 분야를 탐색하기가 어렵지 않았다.

벨 연구소는 세상을 바꾼 과학적, 기술적 진보를 많이 이끌어냈다. 그중 가장 유명한 업적은 트랜지스터로, 1947년에 존 바딘$^{John Bardeen}$, 월터 브래튼$^{Walter Brattain}$, 윌리엄 쇼클리$^{William Shockley}$가 장거리 전화 회선용 증폭기를 개선하려고 시도하다가 발명했다. 1940년대에는 진공관이 통신 장비를 만들고 초창기의 컴퓨터를 구축하기 위한 유일한 방법이었다. 진공관보다 물리적으로 강하고 에너지 소모량이 적은 소자가 필요해지면서 반도체 재료의 특성에 대한 기초 연구가 이루어졌고, 트랜지스터의 개발은 여기에서 비롯됐다.

세 사람은 트랜지스터를 발명한 공로로 1956년에 노벨 물리학상을 받았다. 이는 벨 연구소의 과학자들이 어떤 연구에 부분적으로라도 참여한 업적으로 받은 노벨상 9개 중 하나였다. 다른 주요한 발명으로는 네거티브 피드백 앰프, 태양전지, 레이저, 휴대전화, 통신위성, 전하결합소자(휴대전화의 카메라를 작동시키는 소자)가 있다.

1960년대부터 1980년대까지 벨 연구소(주로 머리 힐)의 연구 부서에는 약 3천 명의 연구원이 있었고, 연구 부서에서 나온 결과를 주로 활용하여 다양한 지역에서 벨 시스템을 위한 장비와 시스템을 설계하는 개발 그룹에는

1만 5천 명에서 2만 5천 명 가량이 근무했다. 이렇게 많은 직원이 일했는데 이 모두를 위한 자금은 누가 제공했을까?

AT&T는 미국 대부분의 지역에 전화 서비스를 제공했으므로 사실상 독점이었지만, 독점력을 행사하는 데는 제약이 있었다. AT&T는 정부로부터 규제를 받았다. 연방 정부와 주 정부 부처가 서비스 요금을 부과하는 방식을 관리했고, 전화 서비스를 제공하는 것과 직접 관련이 없는 사업에 진출하는 것을 허용하지 않았다.

이러한 관리 체계는 수년 동안 잘 작동했다. AT&T는 물리적 거리나 수익성과 무관하게 모든 사용자에게 서비스(사명 선언에 따른 '범용적인 서비스')를 제공할 의무가 있었다. 대신 그에 대한 보상으로 안정적이고 예측 가능한 수익률을 보장받았다.

이러한 관리·감독 하에서 AT&T는 통신 서비스를 개선한다는 분명한 목적을 수행하며 수익의 일부를 벨 연구소에 투자할 수 있었다. 실제로 벨 연구소는 미국 내에서 발생하는 모든 전화 통화에 부과하는 소액의 세금에서 자금 지원을 받았다. A. 마이클 놀A. Michael Noll이 쓴 논문에 따르면 AT&T는 수익의 약 2.8%를 연구 개발에 투자했고 약 0.3%는 기초 연구에 투자했다. 이와 같은 운영 방식이 오늘날에는 얼마나 잘 통할지 모르겠다. 하지만 수십 년간 이런 방식 덕분에 전화 시스템이 꾸준히 발전했고 기초 과학 분야에서도 많은 발견이 이루어졌다.

안정적인 자금 지원은 연구를 위해 결정적으로 중요한 요인이었다. 덕분에 AT&T는 장기적인 안목을 취할 수 있었다. 이는 벨 연구소의 연구원들이 단기간에 결과를 내지 못하거나 영영 결론을 내지 못할 분야라도 자유롭게 탐구할 수 있었음을 의미한다. 기획 단계에서 겨우 몇 달만 내다보고 다음 분기의 재무 성과를 예측하는 데 많은 노력을 쏟는 요즘과는 대조를 이룬다.

통신 기술과 컴퓨터 과학

벨 연구소는 자연스레 통신 시스템을 설계·구축하고 개선하는 개척자가 되었다. 여기서 통신 시스템이란 전화기 같은 소비자용 하드웨어 설계부터 스위칭 시스템, 마이크로파 송전탑, 광섬유 케이블에 이르기까지 모든 것을 아우르는 포괄적인 용어다.

때로는 이렇게 실질적이며 폭넓은 관심사가 기초 과학의 발달로 이어지기도 했다. 1964년에 있던 일을 예로 들어보자. 벨 연구소에서 에코Echo 기구 위성에서 반사되는 전파 신호를 감지하려고 사용하던 안테나가 있었는데, 여기서 원치 않는 노이즈가 발생하곤 했다. 아노 펜지어스Arno Penzias와 로버트 윌슨Robert Wilson은 이유를 알아내려고 했다. 그들은 그 노이즈가 우주가 시작될 때 일어났던 빅뱅의 잔여물인 자연방사선에서 온다고 추정했다. 이 발견은 펜지어스와 윌슨에게 1978년 노벨 물리학상을 안겨주었다(아노는 "수상자들 대부분 자신이 찾던 것 때문에 노벨상을 받는다. 우리는 없애려고 했던 것 때문에 상을 받았다"라고 말했다).

벨 연구소의 또 다른 사명은 통신 시스템이 작동하는 원리에 대해 수학적으로 깊이 있는 이론을 발전시키는 것이었다. 가장 중요한 성과는 클로드 섀넌Claude Shannon이 만든 '정보 이론'으로, 부분적으로는 제2차 세계대전 동안에 그가 연구한 암호 기법에 힘입어 만들어졌다. 그가 1948년에 썼고 『Bell

System Technical Journal』에 게재된 논문「A Mathematical Theory of Communication(통신의 수학적 이론)」은 통신 시스템을 통해 보낼 수 있는 정보량의 근본적인 특성과 한계에 관해 설명했다. 섀넌은 1940년대 초반부터 1956년까지 머리 힐에서 근무했고, 이후에는 자신이 대학원 생활을 했던 MIT로 돌아가서 학생들을 가르쳤다. 그는 2001년에 84세의 나이로 세상을 떠났다.

컴퓨터는 성능이 높아지고 가격은 내려가면서 그 용도가 확대되었다. 데이터 분석용으로 더 많이 사용됐고, 물리계와 물리 작용에 대한 광범위한 모델링 및 시뮬레이션을 수행하는 데도 이용됐다. 벨 연구소는 1930년대 이후 컴퓨터와 컴퓨팅 분야에 관여했고, 1950년대 후반쯤에는 대형 중앙 컴퓨터들이 구비된 컴퓨터 센터를 갖췄다.

1960년대 초에는 수학 연구 부문에서 뽑아낸 일부 인력과 머리 힐에 있는 대형 중앙 컴퓨터를 운영했던 직원 일부를 합쳐서 컴퓨터 과학 연구 그룹을 만들었다. 그렇게 만들어진 조직의 이름이 '컴퓨팅 과학 연구 센터'였고, 잠시 머리 힐 전체를 위한 컴퓨터 서비스를 그대로 운영하기는 했어도 서비스 부서가 아닌 연구 부문에 속했다. 1970년에는 컴퓨터 설비를 관리했던 그룹이 다른 조직으로 옮겨갔다.

벨 연구소로 향하다

이제 개인적인 이야기를 많이 풀어놓으려 한다. 내가 어떤 운 좋은 사건들 덕분에 컴퓨터를 다루는 직업을 갖게 됐고, 연구를 추진하기에 더할 나위 없이 훌륭했던 벨 연구소로 향하게 됐는지 알려주고자 한다.

나는 토론토에서 태어났고 토론토 대학교에 다녔다. 기초 공학^{Engineering} ^{Physics} (나중에 Engineering Science로 이름이 바뀌었다)이라는 프로그램에 참가했는데, 어떤 분야에 집중해야 할지 잘 모르는 학생들을 위한 포괄적인 프로그램이었다. 대학을 졸업한 1964년 당시는 컴퓨팅의 초창기였다. 학교 전체에 대형 컴퓨터가 딱 한 대 있었다(나는 대학교 3학년 때 처음으로 컴퓨터를 봤다). IBM 7094로 그때는 거의 최상급 제품이었다. 32K (32,768) 36비트 워드*(요즘 용어로는 128K 바이트)의 자기 코어 메모리가 있었고, 커다란 기계식 디스크 드라이브 형태의 보조기억장치가 있었다. 당시에 가격이 3백만 달러였고 냉방이 되는 큰 방에 설치됐으며 전문 운영자가 관리했다. 보통 사람들(특히 학생들)은 근처에 가지도 못했다.

결과적으로 학부 시절에는 컴퓨터를 다룰 기회가 거의 없었지만, 프로그래밍 언어 포트란^{Fortran}을 배우려고 노력하기는 했다. 나도 첫 프로그램을 힘겹게 작성한 경험이 있고 여전히 그 어려움을 기억한다. 대니얼 매크래컨^{Daniel} ^{McCracken}이 쓴 포트란 II에 대한 훌륭한 책을 보면서 공부했는데, 언어의 규칙은 완전히 이해했지만 어떻게 프로그램을 작성해야 할지는 알 수 없었다. 많은 이들이 맞닥뜨리는 개념적 장벽이다.

마지막 학년이 되기 전 여름, 토론토에 있는 임페리얼 오일$^{\text{Imperial Oil}}$에 인턴으로 일자리를 구했다. 정유 공장에 필요한 최적화 소프트웨어를 개발하는 부서에 들어갔다(임페리얼 오일의 지분 일부를 소유했던 뉴저지 스탠더드

---

* 옮긴이_ 워드(word)는 컴퓨터에서 데이터를 처리하는 기본 단위로, 프로세서 종류에 따라 다른 비트 수로 구성된다. 우리에게 친숙한 바이트(8비트) 배수 단위인 16비트, 32비트, 64비트 워드는 1967년에 아스키(ASCII) 코드가 만들어진 이후 균일화된 것이다. 그 이전에는 정보 표현 방식에 따라 다양한 비트 수로 된 워드를 사용했고, 메인프레임 컴퓨터에서는 36비트 워드가 주로 사용됐다. 출처: en.wikipedia.org/wiki/Word_ (computer_architecture)

오일Standard Oil of New Jersey은 1972년에 엑슨Exxon이 되었다). 돌이켜보면 당시 나는 평균 이하의 인턴이었다. 정유 데이터를 분석하는 방대한 코볼Cobol 프로그램을 작성하려고 애쓰면서 온 여름을 보냈는데, 무엇을 위한 프로그램이었는지 정확히 기억나지는 않지만 작동하지 않았다는 것만은 확실하다. 일단 프로그래밍을 어떻게 해야 하는지 잘 몰랐다. 게다가 코볼은 프로그램을 조직화하기 위한 기능을 거의 지원하지 않았고 구조적 프로그래밍이라는 개념도 아직 발명되기 전이었다. 당시 작성한 코드는 어떤 조건에서 어떤 작업이 일어나야 하는지를 내가 알아내면 그 일을 하도록 분기 처리한 끝없는 IF 문의 연속이었다.

포트란 프로그램이 임페리얼의 IBM 7010에서 실행되게 하려고 애썼던 적도 있다. 포트란을 어느 정도(코볼보다는 확실히 잘) 알았고 포트란이 데이터 분석에 더 적합하리라 생각했기 때문이다. 몇 주 동안 IBM의 작업 제어 언어Job Control Language(JCL)와 씨름한 뒤에야 IBM 7010에 포트란 컴파일러가 없다는 것을 추정할 수 있었다. JCL의 에러 메시지가 누구도 이해하지 못할 정도로 난해했던 탓도 있었다.

다소 실망스러운 여름을 보내고 마지막 학년을 위해 학교로 돌아왔을 때, 나는 여전히 컴퓨팅에 강한 흥미를 갖고 있었다. 컴퓨터 과학을 위한 정식 과정은 없었지만 당시에 인기 있는 주제였던 인공지능에 대해 졸업 논문을 쓰기도 했다. 자동 정리 증명기theorem prover,* 체스와 체커를 두는 프로그램, 자연어 기계 번역 등이 그저 약간의 프로그래밍이 필요할 뿐 모두 할 만한 일처럼 보였다.

....

* 옮긴이_ 자동 정리 증명은 자동화된 추론과 수리 논리학의 한 분야로, 수학적 정리를 컴퓨터 프로그램을 통해 형식적으로 증명하는 것을 말한다. 자동 정리 증명기는 자동 정리 증명에 이용하는 프로그램이다.

1964년에 졸업한 다음 뭘 해야 할지 몰랐기에, 많은 학생이 그랬듯이 결정을 미루고 대학원에 진학하기로 했다. 미국에 있는 대여섯 개의 학교에 지원했는데(당시 캐나다인으로는 드문 일이다) 운 좋게도 몇 개 학교에서 입학 허가를 받았다. 그중 MIT와 프린스턴 대학교가 있었다. 프린스턴은 박사과정을 마치는 데 일반적으로 3년이 걸린다고 했지만, MIT는 7년 정도가 걸릴 것이라고 했다. 프린스턴은 전액 장학금을 제공했지만, MIT는 그러한 지원을 받으려면 주당 30시간을 연구 조교로 일해야만 한다고 했다. 비교적 쉬운 결정이었고, 토론토 대학교에서 나보다 한 학년 위였던 절친 앨프리드 에이호가 이미 프린스턴에 있었기 때문에 그쪽으로 갔다. 결과적으로 엄청나게 운 좋은 선택이었다.

1966년 또 다른 행운이 찾아와서 MIT에서 여름 인턴으로 일할 기회를 얻었다. 그 전 해에 동문인 리 베리언Lee Varian이 우수한 성과를 보였던 점이 한 몫했다. 나는 호환 시분할 시스템Compatible Time-Sharing System(CTSS)을 사용하여 멀틱스라는 새로운 운영체제를 위한 도구를 구축하기 위해 미시간 알고리즘 디코더Michigan Algorithm Decoder(MAD, 알골Algol 58의 변종)로 프로그램을 작성하면서 여름을 보냈다. 멀틱스에 대해서는 2장에서 다시 살펴본다.

MIT에서 내 명목상의 관리자는 페르난도 코바토Fernando Corbató로 모두들 코비Corby라고 불렀다. 훌륭한 신사이자 CTSS의 창시자이며 멀틱스 프로젝트의 책임자였다. 코비는 시분할 시스템에 대한 선구적인 공로로 1990년 튜링상Turing Award을 수상했다. 그는 2019년 7월에 93세의 나이로 별세했다.

코비는 CTSS와 멀틱스의 설계와 구현을 주도한 것 외에도 컴퓨터 접근 제어를 위한 패스워드를 발명했다. 일괄 처리 컴퓨팅batch computing에서는 그러한 것이 거의 필요하지 않았지만, 공유된 파일 시스템을 사용하는 시분할 컴퓨터에서는 개인적인 파일을 보호하기 위해서 특정한 보안 메커니즘이 필요했다.

1966년 여름 MIT에 있을 때 내가 썼던 패스워드 두 개를 아직도 기억한다. 짧고 발음 가능한 형태로 자동으로 생성한 것이었다. 어느 여름날 누군가의 실수로 패스워드를 저장하는 파일과 그날의 로그인 메시지를 담는 파일이 뒤바뀌었고, 패스워드가 암호화되지 않은 상태로 저장됐기 때문에 로그인 한 모든 사람이 다른 사람의 패스워드를 보고 말았다. 그래서 모두 패스워드를 새로 만들어야 했다.

내가 MIT에서 인턴으로 일하면서 사용했던 사무실은 원래 요제프 바이첸바움$^{Joseph\ Weizenbaum}$★ 교수의 사무실이었는데, 그가 여름 동안 부재중이었기 때문에 사실상 혼자 사용했다. 1966년 초에 바이첸바움 교수는 일라이자^{Eliza}에 관해 설명한 글을 발표했다. 일라이자는 로저스 학파★★ 심리 치료사의 대화 방식을 모방하는 프로그램으로, 자연 언어를 이용하여 컴퓨터와 상호작용하는 초기 시도 중 하나였다. 적어도 처음 보는 사람에게는 대단히 효과적이어서 방문객들에게 자랑하곤 했다. 오늘날 웹에는 일라이자 시뮬레이터가 많이 있다. 여전히 몇 분 동안 갖고 놀기에는 재미있지만 약점이 금방 드러난다.

....

★ 옮긴이_ 요제프 바이첸바움(1923~2008년)은 독일계 미국인 컴퓨터 과학자이자 MIT의 교수였다. 정보와 컴퓨터 윤리 분야에 공헌한 사람에게 주어지는 바이첸바움상(Weizenbaum Award)은 그의 이름을 따서 명명되었다. 현대 인공지능의 아버지 중 하나로 간주된다. 출처: en.wikipedia.org/wiki/Joseph_Weizenbaum

★★ 옮긴이_ 미국 심리학자 칼 로저스(Carl Rogers)가 개척한 인간 중심 치료 이론을 따른다. 상담을 통해 환자를 치료하는 방식을 취한다. 칼 로저스는 현대 상담심리학에 큰 영향을 끼쳤다.

일라이자: 당신을 괴롭히는 일이 뭔지 말해주세요.

사용자: 유닉스에 대한 책을 쓰려고 노력 중이야.

일라이자: 당신이 날 찾아온 이유가 유닉스에 대한 책을 쓰려고 노력 중이기 때문인가요?

사용자: 그래.

일라이자: 확실하죠.

사용자: 응.

일라이자: 꽤 확신하는 것 같네요.

사용자: 응.

일라이자: 알았어요.

1967년 여름 나에게 최고의 행운이 찾아왔다. 머리 힐의 벨 연구소의 컴퓨팅 과학 연구 센터에서 더글러스 매클로이(그림 1-4)를 위해 인턴으로 일하게 된 것이다. 더글러스는 메모리 할당자의 성능 평가와 관련된 문제를 조사할 것을 제안했는데, 이는 그의 오랜 관심사 중 하나였다. 인턴들이 으레 그러하듯이, 나 역시도 제안 받은 문제를 두고 갈팡질팡하다가 결국에는 완전히 다른 일을 하게 됐는데, 포트란 프로그램에서 리스트 처리를 편리하게 해주는 함수 라이브러리를 만들었다. 머리 힐에 있던, 당시 흔히 쓰던 대형 컴퓨터인 GE 635를 위한 까다로운 어셈블리어로 프로그램을 작성하면서 여름을 보냈다. 사실상 GE 635는 IBM 7094에서 불필요한 요소를 빼고 더 정돈한 모델로, 멀틱스를 위해 특별히 설계된 GE 645의 간단한 버전이었다. 그때가 거의 마지막으로 어셈블리어를 사용한 때며, (기본적으로 방향을 잘못 잡기는 했지만) 너무나 즐거운 경험이었다. 나는 프로그래밍에 완전히 매료됐다.

그림 1-4 더글러스 매클로이, 1984년경(제라드 홀즈먼 제공)

사무실의 이웃들

때로는 자리가 운명을 결정한다.

1967년 인턴 시절 내 사무실은 빌딩 2의 5층이었고, 8번 계단에서 이어지는 복도에 있었다. 출근 첫날에 사무실에 앉아서(인턴조차 개인 사무실을 얻을 수 있었던 좋은 시절) 뭘 해야 할지 생각 중이었는데 어떤 나이 많은 사람이 11시에 문간에 나타나서 말했다. "안녕, 난 '딕*…(못 알아들음)'이라고 하네. 점심 먹으러 가세나."

'그러지 뭐, 안 될 이유는 없으니'라고 생각하고 따라나섰다. 그날 점심에 대해서는 아무런 기억도 없지만, '딕…'이 다른 곳으로 간 후에 살그머니 복도를 걸어가서 그의 문에 있는 이름표를 읽은 것만은 확실하다. 리처드 해밍!**

---

*   옮긴이_ 영어 이름 리처드(Richard)의 약칭이다.
** 옮긴이_ 리처드 해밍(1915~1998년)은 미국의 수학자로, 컴퓨터 공학과 통신 이론에 큰 공헌을 했다. 해밍 코드, 해밍 윈도, 해밍 거리를 포함한 새로운 이론과 기법을 만들었다.

다정한 내 이웃은 오류 정정 코드를 발명하고, 내가 막 수강했던 수치해석 과목의 교재를 집필한 유명인이었다.

리처드(그림 1-5)는 좋은 친구였다. 그는 자기주장이 강하고 표현하기를 두려워하지 않는 사람이었다. 어떤 사람은 이 점을 불쾌하게 생각하기도 했지만, 나는 그와 함께 어울리는 것을 즐겼고 수년간 그의 조언에 많은 도움을 받았다.

그림 1-5 리처드 해밍, 그의 트레이드마크인 격자무늬 자켓을 입고, 1975년경(위키백과)

그는 부서장이었지만 그의 부서에는 아무도 없었다. 좀 이상한 일이었다. 그는 이처럼 적합한 직함을 달면서도 관리 책임이 없는 위치에 오르려고 공을 들였다고 했는데, 나는 훨씬 나중에 십여 명 정도 조직의 부서장이 되고 나서야 그 말을 이해하게 됐다.

1968년 여름, 그가 ACM 튜링상(요즘은 컴퓨터 과학 분야에서 노벨상과 대등하게 여겨진다)의 수상자가 됐다는 것을 알게 된 자리에 나도 함께 있었는데 리처드는 냉소적인 반응을 보였다. 그는 노벨상이 당시에 10만 달러 가치가 있고 튜링상은 2천 달러 가치가 있으니, 노벨상의 2%를 수상한 셈이라고 말했다(리처드 해밍은 세 번째 튜링상 수상자다. 첫 번째와 두 번째는 각각 앨런 펄리스Alan Perlis와 모리스 윌크스Maurice Wilkes가 수상했다. 이들 또한 컴퓨팅 선구자다). 리처드는 수치 계산법, 자동 코딩 시스템automatic coding system, 오류 검출 코드와 오류 정정 코드에 대한 공로로 튜링상을 수상했다.

내가 책 쓰기를 시작한 것도 리처드의 권고 덕분이었다. 그의 말을 들은 것은 결국 잘한 일이었다. 그는 프로그래머 대부분을 낮게 평가하곤 했는데, 훈련을 제대로 못 받았다고 생각했다. 아직도 그의 말이 귓가에 맴돈다.

> "사람들에게 사전과 문법 규칙을 주고선 '자, 당신은 이제 훌륭한 프로그래머예요'라고 말하지."

그는 글쓰기를 가르치는 것처럼 프로그래밍도 가르쳐야 한다고 생각했다. 나쁜 코드와 좋은 코드를 구분하는 스타일에 대한 개념이 필요하며, 어떻게 하면 코드를 잘 작성하고 좋은 스타일을 이해하여 적용할 수 있는지 프로그래머에게 가르쳐야 한다고 믿었다.

그의 생각은 타당했다. 이를 실현할 방법에 대해서는 서로 의견을 달리했지만 결과는 곧 내 첫 번째 책인 『The Elements of Programming Style』(McGraw-Hill, 1974)로 이어졌다. 이 책은 근처 사무실을 쓰던 P. J. 빌 플로거P. J. Bill Plauger와 함께 출간했다. 빌과 나는 윌리엄 스트렁크 주니어William Strunk Jr.와 엘윈 브룩스 화이트E. B. White의 『영어 글쓰기의 기본(The Elements of Style)』(인간희극, 2017)을 모방해서, 어설프게 작성된 일련의 코드 예시를 보여주고 개선하는 방법을 설명했다.

첫 번째 예는 리처드가 내게 보여줬던 책에서 따왔다. 어느 날 그는 내 사무실에 수치해석 교재를 들고 와 수와 관련된 부분이 엉망이라며 몹시 성을 냈다. 그러곤 아주 괴상한 포트란 코드를 보여줬다.

```
    DO 14 I=1,N
    DO 14 J=1,N
 14 V(I,J)=(I/J)*(J/I)
```

포트란 프로그래밍 경험이 없는 독자를 위해 설명하자면 다음과 같다. 코드는 중첩된 DO 루프 두 개로 구성되며, 둘 다 번호 14가 붙은 행에서 종료된다. 각 루프에서 인덱스 변수가 하한값부터 상한값까지 1씩 증가하므로, 바깥쪽 루프에서 I는 1부터 N까지 증가하고, I의 각 값에 대해 안쪽 루프에서 J는 1부터 N까지 증가한다. 변수 V는 N행 N열인 배열로, I는 V의 행별로 반복 처리하고 각 행에 대해서 J는 열별로 반복 처리한다.

그러므로 이 특정한 루프 쌍은 대각선에 1이 들어가고 나머지는 전부 0인 N × N 행렬을 만든다. N이 5라면 다음과 같다.

```
1 0 0 0 0
0 1 0 0 0
0 0 1 0 0
0 0 0 1 0
0 0 0 0 1
```

이 코드는 포트란에서 정수끼리 나눗셈하면 모든 소수점 부분이 버려진다는 점에 기반을 둔다. 그래서 I와 J가 같지 않다면 괄호로 묶인 나눗셈 둘 중 한쪽은 0이 되고, I와 J가 같다면(대각선상에 해당한다) 결과는 1이 된다.

내게는 이 코드가 너무 지나치게 재주를 부린 것처럼 보였다. 부적절한 재주는 프로그래밍에서 좋은 생각이 아니다.

단순하고 분명한 방식으로 코드를 재작성하면 다음과 같이 명확해진다. 바깥쪽 루프를 반복할 때마다 안쪽 루프는 I열의 모든 요소를 0으로 만들고, 그러고 나면 바깥쪽 루프가 대각선 요소인 V(I, I)를 1로 만든다.

```
C   V를 단위행렬로 만들기
      DO 14 I = 1,N
        DO 12 J = 1,N
   12      V(I,J) = 0.0
   14    V(I,I) = 1.0
```

여기서 얻은 교훈은 우리의 첫 번째 프로그래밍 스타일 규칙으로 이어졌다.

　　코드를 명확하게 작성하고, 지나친 재주를 부리지 말라.

리처드는 1976년에 벨 연구소에서 퇴직하고 캘리포니아 몬터레이에 있는 미국 해군대학원에서 학생들을 가르치다 1998년 초 82세로 세상을 떠났다. 소문에 따르면 그가 담당했던 과목 중 하나는 학생들에게 '해밍이 해밍에 대해Hamming on Hamming'로 알려졌다고 한다.

리처드는 그가 무엇을 하고 있는지와 그 이유에 대해 항상 골똘히 생각했다. 그는 종종 "컴퓨팅의 목적은 수가 아닌 통찰력이다"라고 말했는데, 이 말이 중국어로 쓰인 넥타이까지 매고 다녔다. 그는 컴퓨팅이 벨 연구소에서 이루어지는 일 중 절반을 차지하게 될 것이라고 예견하며 일찍이 혜안을 보여주었다. 그의 동료 중 누구도 그의 말에 동의하지 않았지만, 그 추정치마저 너무 보수적이었음이 곧 증명됐다. 그는 금요일 오후는 위대한 생각을 하는 시간이라고 말하곤 했고 그 시간대에는 편안히 앉아서 생각을 했는데, 그래도 나 같은 방문객들은 언제든 환영이었다.

퇴직하고 몇 년 후 리처드는 성공적인 경력을 쌓는 방법에 대한 조언의 정수를 담아서 통찰력 넘치는 강연을 했다. 'You and Your Research'라는 제목의 강연이며 웹에서 찾을 수 있다. 그는 1986년 3월에 벨코어^{Bell Communications Research}(Bellcore)에서 그 강연을 처음으로 했고, 켄 톰프슨이 차로 데려다줘서 나도 함께 들을 수 있었다. 나는 이 강연을 수십 년간 학생들에게 추천했다. 발표 내용을 글로 옮긴 것을 읽어보거나, 비디오 버전 중 하나를 시청해볼 가치가 있다.

1967년에 복도 바로 건너편 사무실에는 빅터 비소츠키^{Victor Vyssotsky}(그림 1-6)가 있었는데, 그 또한 엄청나게 똑똑하고 재능 있는 프로그래머였다. 빅터는 멀틱스 프로젝트에서 벨 연구소 책임자로서 코비와 협업 관계였는데, 그 와중에도 시간을 내어 거의 매일 비천한 인턴과 대화를 나눠주었다. 빅터는 내 등을 떠밀어 프로그래밍을 배울 필요가 있는 물리학자와 화학자들 대상으로 포트란 수업을 하도록 했다. 전문 프로그래머가 아닌 사람들을 가르치는 경험은 꽤 재미있었다. 이 덕분에 대중 앞에서 발표하는 일의 두려움을 극복할 수 있었고 이후 다양한 강의 기회를 수월하게 얻을 수 있었다.

그림 1-6 빅터 비소츠키, 1982년경(벨 연구소 제공)

얼마 후 빅터는 다른 곳의 벨 연구소로 자리를 옮겨 세이프가드^{Safeguard} 대(對)미사일 방어 체계를 개발하는 프로젝트에 참여했다. 그는 결국 머리 힐로 돌아와서 컴퓨터 과학 연구를 책임지는 이사로 내 몇 단계 위 상사가 되었다.

1968년 봄에 나는 박사 학위 논문을 쓰기 위한 작업을 시작했다. 논문에서 다룰 문제는 지도 교수인 피터 와이너^{Peter Weiner} 교수가 제안한 것이었다. 그 문제는 '그래프 분할^{graph partitioning}'이라고 하는데, 간선으로 연결된 정점 집합이 주어졌을 때, 같은 수의 정점을 포함하는 두 그룹으로 나누면서 한쪽 그룹에 있는 정점과 다른 쪽 그룹에 있는 정점을 연결하는 간선의 수를 최소화하는 방법을 찾는 것이다. [그림 1-7]이 그래프 분할의 예를 보여준다. 다섯 개의 정점을 갖는 두 그룹을 어떤 식으로든 이 그림과 다르게 분할하면 그룹 간의 간선 수가 3개 이상이 된다.

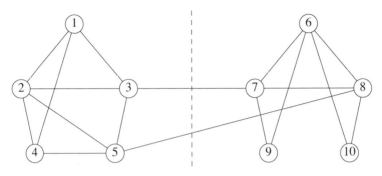

그림 1-7 그래프 분할 예시

그래프 분할은 표면상으로는 실용적인 문제에 기반을 둔다. 프로그램을 부분별로 메모리 페이지에 어떻게 할당해야 프로그램이 실행됐을 때 메모리와 디스크 간에 일어나는 프로그램 페이지 스와핑의 양을 최소화할 수 있을까? 정점은 코드 블록을 나타내고, 간선은 한 블록에서 다른 블록으로 가능한 전이를 나타낸다. 각 간선에는 전이의 빈도를 측정한 가중치가 부여될 수 있는데, 이 값은 두 블록이 서로 다른 페이지에 있을 경우 전이하는 데드는 비용에 해당한다.

어느 정도는 인위적인 문제였지만, 실제 상황을 적절히 추상화한 것이었고 이 추상 모델을 공유하는 다른 구체적인 문제가 존재했다. 예를 들면 '회로 기판에 부품을 어떻게 배치해야 한쪽 회로 기판과 다른 회로 기판을 연결하는 값비싼 배선을 최소화할 수 있을까?' 조금 덜 그럴듯한 예로 '건물에서 층별로 직원을 어떻게 배치해야 자주 대화하는 직원들이 같은 층에 있게 할 수 있을까?'

박사 학위 논문 주제로 삼기에 충분했지만 별로 진전이 없었다. 1968년에 두 번째 인턴십을 위해 벨 연구소로 돌아왔을 때 나는 이 문제를 선 린Shen Lin

(그림 1-8)에게 설명해주었다. 선 린은 그보다 얼마 전에 고전적인 '외판원 문제traveling salesman problem'에 대해 알려진 것 중 가장 효율적인 알고리즘을 개발한 사람이었다. 외판원 문제는 도시의 집합이 주어졌을 때 각 도시를 한 번씩만 방문하고 출발 지점으로 돌아오는 가장 짧은 경로를 찾는 것이다.

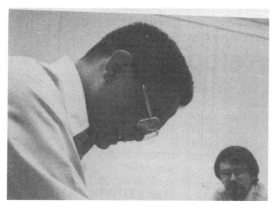

그림 1-8 선 린, 1970년경(벨 연구소 제공)

선은 그래프 분할 문제에 대해 유망한 접근법을 생각해냈는데, 그것이 가능한 한 최고의 해답을 도출하는지는 장담할 수 없었고 나는 그 접근법을 효율적으로 구현하는 방법을 알아냈다. 나는 그 알고리즘이 실제로 얼마나 잘 작동하는지 평가하고자 다수의 그래프에 대해 실험을 했다. 알고리즘은 매우 효과적인 것으로 나타났지만, 우리는 최적 해법을 보장하는 방법을 찾을 수 없었다. 이 과정에서 실행 속도가 빠르면서도 최적 해법을 확실히 도출하는 알고리즘을 고안할 수 있는 흥미로운 특수한 그래프 몇 개를 발견하기도 했다. 이러한 결과를 조합한 것은 논문 내용으로 충분했고, 그해 여름이 끝날 때쯤 내게 필요한 모든 것이 준비됐다. 가을 동안에 논문을 다 썼고, 1969년 1월 말에 최종 구술시험을 치렀다(프린스턴 대학교에서 낙관적으로 잡은 3년 대신 4년 반이 걸렸다).

한 주 뒤에 나는 벨 연구소 컴퓨팅 과학 연구 센터에서 일하기 시작했다. 면접은 보지 않았다. 가을 중에 연구소에서 취업 제의를 보내왔는데 단서가 붙어 있었다. "박사 학위를 취득해야만 함" 센터장이자 상사였던 샘 모건이 말했다. "우리는 박사 과정 중도 포기자는 뽑지 않네" 학위 논문을 마치는 것은 분명히 좋은 일이었다. 12월에 또 한 통의 편지를 받았는데 연봉이 많이 인상됐다는 소식이었다. 정식으로 출근하기도 훨씬 전에 말이다!

여담으로, 당시에 선과 나는 몰랐던 사실이지만, 항상 가능한 최선의 해답을 찾아내는 효율적인 그래프 분할 알고리즘을 우리가 찾아낼 수 없었던 까닭이 있었다. 다른 사람들이 그래프 분할 같은 조합 최적화combinatorial optimization 문제의 본질적인 어려움에 대해 머리를 짜서 생각했고, 어떤 흥미로운 일반적 관계를 알아냈다.

토론토 대학교에서 일하던 수학자이자 컴퓨터 과학자인 스티븐 쿡Stephen Cook은 1971년에 주목할 만한 연구 결과를 발표했다. 그래프 분할을 포함해 풀기 어려운 문제들 중 많은 것이 '동등equivalent'하다는 것을 증명한 것이다. 여기서 동등하다는 것은, 하나의 어려운 문제에 대한 효율적인 알고리즘(즉 가능한 모든 해법을 시도하는 것보다 나은 알고리즘)을 알아낼 수 있다면, 그 모든 어려운 문제에 대해서도 효율적인 알고리즘을 알아낼 수 있다는 의미였다. 그러한 문제들이 정말로 난제인지는 컴퓨터 과학에서 여전히 풀리지 않은 숙제지만 그럴 가능성이 크다는 의견이 많다. 쿡은 이 공로로 1982년 튜링상을 수상했다.

1969년에 내가 벨 연구소에 정규직으로 왔을 때 아무도 내게 무슨 일을 해야 할지 말해주지 않았다. 벨 연구소에서는 일반적인 일이었다. 다른 사람들에게 새 직원을 소개해주고, 여기저기 돌아다녀볼 것을 권한 다음, 자신만의 연구 주제와 공동 연구자를 찾도록 내버려두었다. 돌이켜 생각하면 감당하기 어려웠을 것처럼 보이지만, 나는 특별히 걱정한 기억이 없다. 연구소 내에서 아주 많은 일이 일어나고 있었기에 연구할 거리나 함께 일할 사람을 찾기 어렵지 않았고, 이미 여기서 여름을 두 번 보낸 다음이라 사람들과 몇몇 진행 중인 프로젝트를 알고 있었다.

이처럼 명시적인 관리 방향이 없는 것이 벨 연구소의 표준 관행이었다. 1127 센터에서 프로젝트는 관리자가 할당해주는 방식이 아니라, 주제에 관심 있는 사람들이 모여서 그룹을 이루는 상향식으로 만들어졌다. 연구소의 다른 부서와 일하는 것도 마찬가지였다. 만일 내가 어떤 개발 그룹에 참여한다면 함께 일하자고 연구 동료를 설득해볼 수는 있었지만, 결국 그들이 자발적으로 참여해야만 했다.

어쨌든 한동안은 선과 함께 조합 최적화 문제를 계속 연구했다. 선은 이런 종류의 문제에 특히 통찰력이 뛰어나서, 약간의 예를 가지고 손으로 직접 문제를 풀어보며 유망한 대처 방식을 감지해내는 능력이 있었다. 그는 외판원 문제에 대한 새로운 아이디어를 냈는데, 이전 알고리즘(이미 알려진 것 중 최고의 알고리즘)보다 훨씬 개선된 기법이었고, 나는 그 아이디어를 포트란 프로그램으로 구현했다. 잘 작동했고 수년 동안 가장 우수한 기술이었다.

이런 작업은 재미있고 보람 있었다. 나는 아이디어를 작동하는 코드로 꽤 잘 옮길 수 있기는 했지만, 알고리즘을 만들어내는 일에는 조금도 능숙하지 않았다. 그래서 나는 점차 문서 생성용 소프트웨어, 특화된 프로그래밍 언어, 약간의 글쓰기 등 다른 영역에 발을 들이게 됐다.

이후에도 선과 함께 일할 기회가 몇 번 있었는데, 그중에서 AT&T 고객용 전용망의 설계를 최적화하기 위한 복잡한 도구를 개발한 일도 있었다. 비교적 순수한 컴퓨터 과학 분야와 실제로 회사에 유용한 시스템을 번갈아 연구할 수 있어서 좋았다.

벨 연구소의 대외 홍보 부서는 외판원 문제에 대한 선의 연구 결과를 마음에 들어 했고 선은 여러 편의 광고에 등장했다. [그림 1-8]은 그중 하나의 흐릿한 발췌본으로 구석에 내 모습이 보인다. [그림 1-9]는 연구소에서 발행한 고급스러운 홍보 잡지에 실린 것으로, 그래프 분할 문제에 대한 우리의 연구를 언급하는데, 아마 우리가 알고리즘의 특허를 획득한 다음일 것이다. 사진에서 주목할 부분은 내가 평소답지 않게 넥타이를 매고 있다는 점이다.

Brian W. Kernighan (co-author, *Partitioning Graphs*) is a member of the Computer Systems Research Department. He came to Bell Laboratories in February, 1969, and has been primarily interested in applications of graph models to computer programming and circuit layout problems.

Mr. Kernighan received the B.A.Sc. degree from the University of Toronto in 1964, and the Ph.D. degree from Princeton University in the computer science program in 1969. He is a member of the Association for Computing Machinery.

Brian W. Kernighan

그림 1-9 홍보용 사진. 1970년경(벨 연구소 제공)

몇 년 뒤에 데니스 리치와 내가 AT&T에서 발행하는 또 다른 잡지에 C 언어에 대한 글을 쓴 적이 있다. 그 잡지는 『Western Electric Engineer』였던 것 같다. 잡지가 출간되기 전에 글과 함께 실을 사진을 보내달라는 요청이 와서 보내주었다. 몇 주 있다가 사진이 분실됐다는 소식이 왔고 우리는 괜찮으니 다시 보내면 된다고 말했다. 잡지사 측에서는 "이번에는 넥타이를 매주실 수 있을까요?"라고 물었는데 우리는 단호하게 "아니오"라고 대답했다. 얼마 후 출간된 잡지를 보니 잃어버렸다던 사진이 기적적으로 발견되었는지, 처음에 보냈던 사진이 실려 있었다.

내가 정규직으로 근무를 시작했을 때 내 사무실은 빌딩 2의 5층에 있었고 9번 계단에서 이어지는 복도에 있었다. 나는 세상이 변하는 동안에도 고정된 그 지점에서 30년간 머물렀다. 그 세월 동안 복도 건너편의 이웃으로 켄 톰프슨, 데니스 리치, 로버트 모리스, 조 오산나, 제라드 홀즈먼이 머물렀고, 단골 방문객으로 존 라이언스, 앤드루 타넨바움, 데이비드 휠러David Wheeler가 찾아왔다.

연구소에서 보낸 마지막 10년 동안 켄 톰프슨과 데니스 리치의 사무실은 내 사무실 바로 맞은편에 있었다. [그림 1-10]은 데니스의 사무실 사진이다. 내 옛 사무실 문간에서 2005년 10월에 찍었다. 켄의 사무실은 그 왼쪽이었다.

수년 동안 내 바로 옆 방 이웃으로는 빌 플로거, 로린다 체리, 피터 와인버거, 앨프리드 에이호가 있었다. 겨우 몇 사무실 옆에는 더글러스 매클로이, 롭 파이크, 존 벤틀리가 있었다. 물리적으로 가까이 있는 사람들과는 협업을 하기가 더 쉬운 법인데, 나는 정말 이웃 복이 많았다.

그림 1-10 데니스 리치의 사무실, 2005년

137 → 127 → 1127 → 11276

그 당시 연구소에는 어떤 사람들이 있었고, 근무 환경은 어땠을까? 1970년
대 초에 컴퓨팅 과학 연구 센터의 구성원은 30명이 조금 넘었고, 4명에서
6명 정도가 유닉스나 그와 밀접하게 관련된 일을 했던 것 같다. [그림
1-11]은 벨 연구소 사내 전화번호부의 일부분을 합쳐놓은 것이다. 조직도
부분은 옛날 전화번호부에 있는 업종별 전화번호 부분 같은 노란색 종이에
인쇄돼 있었다. 오래돼서 노랗게 바랜 것이 아니다.

Computing Science Research Center	
137 Morgan S P, Director, Computing Science Research Center......	MH 6490
Kalainikas Miss E, Secretary	MH 6491
1371 McIlroy M D, Head, Computing Techniques Research Department	MH 6050
Marky Miss G A, Secretary	MH 6051
Dimino L A........................	MH 2390
Aho A V	MH 4862
Canaday R H	MH 3038
Friedman A D	MH 4716
Jensen P D	MH 6292
Knowlton K C.......................	MH 2328
Menon P R	MH 2736
Morris R	MH 3878
Neumann P G	MH 2666
Ossanna J F.........................	MH 3520
Thompson K L	MH 2394
Ullman J D	MH 6627
Wagner Mrs M R..................	MH 2879
Weiss Miss R A	MH 2007

1373 Pinson E N, Head, Computer Systems Research Department	MH 2582
Blejwas Miss V M, Secretary	MH 2583
Fraser A G	MH 3685
Johnson S C	MH 3968
Kernighan B W.....................	MH 6021
Ritchie D M	MH 3770
Sturman J N	MH 3164
Winikoff A W	MH 2661
1374 Brown W S, Head, Computing Mathematics Research Department	MH 4822
Blejwas Miss V M, Secretary	MH 4823
Hall A D	MH 4006
Goldstein A J, Supervisor, Mathematical Techniques Group	MH 2655
Lin S	MH 2111
Shafer D M	MH 6862
1374 Traub J F, Supervisor, Numerical Mathematics Group	MH 2383
Businger P A.........................	MH 2059
Richman P L..........................	MH 3932
Schryer N L	MH 2912
1376 Hamming R W, Head, Computing Science Research Department	MH 2064
Marky Miss G A, Secretary	MH 2065

그림 1-11 벨 연구소 전화번호부, 1969년(제라드 홀즈먼 제공)

그림 속 페이지는 1969년도 전화번호부에 실린 컴퓨팅 과학 연구 센터 부분으로 당시 센터 구성원의 명단을 볼 수 있다. 가장 먼저 센터장인 샘 모건 (그림 1-12)은 훌륭한 응용수학자이자 통신 이론 전문가였다. 다음으로 더글러스 매클로이는 유닉스 개발에서 엄청나게 중요한 역할을 했지만 잘 알려지지 않은 인물이다. 그는 켄 톰프슨과 초창기 유닉스 개발에 참여한 러드 캐너데이Rudd Canaday, 로버트 모리스, 피터 노이만, 조 오산나가 속한 그룹을 관리했다. 엘리엇 핀슨Elliot Pinson의 부서에는 데니스 리치, 알렉산더 프레이저Alexander G. Fraser, 스티븐 존슨이 있었는데, 이들도 수년간 유닉스 개발팀의 일부였다.

그림 1-12 샘 모건, 1127 센터장, 1984년경(제라드 홀즈먼 제공)

연구원 대부분이 박사 학위 소유자였지만 누구도 박사라는 호칭을 사용하지 않았고 모두 이름으로 불렀다. 호칭과 관련해서 한 가지 눈에 띄는 예외 사항은 [그림 1-11]의 전화번호부에서 여성은 이름과 함께 Miss 혹은 Mrs로 기혼 여부를 표기하고, 남성은 혼인 여부를 표시하지 않았다는 점이다. 이런 꼬리표 붙이기가 언제 중단됐는지 정확히 기억은 안 나지만, 1980년 대 초의 전화번호부에서는 확실히 없어졌다.

1960년대와 1970년대 벨 연구소 기술직에는 여성과 유색 인종이 많지 않았다. 기술 부서 구성원 대부분은 백인 남성이었고 오랫동안 그렇게 유지됐다. 이런 점에서 볼 때 벨 연구소는 컴퓨팅 역사에서 당시 대다수 기술직 근무 환경의 전형적인 모습을 보여준다.

1970년대 초반에 벨 연구소는 이러한 상황을 개선하려는 시도로 세 가지의 장기 프로그램을 시작했다. 협력 연구 장학금 프로그램^{cooperative research fellowship program}은 1972년에 시작됐는데 매년 10명 내외의 소수 집단 출신 학생에게 박사 학위 취득을 위한 4년 이상의 대학원 학비를 지원했다. 여성을 위한 대학원 연구 프로그램^{graduate research program for women}은 1974년에 시작했고 매년 15~20명 정도의 여성에게 동일하게 대학원 학비를 지원했다. 그들 중 몇 명은 1127 센터에서 일했고 때로는 내 부서에도 있었는데, 대부분은 벨 연구소나 대학원, 또는 다른 회사에서 성공적인 경력을 이어나갔다. 마찬가지로 1974년에 시작한 하계 연구 프로그램$^{summer\ research\ program}$은 매년약 60명의 여성 및 소수 집단 출신 학부생에게 임금을 전액 지원하는 하계 인턴십을 제공했다. 그들은 머리 힐이나 홈델, 이따금 다른 장소에서 근무하면서 연구 멘토와 함께 일대일로 일했다. 나는 15년이 넘게 1127 센터의하계 연구 프로그램을 관리하면서 명민한 학생들을 많이 만날 수 있었고 몇명의 멘토를 맡기도 했다.

이 프로그램은 장기적으로 효과를 봤지만 1960년대와 1970년대에는 여전히 구성원의 성별과 인종이 다양하지 않았고, 나는 이러한 환경 때문에 생긴 일부 문제에 확실히 무지했다.

벨 연구소에는 명확한 관리 체계가 있었다. 최상위에 있는 연구소장이 1만 5천 명에서 2만 5천 명 정도를 관리했다. 그 아래는 연구(10), 개발(20), 전화 교환 시스템(50), 군용 시스템(60) 등으로 번호를 매겨 나눴는데, 각부문을 부소장이 관리했다. 연구 부문은 물리학(11), 수학 및 통신 시스템(13), 화학(15) 등으로 세분화했고 각각을 이사가 관리했다. 연구 부문에는 법무 그룹과 특허 그룹도 포함됐다. 수학 연구는 131 센터, 컴퓨팅 과학연구는 137 센터였고, 137 센터는 1371 같은 5~6개의 부서로 구성됐다. 그러나 큰 변화와 함께 몇 년 뒤에 번호를 모두 새로 매기면서 컴퓨팅 과학연구는 127 센터가 되었다. 이후 약간의 조직 개편을 거치며 앞에 숫자가하나 추가됐고 마침내 1127이 되었다. 이 번호는 내가 2000년에 퇴직한 뒤에도 2005년까지 유지됐다.

계층 구조상 직급의 수는 비교적 적은 편이었다. 나 같은 연구원은 기술직 멤버member of technical staff(MTS)라 불렸고 그 아래로 기술 직급 2~3개가 더 있었다. 연구 부서의 MTS는 보통 개인 사무실을 받았는데, 근무 시간 동안은 사무실 문을 열어두는 것이 관례였다. 바로 위에 관리자 직급이 있기는 했지만 1127에는 수년간 소수의 관리자만 있었다. 그 위는 부서장으로, 연구원 5~10명 정도를 관리하는 더글러스 매클로이 같은 사람이 있었다. 또 위로 가면 센터장이 5~6개 부서를 관리했고, 이사는 센터 몇 개를, 부소장은 이사들을 감독했다.

부소장은 연구소장인 윌리엄 베이커에게 업무를 보고했다. 윌리엄은 뛰어난 화학자로, 1955년부터 1973년까지는 연구 부문 부소장으로 일했고 이후 1980년까지 연구소장을 맡았다. 사람들 말로는 그가 부소장으로 일하는 동안 모든 MTS의 이름과 그들이 하는 업무를 알고 있었다고 한다. 충분히 그럴 법하다고 생각하는데 그는 분명히 내 동료와 내가 무슨 일을 하는지 항상 알고 있었다.

나는 일반 MTS로 있다가 1981년에 압박에 못 이겨 부서장이 되었다. 사람들이 대부분 관리직에 마지못해 올라갔는데, 관리직이 된다는 것은 개인 연구가 끝나지는 않더라도 확실히 둔화됨을 의미했다. 부서를 관리하는 일에는 책임이 따르기 때문이었다. 물론 시키는 입장에서는 흔히 이런 식으로 이야기를 꺼냈다. "어차피 피할 수 없을 텐데 지금 하면 안 되는 이유는 뭔가요?" "당신에게 주어진 마지막 기회일 수도 있습니다" "당신이 안 한다면 능력이 덜한 다른 사람이 될 겁니다."

좋든 싫든 간에 나는 새로운 부서인 11276의 부서장이 되었다. 부서 이름은 공들여 의미 없게 지은 컴퓨팅 구조 연구Computing Structures Research였다. 부서에는 보통 8~10명의 연구원이 있었고 벅찰 정도로 다채로운 관심 분야를 자랑했다. 그래픽 하드웨어, 집적회로 설계 도구, 문서 생성, 운영체제, 네트워킹, 컴파일러, C++, 무선 시스템 디자인, 계산 기하학, 그래프 이론, 알고리즘 복잡도 등이 있었고, 그 외에도 많았다. 연구원 각각이 하는 업무를 상부에 설명할 수 있을 정도로 이해하는 일은 항상 힘겨웠지만 한편으로는 보람 있었다. 나는 당시 알게 된 것을 지금도 놀랄 만큼 많이 기억하고 있다.

관리 체계에는 직급별로 제공하는 몇 가지 혜택도 포함돼 있었다. 그중 일부는 센터장 이상 직급에서 올라갈수록 더 큰 사무실을 쓰는 것처럼 뻔한 종류였다. 부서장에게는 약간의 연봉 인상도 있었던 것 같은데 기억할 만큼 크지 않았던 것은 분명하다.

어떤 혜택은 미묘했다. 부서장 이상의 직급은 사무실 바닥에 카펫이 깔려 있었지만 일반 직급은 리놀륨이나 비닐 타일이 깔려 있었다. 내가 진급했을 때는 카펫 색상, 사무실 가구 등에 대한 선택 사항을 나열한 광택 나는 재질의 소책자를 받았다. 얼마간 새 책상을 써보기도 했지만 너무 크고 불편해서 1969년에 물려받은 오래된 철제 책상으로 다시 바꿨다. 카펫은 극구 반대했는데 이런 것으로 직급을 나누는 것에 그다지 관심이 없었기 때문이다. 샘 모건은 언젠가 내가 카펫이 깔린 방을 쓰는 데서 오는 권위를 원하게 될 것이라고 말하며 내 사무실에 카펫을 깔아야 한다고 강력히 충고했다. 나는 그래도 사양했다. 이후 카펫으로 직급을 구분하는 일은 사라졌다.

부서장에게 가장 중요한 연례행사는 '업적 평가'라는 정교한 의식으로 구성원의 업무를 평가하는 일이었다. MTS들은 일 년에 한 번씩 자신이 한 일을 요약해 종이 한 장에 썼다. 1127에서는 이것을 '나는 훌륭하다 보고서I am *great report*'로 불렸는데 내 생각에는 샘 모건이 만든 용어인 것 같다. 부서장은 다른 종이에 각 MTS의 업무를 요약하고 평가하는 내용을 작성했다. 여기에는 '개선이 필요한 사항'이 포함됐는데 건설적인 비판을 담기로 돼 있는 부분이었다.

평가와 의견을 작성하는 것은 힘든 일이었다. 사람들은 개선이 필요한 사항을 비워두는 경향이 강했다. 어느 해인가 그 부분도 내용을 채워야 한다는 지시를 받아서 더는 비워놓거나 '해당 없음' 정도로 얼버무리는 것이 허용되지 않았다. 나는 '지금처럼 계속 잘 해주세요'라는 문구를 생각해냈고 그것으로 한두 해를 때웠다. 하지만 결국 더 비판적인 의견을 작성해야 한다는 말을 들었는데, 누구도 완벽하지 않다는 이유에서였다. 다행히도 켄 톰프슨 같은 스타에게는 이렇게 할 필요가 없었다. 누가 뭐라고 하겠는가?

그러고 나면 부서장과 센터장이 만나서 각 MTS의 평가에 대한 합의를 이끌어냈다. 합의 평가에는 보통 하루짜리 회의가 필요했다. 몇 주 후에는 MTS들에게 전체 연봉 인상분에서 각자 몫을 할당하여 이듬해의 연봉을 결정하는 또 다른 하루짜리 회의가 열렸다. 이 두 가지 연관된 평가는 공식적으로는 업적 평가와 연봉 평가로 알려졌지만, 나는 항상 각각을 '추상적 평가'와 '구체적 평가'로 생각했다.

이 절차는 관리 계층 윗선을 따라가며 반복됐고 이사가 센터장과 함께 모든 MTS의 평가 결과를 검토하고 부서장들을 평가했다.

어떤 센터에서는 업적 평가가 부서 간에 경쟁적이었지만, 우리 센터의 평가는 놀랄 만큼 우애가 넘쳤다. '내 부서원이 당신 부서원보다 낫다'보다는 '당신 부서원이 잘한 이런 다른 일을 잊지 마라' 같은 분위기였다.

너무 낙관적인지 몰라도 나는 전체 과정이 효과적으로 진행됐다고 생각한다. 부서장부터 연구소장까지 관리자들이 기술적으로 유능했고 모두 더 낮은 직급에서 같은 과정을 거쳐왔기 때문이다. 평가 제도는 실용적 연구나 이론적 연구 중 한쪽을 편애하지 않는 것처럼 보였는데, 적어도 1127에서 일하던 우리에게는 그랬다. 좋은 연구 프로그램과 좋은 논문은 모두 가치를 인정받았다. 미래의 업무를 제안하거나 계획할 필요가 없는 것은 좋은 일이었다. 연말에는 각자 대략 한 해 동안의 업적을 쌓았을 거라는 기대가 있었지만, 시작부터 그르친 일이 있다면 몇 번이라도 넘어가주었고, 관리자들은 같은 일을 수년 동안 하는 사람을 장기적인 관점에서 바라봤다. 연구 부문에서 관리자 직급이 몇 단계 되지 않았기에 사람들 대부분이 승진에 그다지 관심이 없었던 점도 도움이 됐다고 생각한다. 관리자가 되기를 열망한다면 연구 부문이 아닌 다른 조직이 더 나은 선택이었을 것이다.

벨 연구소의 평가 절차와 연구 중심 대학의 평가 방식을 비교해보면 흥미롭다. 대학의 경우 채용 및 평가에 전공이 같은 외부 유명 연구자의 추천서가 큰 영향을 끼친다. 이는 피평가자가 좁은 분야에서 깊은 전문성을 갖추도록 장려하는 경향이 있다. 외부 인사에게서 '이 사람은 현재 경력상 이 분야에서 최고의 실력자입니다'라는 평가를 들으려면 해당 분야에 통달해야 하기 때문이다.

이와 달리 벨 연구소는 여러 평가자가 전체 연구원의 순위를 매기는 방식으로 평가를 했다. 각 부서장이 부서원의 순위를 매기고, 센터 내 부서장들끼리 취합했다. 이런 식으로 두 단계 더 위까지 평가를 취합했고 마지막에는 모든 연구원이 전체 중에서 어디쯤 있는지 순위가 결정됐다.

좁은 분야에서 훌륭한 성과를 낸 경우 바로 위 관리자는 당연히 높은 순위를 매기겠지만, 상위 관리자는 그 일을 잘 모를 가능성이 크다. 반면 학제간 연구를 하면 상위 관리자의 눈에 띄기 쉽다. 더 많은 관리자급이 그 연구를 볼 가능성이 크기 때문이다. 협업의 폭이 넓을수록 많은 관리자가 알게 된다. 그 결과 벨 연구소는 협업과 학제간 연구를 크게 장려하게 되었다. 이런 결정을 내린 관리자도 같은 과정을 거쳐 관리자직에 올라갔기에 결국 같은 방향을 지향하게 됐다.

나는 15년 이상 부서장으로 일했고 기껏해야 평균 정도의 관리자였던 것 같아 자리에서 기꺼이 물러날 수 있었다. 다른 이들은 오랫동안 성공적으로 진급하지 않고 버텼다. 데니스 리치는 나보다 훨씬 뒤에 부서장이 되었고, 켄 톰프슨은 한 번도 관리자로 진급하지 않았다.

대학교에서 20년간 학생들을 가르친 지금도 다른 사람이 한 일에 비판적인 의견을 내는 일에는 썩 마음이 내키지 않는다. 하지만 그것은 필요한 일이고 때때로 우리는 다른 사람의 삶에 영향을 주는 결정을 내려야만 한다. 예를 들면 누군가를 해고하거나(다행히 나는 한 번도 그럴 일이 없었다), 학생을 낙제시키는 일(흔한 일은 아니지만 아예 없지는 않다)이 그렇다. 벨 연구소의 평가 방식이 좋았던 점은, 연구자의 일을 이해하는 다른 사람들의 공동 판단을 최종 평가의 기초로 두었다는 점이다. 더글러스 매클로이가 말했듯이 "벨 연구소 평가 제도의 특징은 동료 간의 협력 관계를 지향했다는 점이다. 그 누구의 진급도 단 한 명의 상사와의 관계로만 결정되지 않았다." 벨 연구소의 평가 절차가 완벽하지는 않지만 꽤 훌륭했다. 나는 그보다 훨씬 더 나쁜 인사 고과 절차에 대해 분명히 보고 들은 적이 있다.

UNIX

유닉스 프로토타입(1969)

—

"어느 순간 저는 3주 더 작업하면 운영체제가 만들어지리라는 걸 깨달았습니다."

- 켄 톰프슨, 미 동부 빈티지 컴퓨터 축제^{Vintage Computer Festival East} 발표에서, 2019년 5월 4일

1969년에 탄생한 유닉스 운영체제는 하늘에서 뚝 떨어진 것이 아니다. 유닉스는 벨 연구소에서 다른 운영체제와 프로그래밍 언어를 가지고 일했던 몇 사람의 경험과 노력에서 나온 산물이다. 이 장에서는 그 이야기를 다룬다.

약간의 기술적 배경

여기서는 이 책의 핵심 주제인 컴퓨터, 하드웨어, 소프트웨어, 운영체제, 프로그래밍, 프로그래밍 언어에 대해 입문 수준에서 간략하게 설명한다. 읽으면서 각각의 의미를 충분히 이해해볼 수 있기를 바란다. 이러한 아이디어에 이미 익숙하다면 다음 이야기로 넘어가도 좋다. 기술 전문가가 아닌 독자에 초점을 맞춘 상세한 설명이 필요하다면 『Hello, Digital World』(제이펍, 2017)가 도움이 될지도 모르겠다.

컴퓨터는 근본적으로는 계산기와 크게 다르지 않다. 하지만 컴퓨터는 산술 연산을 극도로 빠르게 수행할 수 있다. 요즘은 초당 몇십억 번의 연산을 할 수 있는데, 1970년대에는 초당 백만 번에 크게 못 미쳤다.

1960년대와 1970년대의 컴퓨터에는 수행 가능한 명령어 레퍼토리가 보통 20~30가지 있었다. 산술연산(더하기, 빼기, 곱하기, 나누기), 주기억장치에서 정보 읽기, 주기억장치로 정보 저장하기, 디스크나 다른 연결된 장치와 통신하기 등이다. 추가로 한 가지 결정적인 요소가 있는데, 다음에 어느 명령어를 수행할지 결정하는 명령어다. 이 명령어는 이전의 계산 결과, 즉 이미 수행된 작업의 결과에 기반해서 컴퓨터가 다음에 무엇을 할지 결정한다. 이런 식으로 컴퓨터는 자신의 운명을 제어한다.

명령어와 데이터는 둘 다 주기억장치에 저장된다. 주기억장치는 랜덤액세스메모리random access memory라고도 하며 흔히 RAM이라고 부른다. RAM에 다른 명령어 집합을 적재하면 컴퓨터는 그것을 실행할 때 다른 일을 하게 된다. 이것이 우리가 워드나 크롬 브라우저 같은 프로그램의 아이콘을 클릭할 때 일어나는 일이다. 즉 운영체제에 그 프로그램을 위한 명령어를 메모리에 적재하고 실행을 하라고 명령한다.

프로그래밍은 특정한 프로그래밍 언어를 사용하여 원하는 작업을 수행하는 일련의 동작을 만들어내는 과정이다. 필요한 명령어를 직접 만들어 쓰는 것도 가능하지만, 아주 작은 프로그램에서라도 매번 명령어를 만들어 사용하려면 세세하게 신경 쓸 거리가 많고 까다롭다. 그래서 프로그래밍 분야에서 이루어진 대부분의 기술 발전에는 사람이 계산을 표현하는 방식과 유사한 프로그래밍 언어를 만드는 일이 포함된다. **컴파일러**compiler라는 프로그램(이 프로그램도 물론 별도로 작성돼야 한다)이 고수준 언어(사람의 언어와 유사한 프로그래밍 언어)를 특정한 종류의 컴퓨터에 해당하는 개별 명령어로 변환한다.

운영체제는 워드나 웹 브라우저 같은 일반 프로그램과 동일한 명령어로 만들어지는 크고 복잡한 프로그램이다. 운영체제는 그 위에서 실행할 다른 모든 프로그램을 제어하고 컴퓨터 나머지 부분과의 상호작용을 관리한다.

지금까지는 꽤 추상적인 설명이었다. 이제 프로그래밍이 무엇인지 보여주는 간단하고 구체적인 예를 살펴보자. 가로세로 길이를 이용하여 사각형의 넓이를 계산하고 싶다고 하자. 자연 언어로는 '사각형의 넓이는 가로 길이와 세로 길이의 곱이다'라고 표현할 수 있다. 학교 선생님이라면 칠판에 다음과 같이 쓰며 이 공식으로 사각형의 넓이를 계산한다고 말할 것이다.

넓이 = 가로 길이 × 세로 길이

고수준 프로그래밍 언어에서는 이 공식을 다음과 같이 표현한다. 요즘 널리 사용되는 프로그래밍 언어 대부분에서 비슷한 형태다.

```
area = length * width
```

컴파일러는 이런 명령어를 변환해서 여전히 가독성이 있지만 컴퓨터 기종별로 고유한 기계어 시퀀스를 만든다. 이 시퀀스는 간단한 가상 컴퓨터가 있다고 가정하면 다음과 같이 될 수 있다.

```
load      length
multiply  width
store     area
```

마지막으로 **어셈블러**^{assembler}라는 프로그램이 이처럼 어느 정도 가독성이 있는 명령어 시퀀스를 컴퓨터의 주기억장치로 적재할 수 있는 기계어 시퀀스로 변환한다. 이후 기계어가 실행되면서 주어진 가로세로 길이를 이용해 넓이를 계산한다. 물론 많은 세부 사항(즉 컴파일과 로딩(메모리에 명령어 적재하는 작업) 방식을 어떻게 구체적으로 명시할 것인지, 가로세로 길이를 어떻게 입력받고 넓이를 어떻게 출력할 것인지 등)을 생략했지만 핵심은 모두 다뤘다.

작동하는 예시를 보고 싶다면, 가로세로 길이를 읽어 들여서 넓이를 출력하는 완전한 C 언어 프로그램이 여기에 있다. 이 프로그램은 아무 컴퓨터에서나 컴파일되고 실행될 수 있다.

```c
void main() {
    float length, width, area;
    scanf("%f %f", &length, &width);
    area = length * width;
    printf("area = %f\n", area);
}
```

윈도우나 맥OS 같은 최신 운영체제의 이름은 익숙하게 들어봤을 것이다. 휴대전화에서는 안드로이드나 iOS 같은 운영체제를 실행한다.

운영체제는 컴퓨터를 제어하는 프로그램으로, 실행 중인 프로그램 간에 자원을 공유하게 해준다. 또한 주기억장치를 관리하면서 프로그램이 필요로 할 때 메모리를 할당한다. 데스크톱이나 노트북에서 운영체제는 웹 브라우저, 워드프로세서, 음악 플레이어, 그리고 어쩌면 우리의 조그만 넓이 계산 프로그램을 동시에 실행하면서도 필요에 따라 개별 프로그램을 더 주의 깊게 관리할 수 있다.

운영체제는 디스플레이도 제어한다. 사용자의 요청에 따라 각 프로그램을 화면에 표시한다. 디스크 같은 저장 장치를 관리하며, 사용자가 워드 문서를 저장할 때의 상태를 보존해 나중에 문서를 열어서 그대로 작업을 재개할 수 있게 해준다.

또한 운영체제는 인터넷 같은 외부 네트워크와 컴퓨터 간의 통신을 조정함으로써 웹 브라우저를 이용해서 검색하고, 친구와 연락하고, 쇼핑하고, 고양이 비디오를 공유하는 일을 동시에 할 수 있게 해준다.

더 기술적으로 들어가자면 운영체제는 오류가 있는 프로그램으로부터 다른 프로그램을 보호하고, 이상하거나 악의적인 프로그램과 사용자로부터 자기 자신을 보호해야 한다.

휴대전화 운영체제도 비슷하다. 휴대전화 내부에서는 이동 통신망이나 와이파이$^{Wi-Fi}$로 통신을 유지하기 위한 많은 동작이 일어난다. 휴대전화용 애플리케이션은 PC용 워드 같은 프로그램과 세부 사항이 다르기는 해도 아이디어는 완전히 동일하며 같은 프로그래밍 언어로 작성된다.

운영체제는 그 자체로 크고 복잡한 프로그램이다. 1960년대에는 지금보다 더 단순하긴 했지만, 그 시대에 비추어보면 크고 복잡했다. IBM이나 DEC 같은 컴퓨터 제조 업체는 각자 생산하는 다양한 종류의 하드웨어용으로 운영체제를 하나 이상 제공하곤 했다. 다른 제조 업체에서 생산한 하드웨어 간에는 공통성이 전혀 없었고 가끔은 같은 제조 업체에서 만든 하드웨어 제품조차 그랬다. 따라서 운영체제 간에도 공통성이 없었다.

문제를 더 복잡하게 만드는 것은 당시 운영체제가 어셈블리어로 작성됐다는 점이다. 어셈블리어는 기계어를 사람이 읽을 수 있도록 표현한 언어지만 매우 세부적일 뿐 아니라 특정한 종류의 하드웨어의 명령어 레퍼토리에 종속되게 만들어졌다. 컴퓨터마다 사용할 수 있는 어셈블리어가 정해져 있었으므로, 운영체제도 이를 실행할 하드웨어에 맞는 어셈블리어로 작성할 수밖에 없었다. 즉, 운영체제는 그 자체로 크고 복잡한 어셈블리어 프로그램이었다.

이처럼 시스템 간의 공통성이 부족하고 서로 호환되지 않는 저수준 언어를 사용한 점은 기술 진보를 크게 저해했다. 여러 버전의 프로그램이 필요했기 때문이다. 하나의 운영체제용으로 작성된 프로그램을 다른 운영체제나 아키텍처용으로 이전하려면 사실상 처음부터 다시 작성해야만 했다. 앞으로 다루겠지만 유닉스는 모든 종류의 하드웨어에 걸쳐 본질적으로 동일한 운영체제를 제공했다. 유닉스 자체도 나중에는 어셈블리어가 아닌 고수준 언어로 재작성됐다. 따라서 유닉스를 한 종류의 컴퓨터에서 다른 종류로 이전하는 데는 비교적 적은 노력이 들었다.

CTSS와 멀틱스

당시에 가장 혁신적인 운영체제는 1960년대 초에 MIT에서 만든 CTSS였다. 그 시대 대부분의 운영체제는 '일괄 처리 방식'이었다. 프로그래머는 자신의 프로그램을 천공카드에 입력하고(이건 오래전 일이다!) 컴퓨터 운용자에게 천공카드를 건네준 다음 결과가 나올 때까지 몇 시간, 심지어는 며칠을 기다렸다.

천공카드는 뻣뻣한 고품질 종이로 만들었고 일반적으로 프로그램 한 행에 해당하는 문자 80개까지 저장할 수 있었다. 그러므로 앞에서 본 6줄짜리 C 프로그램을 작성한다고 하면, 카드 6개가 필요하고 프로그램을 변경할 때는 카드 한 개 이상을 교체해야 한다. [그림 2-1]은 표준 80열 카드다.

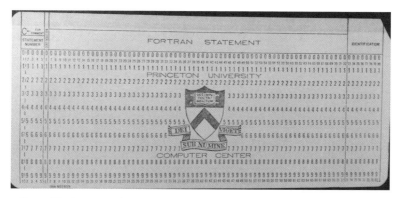

그림 2-1 천공카드, 187.325mm x 82.55mm

이와는 대조적으로 CTSS 프로그래머는 타자기처럼 생긴 장치(다음 장 [그림 3-1]에 있는 텔레타이프 모델 33 같은 '터미널')를 이용했다. 이 장치는 대형 컴퓨터 한 대에 직접 또는 전화선으로 연결했는데, 이 대형 컴퓨터는 통상적인 32K 워드 메모리의 두 배가 장착된 IBM 7094였다. CTSS는 로그인된 사용자에 대한 처리를 나눠서 관리했고, 활성화된 사용자 한 명에서 다음 사용자로 재빨리 프로세스를 전환함으로써 각 사용자가 컴퓨터 전체를 혼자서 마음대로 쓰고 있다는 착각이 들게 했다. 이 방식은 '시분할'이라고 불렸고 (개인적인 경험에서 말하건대) 일괄 처리 방식보다 말로 표현할 수 없을 만큼 더 쾌적하고 생산적이었다. 대부분의 경우 정말로 다른 사용자가 없는 것처럼 느껴졌다.

CTSS가 너무나 생산적인 프로그래밍 환경이었기에 MIT 연구자들은 훨씬 더 나은 버전을 만들기로 결심했다. 새로운 운영체제는 다수의 분산된 사용자 집단에 컴퓨팅 서비스를 제공하는 '정보 유틸리티'의 역할을 할 것으로 기대되었다. 1964년에 MIT 연구자들은 멀틱스^{Multiplexed Information and Computing} ^{Service}(Multics)라는 운영체제를 설계하기 시작했다.

멀틱스는 대형 프로젝트가 될 예정이었다. 야심 찬 새로운 소프트웨어와 IBM 7094보다 더 성능이 높은 하드웨어를 개발하는 야심찬 계획을 했기 때문이다. 그래서 MIT는 다른 두 조직에 협력 개발을 요청했다. 당시에 컴퓨터를 생산하던 제너럴 일렉트릭^{General Electric}(GE)이 시분할 처리와 다중 사용자를 더 잘 지원할 새로운 하드웨어 기능이 있는 새 컴퓨터를 설계하고 구축하는 일을 맡았다. 그리고 벨 연구소가 1950년대 초 이래로 자체 운영체제를 만들면서 수많은 경험을 쌓은 이력이 있었으므로 이 프로젝트에서 운영체제 개발에 협력하기로 했다.

멀틱스는 본질적으로 어려운 과제가 될 전망이었고 곧 문제에 맞닥뜨렸다. 돌이켜보면 멀틱스는 부분적으로는 **두 번째 시스템 효과**^{second system effect}*****의 희생양이었다. 성공한 시스템(CTSS 같은)이 나온 후에는 모두가 좋아하는 새로운 기능을 추가하는 동시에 원래 시스템에 남아 있는 모든 문제를 해결한 시스템을 만들려는 유혹에 빠지기 쉽다. 동시에 너무 많고 다양한 일에 도전하면 결국 지나치게 복잡한 시스템을 만들게 되는데, 멀틱스도 마찬가지였다. 멀틱스에 대한 몇몇 서술에서 "과도하게 엔지니어링된^{over-engineered}"이라는 문구가 등장했으며, 샘 모건은 멀틱스를 "너무 많은 나무에 한꺼번에

---

* 옮긴이_ 프레더릭 브룩스(Frederick Brooks)의 저서인 『맨먼스 미신』(인사이트, 2015)에서 처음 사용된 표현이다.

오르려는 시도"라고 표현했다. 게다가 조직 관리에 대해 이해하는 사람이라면 누구든 미국 내 세 지역에 떨어져 있는 아주 다른 두 회사와 한 대학교가 참여하는 프로젝트에 문제가 생길 가능성을 어느 정도 예상할 수 있을 것이다.

벨 연구소에서는 1966년부터 1969년까지 대여섯 명 이상의 연구원이 멀틱스 개발에 참여했다. 더글러스 매클로이, 데니스 리치, 켄 톰프슨, 피터 노이만이 포함됐다. 피터 노이만은 빅터 비소츠키가 벨 연구소 다른 지부로 옮긴 후에 빅터의 역할을 넘겨받은 것이었다. 더글러스는 PL/I 개발에 깊게 관여했는데, PL/I는 멀틱스 소프트웨어를 작성하는 데 사용할 예정이던 프로그래밍 언어였다. 데니스는 하버드 대학교에 다닐 때 멀틱스 문서화 작업을 했고 벨 연구소에서는 디바이스 입출력 서브시스템을 개발했다. 켄은 입출력 서브시스템에 집중했는데, 이 경험은 유닉스 개발을 시작했을 때 빛을 발했다. 하지만 2019년 인터뷰에서 켄은 멀틱스 개발에 참여한 것을 두고 "거대한 바퀴에 난 홈과 같았고 내 스스로 쓰고 싶지 않은 뭔가를 만들어내고 있었다"라고 말했다.

1968년경 벨 연구소의 입장에서는 멀틱스가 소수의 사용자에게는 좋은 컴퓨팅 환경일지 몰라도, 연구소 전체를 위한 컴퓨팅 서비스를 제공할 정보 유틸리티가 되지는 못하리라는 것이 분명해졌다. 너무 비쌌기 때문이다. 그리하여 벨 연구소는 1969년 4월에 프로젝트에서 발을 뺐고 MIT와 GE가 개발을 계속해나갔다.

멀틱스는 결국 완성됐다. 적어도 실패한 프로젝트라고 할 수는 없었다. 멀틱스는 널리 보급되지는 않았지만 2000년까지 지원됐고 사용됐다. 멀틱스는 정말 훌륭한 아이디어를 많이 낳았지만, 전혀 예상치 못한 부분에서 가장 오래 기여했다. 바로 멀틱스의 복잡성에 대한 반작용으로 탄생한 유닉스라는 작은 운영체제에 영향을 준 것이다.

유닉스의 기원

벨 연구소가 멀틱스 프로젝트에서 빠져나왔을 때, 거기에 참여했던 사람들은 다른 할 일을 찾아야 했다. 켄 톰프슨(그림 2-2)은 여전히 운영체제 개발을 하고 싶어 했지만, 벨 연구소의 경영진과 관리자들은 멀틱스에 덴 경험 때문에 또 다른 운영체제 프로젝트를 위한 하드웨어를 구매하는 데 전혀 관심이 없었다. 그래서 켄과 다른 이들은 구체적인 구현 없이 다양한 운영체제 컴포넌트에 대한 아이디어를 탐색하고 종이에 설계하면서 시간을 보냈다.

그림 2-2 켄 톰프슨, 1984년경(제라드 홀즈먼 제공)

이때쯤 켄은 거의 사용되지 않은 DEC PDP-7을 발견했다. 이 기종은 원래 전자회로 설계 시 입력 장치로 주로 사용됐다. PDP-7은 1964년에 처음 출시되었고 당시 컴퓨터 기술이 빨리 발전하면서 1969년쯤에는 구식이 되었다. 기종 자체의 성능은 그다지 뛰어나지 않았는데, 8K 18비트 워드(16K 바이트)의 메모리가 장착돼 있었다. 하지만 괜찮은 그래픽 디스플레이가 달려 있어서 켄이 PDP-7용 우주여행 게임을 개발하기도 했다. 이 게임에서 사용자는 태양계를 돌아다니면서 다양한 행성에 착륙할 수 있었다. 약간 중독성이 있어서 나도 몇 시간씩 그 게임을 하기도 했다.

PDP-7에는 또 다른 특이한 주변 장치가 있었다. 원판 한 개가 수직으로 달린, 세로가 아주 긴 디스크 드라이브였다. 믿을 만한 이야기에 따르면 기기가 고장날 수도 있으니 그 바로 앞에 서 있는 것은 위험하다고 했다. 디스크 작동 속도가 그 컴퓨터에 비해 너무 빨랐기 때문이다. 이 문제를 해결하고자 켄은 어떤 디스크에서든(특히 이 디스크에서) 처리율을 극대화하기 위한 디스크 스케줄링 알고리즘을 작성했다.

이제 문제는 '알고리즘을 어떻게 시험할 것이냐'였다. 시험을 하려면 디스크에 데이터를 적재해야 했고, 켄은 디스크에 대량의 데이터를 넣을 프로그램이 필요하다고 결정했다.

"어느 순간 저는 3주 더 작업하면 운영체제가 만들어지리라는 걸 깨달았습니다." 그는 세 가지 프로그램을 한 주에 하나씩 개발해야 했다. 코드를 작성하기 위한 편집기, 코드를 PDP-7에서 실행 가능한 기계어로 변환하기 위한 어셈블러, 마지막으로 **커널 오버레이**[kernel overlay]였다. 그리고 켄은 커널 오버레이를 운영체제라고 불렀다.

바로 그때 켄의 아내가 한 살짜리 아들을 데리고 캘리포니아에 있는 켄의 부모님을 만나러 3주간 휴가를 떠났기에 켄은 집중해서 일할 수 있었다. 2019년 인터뷰에서 그가 말했다. "한 주, 한 주, 한 주, 그리고 유닉스가 만들어졌습니다." 분명 이것이 진정한 소프트웨어 생산성이다.

켄과 내가 벨 연구소에서 은퇴하고 몇 년 뒤, 나는 그에게 3주 만에 유닉스의 첫 번째 버전을 개발한 이야기에 관해 물어보았다. 아래는 그의 이메일 회신을 그대로 옮긴 것으로, 훨씬 더 최근 인터뷰 내용과 완전히 일치한다.

> 날짜: 2003년 1월 9일 (목) 13:51:56 -0800
>
> 유닉스는 처리율 등을 시험하기 위한 파일 시스템 구현이었네. 구현한 다음에 테스트를 실행하기 위해 필요한 데이터를 입력하기 어려웠다네. 나는 읽기/쓰기 호출을 루프에 넣을 수는 있었지만, 그보다 더 정교한 처리는 거의 불가능했지. 그게 보니가 샌디에고에 있는 내 부모님을 만나러 갔을 당시 상태였네.
>
> 나는 구현된 코드가 시분할 시스템에 가깝지만 단지 exec* 호출, 셸, 편집기와 어셈블러(컴파일러 없이)가 빠진 것이라고 결론을 내렸네. exec 호출은 쉽게 개발했고 나머지 세 가지는 각각 1주씩 걸렸네. 정확히 보니가 머무르는 기간과 일치했지.
>
> 사용한 컴퓨터는 8k × 18 비트였네. 4k는 커널 공간, 4k는 스와핑되는 사용자 공간이었네.**
>
> - 켄

형체가 있는 유닉스 시스템의 첫 번째 버전은 1969년 중후반에 작동하고 있었으므로 그때를 유닉스가 탄생한 시기라고 말하는 것이 타당해 보인다.

----

* 옮긴이_ exec은 운영체제에서 어떤 실행 프로그램을 이미 존재하는 프로세스의 컨텍스트에서 실행하는 기능이다. exec은 새로운 프로세스를 만드는 대신 기존 프로세스에 저장된 기존 프로그램의 정보를 새로운 프로그램의 정보로 교체하면서 요청받은 새 프로그램을 실행한다. 여기서 'exec 호출'은 exec 시스템 호출(system call)을 뜻한다.

** 옮긴이_ 전통적인 컴퓨터 운영체제는 일반적으로 가상 메모리를 커널 공간과 사용자 공간으로 분리시킨다. 커널 공간은 커널, 커널 확장 기능, 대부분의 디바이스 드라이버를 실행하기 위한 예비 공간이고, 사용자 공간은 모든 사용자 모드 응용 프로그램들이 동작하는 메모리 영역이다. 스와핑은 하나의 프로그램 전체를 주기억장치에 할당하여 사용하다 필요에 따라 다른 프로그램과 교체하는 기법이다.

초기 시스템에는 사용자가 몇 명 되지 않았다. 물론 켄과 데니스가 있었고, 더글러스 매클로이, 로버트 모리스, 조 오산나, 그리고 전적인 행운으로 나도 그중 하나였다. 각 사용자는 숫자로 된 사용자 ID가 있었다. 몇몇 ID는 실제 사용자가 아닌 시스템 기능에 해당했다. 루트root 또는 슈퍼유저superuser의 ID가 0이었고, 몇 가지 다른 특수한 경우가 있었다. 실제 사용자를 위한 ID는 4부터 시작했던 것 같다. 내 기억에 데니스는 5였고, 켄은 6, 나는 9였다. 최초의 유닉스 시스템에서 한 자리 숫자로 된 사용자 ID를 쓰는 것은 분명 일종의 특권이었다.

이름의 유래

초창기 언젠가부터 이 새로운 PDP-7 운영체제에 이름이 생겼는데 어찌된 일인지는 명확하지 않다.

내가 기억하는 바로는 켄, 데니스, 피터 노이만을 포함한 무리와 내가 사무실 입구에 서서 이야기하던 것으로 시작한다. 그때는 시스템에 이름이 없었기에 (내 기억이 맞는다면) 내가 라틴어 어근에 기반을 두고 멀틱스가 '모든 기능을 많이' 제공하는 반면, 새로운 시스템은 어떤 기능을 기껏해야 하나 제공하므로 'UNICS'라고 불러야 된다고 했는데, 이는 'multi'를 'uni'로 바꾼 말장난이었다.

다른 버전은 피터 노이만이 'UNiplexed Information and Computing Service'를 의미하는 UNICS라는 이름을 생각해냈다는 것이다. 피터의 회상은 다음과 같다.

"어느 날 오전에 켄이 점심 먹자고 찾아와서, 맥스 매슈스가 빌려준 PDP-7을 위한 1000행짜리 단일 사용자용 OS 커널을 밤새 개발했다고 말한 것을 생생히 기억하네. 나는 그것을 다중 사용자 시스템으로 만들어야 한다고 제안했고, 역시나 다음 날 그가 점심 먹자며 찾아와서 1000행을 더 작성해서 다중 사용자용 커널을 작성했다고 알려주었지. 바로 그 단일 사용자용 커널에 착안해서 '거세당한 멀틱스'라는 개념의 UNICS라는 이름을 떠올렸네."

피터는 자비롭게도 더는 자세히 생각나지 않는다고 말했고, 그래서 자격이 있는지 몰라도 내가 그 이름을 만들어 낸 것으로 인정받게 됐다.

어쨌든 UNICS는 어떤 이유에서인지 Unix로 변형됐는데, 확실히 훨씬 더 나은 생각이었다(소문에 따르면 AT&T의 변호사들이 'eunuchs(내시)'와 발음이 유사한 'Unics'를 좋아하지 않았다고 한다). 나중에 데니스 리치는 이 이름이 "멀틱스에 대해 다소 반역적인 말장난"이라고 특징지었고, 실제로 그렇다.

인물 탐방: 켄 톰프슨

2019년 5월, 켄과 나는 뉴저지 월 타운십에서 열린 미 동부 빈티지 컴퓨터 축제에서 나란히 앉아 허물없는 담화를 나눌 기회가 있었다. 내 역할은 켄이 이야기를 잘 할 수 있도록 질문 몇 개를 던지고 앉아 이야기를 듣는 것이었다. 여기서 소개하는 내용의 일부는 행사에서 했던 이야기를 거의 그대로 가져온 것이다. 행사 당시 영상은 유튜브(www.youtube.com/watch?v=EY6q5dv_B-o)에서도 찾아볼 수 있다.

켄은 1943년에 태어났다. 그의 아버지는 미 해군에 복무했기에 켄은 캘리포니아, 루이지애나, 나폴리 등을 포함해 세계 여러 지역에서 어린 시절을 보냈다.

그는 크면서 전자장치에 관심을 갖게 됐고, 캘리포니아 대학교 버클리에서 전기공학을 전공했다. 그는 전자장치와 관련된 부분은 대학교 입학 전부터 10여 년간 취미였기에 정말로 쉬웠다고 말했다. 대학교에서 그가 새로 알게 된 건 컴퓨팅 분야였다.

> "저는 컴퓨터에 흠뻑 빠져들었고, 컴퓨터를 정말 좋아했습니다. 당시 버클리에는 컴퓨터 과학 교과 과정이 없었어요. 막 생기는 분야였죠.
>
> 졸업하고 나서 여름 동안에는 방황했습니다. 졸업한 건 좀 놀랄 일이었는데 제가 졸업 요건을 모두 갖췄는지 몰랐거든요.
>
> 그냥 대학교에 남아 있을 작정이었습니다. 왜냐하면… 대학교에 있는 게 모두 제 것 같았으니까요. 그야말로 제 손이 닿지 않은 곳이 없었습니다. 괴물 같은 메인 프레임 컴퓨터가 한밤중에 작동을 멈추면 저는 관리자용 열쇠로 컴퓨터실을 열고 들어가서 컴퓨터를 다시 작동시켰고 아침 8시까지는 개인 컴퓨터처럼 썼습니다.
>
> 행복했습니다. 그런데 야망은 없었죠. 일 중독자였지만 목표는 없었어요."

마지막 학년에 켄은 엘윈 벌리캠프Elwyn Berlekamp 교수가 강의하는 과목을 청강했다. 엘윈 벌리캠프는 캘리포니아 대학교 버클리 교수였고 얼마 후 벨 연구소로 자리를 옮겼다. 졸업 후 여름 동안 켄은 자신의 실력이 부족하다고 생각해서 대학원에 지원하지 않았다고 한다.

> "여름이 끝나갈 때쯤 (벌리캠프 교수가) '이것들이 네가 대학원에서 수강할 과목이다'라고 말했어요. 그가 나 대신 지원해주었는데 합격을 한 거죠!"

1966년 켄이 석사 과정을 마쳤을 때 벨 연구소를 포함해 몇몇 회사에서 채용 제안을 했지만 켄은 회사에서는 일하고 싶지 않다는 뜻을 확실히 밝혔다.

히지만 채용 담당자도 끈질기게 시도했다. 켄의 말을 들어보자.

> "벨 연구소에서 제시했던 채용 제안을 6번에서 8번 정도 거절했습니다. 다시 말하지만 저는 야망이 없었거든요. 벨 연구소 채용 담당자가 제 집으로 찾아와서 방문을 두드렸습니다. 저는 안으로 들어오라고 했죠. 그가 기억하기로는 제가 생강 쿠키와 맥주를 권했다고 하네요."

(좀 이상한 캘리포니아식 식단임이 분명하다.)

결국 켄은 벨 연구소가 비용을 부담한다는 조건으로 뉴저지에 가기로 합의했지만, 단 하루 동안만이었고 그것도 사실 고등학교 시절 친구를 만나는 것이 주목적이었다. 그러나 벨 연구소에 도착해서 본 이름들 때문에 그는 깊은 감명을 받았다.

> "가서 처음 했던 일은 컴퓨터 과학 연구동의 복도를 걷는 것이었어요. 문패에 적힌 이름들은 모두 제가 아는 이름이었어요. 정말 충격적이었죠. 면접 때는 놀라운 두 인물이 면접관으로 들어왔습니다. 그중 한 명은 선 린이었어요.
> 다음 날 렌터카를 빌렸습니다. 어떻게 그랬는지 몰라도 벨 연구소 담당자들은 제가 어디로 가는지 알고 있었어요. 동부 해안을 따라 달려서 아마도 세 번째 친구 집인가에 들렀을 때 취업 제안서가 저를 기다리고 있었죠. 그걸 집어 들고 다른 친구를 만나기 위해 또 차를 몰았죠. 취업 제안에 대해 생각하면서 두 시간 정도 달렸고, 다음 친구 집에 도착했을 때 전화를 걸어 수락한다고 말했습니다."

켄은 1966년에 벨 연구소에 들어왔고 멀틱스 프로젝트에서 일을 시작했다. 이후에는 유닉스를 개발했는데, 앞에서 설명했으니 되풀이하지는 않겠다.

켄은 오랫동안 게임을 좋아했으며, 어렸을 때는 체스 광이었다. 게임에 지는 건 싫어했지만 이겼을 때 상대방에게 미안한 마음이 드는 것도 싫어 게임을 구경만 하며 살아왔다. 1971년에 그는 PDP-11용으로 체스를 두는 프로그램을 작성했다. 이 프로그램이 워낙 유망했기에 그는 계산 속도를 높이기 위한 특수 목적 하드웨어도 구축하기 시작했다. 예를 들면 주어진 위치에서 규칙상 허용되는 이동을 더 빨리 계산해낼 수 있는 하드웨어였다. 이러한 노력은 1976년부터 1980년까지 켄과 조 콘던이 발전시킨 체스 두는 컴퓨터 벨(그림 2-3)에서 정점에 다다랐다.

그림 2-3 켄 톰프슨과 조 콘던(컴퓨터 역사 박물관(Computer History Museum) 제공)

벨(그림 2-4)은 화려한 경력을 쌓았다. 체스 마스터가 된 첫 번째 컴퓨터였고, 체스 선수를 상대로 한 정규 토너먼트 경기에서 레이팅 2200점을 기록했으며, 1980년 세계 컴퓨터 체스 챔피언십과 몇 번의 ACM^Association for Computing Machinery 컴퓨터 체스 토너먼트에서 우승한 후 은퇴했고 스미스소니언 협회^Smithsonian Institution에 기증됐다.

그림 2-4 벨 체스 컴퓨터(컴퓨터 역사 박물관 제공)

데니스 리치는 켄 톰프슨이 다양한 게임으로 진행한 일들에 대해 국제 컴퓨터 체스 협회^International Computer Chess Association에 짧은 글을 게재했다(www.bell-labs.com/usr/dmr/www/ken-games.html). 이 글은 켄이 체스 이외에도 훨씬 다양한 게임에 폭넓은 관심이 있었음을 보여준다. 또한 1978년 12월 5일에 ACM 컴퓨터 체스 챔피언십에서 블리츠^Blitz* 6.5를 상대로 이기는 순간을 묘사하는데, 해설은 컴퓨터 체스의 선구자인 몬티 뉴본^Monty Newborn과

---

* 옮긴이_ 최초의 체스 프로그램으로, 로버트 하이엇(Robert Hyatt)이 개발했다. www.chessprogramming.org/Blitz

인터내셔널 마스터인 데이비드 레비David Levy가 맡았다.*

1. e4 e5

2. Nf3 Nc6

3. Nc3 Nf6

4. Bb5 Nd4

5. Bc4 Bc5

6. Nxe5 Qe7

7. Bxf7+ Kf8

8. Ng6+ hxg6

9. Bc4 Nxe4

10. O-O Rxh2‼

11. Kxh2 {패배를 재촉하는 수네요} Qh4+

12. Kg1 Ng3

13. Qh5 {체크메이트를 지연시켜보지만 큰 소용이 없습니다} gxh5

14. fxg3+ Nf3#

{아마도 유례없이 자신이 체크당하는 것을 막으면서 더블 체크와 체크메이트를
동시에 가합니다. "지금까지 컴퓨터 프로그램이 만든 가장 아름다운 체스 수 조
합입니다... 컴퓨터 체스는 새로운 시대의 시작을 목격했습니다"}

----

* 옮긴이_ 이하 나오는 알파벳과 숫자 조합은 체스 대국에서 주고받는 수를 말의 이니셜(N, B, Q 등)과 좌표(e4,
  e5, f3 등)로 한 수씩 표기하는 방식이다. 형식은 다음과 같다.
  {수 번호}. {하얀 말 좌표} {검은 말 좌표}
  체스 표기법의 세부 사항은 다음 페이지에서 설명한다. ko.wikipedia.org/wiki/체스#체스_표기법
  이 대국의 복기는 다음 페이지에서 확인 가능하다. chess.stackexchange.com/a/28466

체스 게임은 이기거나 지거나 비기는 것으로 끝난다. 50수 규칙은 말의 포획이나 폰*의 전진 없이 50수가 지나면 무승부라고 선언할 수 있다는 규칙이다. 이 규칙은 승리를 확정할 방법이 없을 때 한 선수가 끝없이 두는 것을 방지해준다.

켄은 50수가 과연 적합한 횟수인가에 대한 문제를 탐구하기로 했다. 그는 벨과 정교한 데이터베이스 구조를 이용해서 말이 4개 남은 엔드게임**과 5개 남은 엔드게임 전체의 유효성을 확인했고, 최적의 경기라는 조건하에 어떤 엔드게임은 50수가 넘어간 다음에 승리할 수 있다는 것을 발견했다. 이때쯤 켄은 체스계에서 유명 인사였다. 가끔 벨 연구소에 그랜드마스터들이 나타나서 벨을 상대로 체스 경기를 했는데, 특히 엔드게임 상황을 시험해보았다. 나는 날을 잘 골라 주말에 연구소에 나왔을 뿐인데 세계 챔피언 아나톨리 카르포프Anatoly Karpov와 비스와나탄 아난드Vishy Anand를 만나기도 했다.

또한 켄은 열정적인 비행기 조종사였고, 자주 손님들을 태우고 모리스타운에 있는 공항을 출발해서 뉴저지 주변을 비행했다. 그는 1127의 다른 멤버들도 비행기 조종에 흥미를 갖도록 했는데, 한창때의 '1127 공군 부대'에는 대여섯 명의 자가용 비행기 조종사가 있었다. 이 무리는 비행기를 몰고 하늘에서 가을 단풍을 구경하거나 특이한 장소로 가서 점심을 먹기도 했다. 다음은 더글러스 매클로이의 회상이다.

----

* 옮긴이_ 폰(pawn)은 체스에 사용되는 말 중 하나다. 장기의 졸에 해당하며, 장기에서와 마찬가지로 가장 약한 말이다. 앞으로 한 칸씩 움직이고 뒤나 옆으로는 움직일 수 없다. 단 상대편의 말을 잡을 때에는 대각선 방향으로만 잡을 수 있으며 정면의 말은 잡을 수 없다. 따라서 정면에 다른 말이 있으면 그동안은 더 움직일 수 없다.
** 옮긴이_ 체스 보드에 소수의 말이 남아 있는 종반전을 의미한다.

"1127 공군 부대는 뉴잉글랜드 지역의 가을 단풍 이외에도 애디론댁산맥에 일식을 보러 가기도 했는데, 켄의 조종술과 롭 파이크의 망원경 덕분이었지. 수성의 일면통과를 관찰하려고 비행한 적도 있었어. 유닉스 팀에서 천문학이 관심사가 된 것은 조 오산나의 azel 프로그램에서 시작했는데, 텔스타^{Telstar} 지상국을 제어하는 프로그램이었고 우리는 그것을 인공위성을 찾는 데 이용했네. 다음으로는 로버트 모리스의 sky 프로그램, 켄의 천체 현상 예측기, 나의 map 프로그램으로 만들어진 리 맥마흔의 성도(星圖), 마지막으로 롭의 scat 성표(星表)가 만들어졌다네."

1992년 12월에 켄과 프레드 그램프^{Fred Grampp}는 모스크바로 가서 미코얀 MiG-29기를 조종했는데, 평소에 타던 세스나^{Cessna}보다 한 단계 더 나아간 것이었다. [그림 2-5]와 [그림 2-6]은 켄이 이륙할 준비를 하는 모습과 착륙해서 활주로를 이동하는 모습이다.

그림 2-5 이륙할 준비를 하는 켄 톰프슨(cat-v.org 제공)

켄과 나는 2000년 말에 벨 연구소에서 퇴직했다. 나는 프린스턴 대학교로 갔고, 켄은 벨 연구소 동료가 설립한 스타트업 기업인 엔트리스피어Entrisphere 에 합류했다. 2006년에 그는 구글로 옮겼고, 롭 파이크와 로버트 그리즈머 Robert Griesemer와 함께 Go 프로그래밍 언어를 개발했다. 나는 다른 사람에게 서 켄이 엔트리스피어에서 구글로 이직한다는 소식을 들었고, 정말인지 메 일로 물어보았다. 그의 대답은 다음과 같았다.

날짜: 2006년 11월 1일 (수) 16:08:31 -0800

제목: Re: 과거에서 온 목소리

사실이네. 나는 구글의 중위 연령median age에는 별로 영향을 끼치지 않았지만, 평 균 연령은 확실히 높인 것 같아.

- 켄

유닉스 제1판(1971)

“이 매뉴얼은 유닉스의 공개된 기능에 대해 빠짐없이 설명한다. 유닉스의 전반적인 개요(「The Unix Time-sharing System(유닉스 시분할 시스템)」 참고)나 시스템 구현에 대한 세부 사항(나중에 공개할 예정이다)은 제공하지 않는다.”
- 유닉스 프로그래머 매뉴얼, 제1판, 1971년 11월 3일

“버그: rm 명령에 읽기 전용 파일을 정말 삭제할지 묻는 기능이 필요할 것이다.”
- rm 명령어 매뉴얼 페이지의 일부, 1971년 11월 3일

PDP-7 유닉스 시스템은 다른 연구원들도 사용하기 시작했을 만큼 흥미로웠다. 비록 조그만 컴퓨터에서 작동하고 소프트웨어가 많지는 않았지만, PDP-7 유닉스 시스템은 확실히 유용했고, 대형 중앙 집중식 컴퓨터보다 더 재미있고 생산적이라는 것을 알게 된 사람들에게 인기를 끌었다. 그래서 켄 톰프슨, 데니스 리치와 다른 이들은 더 많은 사용자를 지원하고 더 흥미로운 연구를 할 수 있게 해줄 더 나은 컴퓨터를 구하려고 노력하기 시작했다.

초반에 나온 제안은 대학교와 다른 연구소에서 인기 있던 DEC PDP-10을 구매하는 것이었다. PDP-10은 IBM 7090과 약간 비슷했다. IBM 7090이

나 GE 635, GE 645처럼 36비트 워드로 작동했고, 보잘것없는 PDP-7보다 성능이 훨씬 막강했다. 하지만 그만큼 가격이 훨씬 비싸서, 예상 구매 비용은 50만 달러에 달했다.

하지만 불과 얼마 전 멀틱스 프로젝트에서 남은 나쁜 기억 때문에 PDP-10 구매안은 논의 선상에 오르지 못했다. 켄의 말에 따르면 경영진은 "우리는 운영체제 연구는 안 해"라는 입장이었는데, 아마도 '대형 컴퓨터를 사는 데 많은 돈을 주지는 않겠네'가 더 정확할 것이다.

경영진이 하는 긍정적인 역할은 제안을 늘 신중히 검토함으로써 자원을 쓰려는 사람에게서 더 설득력 있는 주장을 이끌어내는 게 아닐까. 자원이 한정돼 있으면 그렇지 않을 때보다 직원들이 업무를 더 신중하게 계획할 가능성이 크다.

어쨌든 유닉스 개발팀은 또 다른 아이디어를 내놓았는데, DEC가 막 발표한 새로운 미니컴퓨터*인 PDP-11을 사는 것이었다. 1971년 환율로 PDP-10이 50만 달러였던 데 반해 PDP-11은 6만 5천 달러 정도에 불과했다.

하지만 이 제안도 받아들여지지 않았다. 1989년에 마이클 머호니가 진행한 구술 역사 인터뷰에서 샘 모건이 한 발언으로 판단 근거를 엿볼 수 있다.

> "벨 연구소의 경영 원칙은 똑똑한 사람을 채용해서 연구 환경을 접하게 한 다음, 어떤 종류의 연구가 필요한지 대략적인 방향만을 제시하고 많은 자유를 보장하는 것입니다. 연구자가 원하는 연구 자금을 전부 항상 제공한다는 뜻이 아닙

----

* 옮긴이_ 미니컴퓨터(minicomputer)는 대형 컴퓨터인 메인프레임과 비슷한 역할을 하되, 그 크기와 성능을 간소화한 컴퓨터다. 오늘날에는 중형 컴퓨터(midrange computer)라고 부르기도 한다.

니다. 진행되는 연구에 대해서 선택적인 관심을 쏟아야 하는 것이죠. 어떤 일을 실수로 소홀하게 챙기거나 제대로 대응하지 못했는데 나중에 훌륭한 연구로 밝혀질 수도 있겠지요. 그래도 아이디어가 정말 좋다면 다시 부각되고 성공할 것입니다."

일정한 제약하에서 일하도록 하는 것은 결과적으로 좋은 일이었다. 켄이 1983년 튜링상 수상 강연에서 한 말을 들어보자.

"산업 전반에 걸쳐 중앙 집중식 메인프레임 컴퓨터에서 자율 운영되는 미니컴퓨터로 전환이 일어나면서 유닉스는 급격히 인기를 얻었습니다. 만약 대니얼 밥로Daniel Bobrow가 PDP-10을 구하지 못하고 PDP-11에 '만족해야' 했다면 저 대신 그가 여기에 있었을지도 모릅니다."

대니얼 밥로는 1969년에 PDP-10용으로 작성된 테넥스TENEX* 운영체제의 주개발자였다.

특허출원서 생성용 유닉스

컴퓨터를 사달라고 직접 간청한 것은 허사가 됐지만 대안이 있었다. 벨 연구소는 규모가 크고 생산적인 과학 연구 회사였던 만큼 특허출원서도 많이 제출했다. 당시 벨 연구소는 평균적으로 거의 하루에 하나씩 특허권을 승인받았다. 특허출원서는 텍스트 문서였지만 장마다 행별로 번호를 매기는 등 형식상에 엄격한 요구 사항이 있었다. 기존 컴퓨터 중에는 이처럼 특이한

---

* 옮긴이_ 테넥스는 PDP-10용으로 BBN이 1969년에 개발한 운영체제다. 나중에 DEC의 TOPS-20 운영체제의 기초가 됐다.

요구 사항을 처리할 수 있는 기종이 없었기에, 특허 부서에서는 특허출원서를 적합한 형식으로 만드는 기능을 소프트웨어로 지원해주겠다고 약속한 회사에서 하드웨어를 사려고 계획 중이었다(그때까지만 해도 행별 번호 생성은 되지 않았다).

조 오산나가 다른 방안을 제시했는데 계획은 이랬다. 특허 부서는 특허출원서를 작성하는 데 PDP-11을 사용하고, 유닉스 개발팀이 특허 그룹에서 필요한 소프트웨어를 개발한다. 새로 개발된 소프트웨어에는 특허출원서를 적합한 형식으로 출력하는 포매팅 프로그램도 포함된다. 물론 누구도 운영체제 관련 개발은 하지 않는다.

이 방안은 경영진에게 남아 있던 일말의 반대 의견조차 막을 수 있었다. PDP-11 구매 비용은 음성 및 음향 연구 센터^{Speech and Acoustics Research Center}의 센터장이었던 맥스 매슈스가 제공했다. 맥스는 이 방안을 지지했는데, 자기 센터 내 부서장이었던 리 맥마흔이 텍스트 처리에 아주 관심이 많았고 조 오산나와 함께 이 계획을 주도했기 때문이다.

계획이 받아들여져서 PDP-11을 구매했고, 켄과 데니스는 재빨리 PDP-7 버전 유닉스를 PDP-11에서 실행될 수 있게 변환했다. PDP-11은 성능에 제약이 많았는데 주기억장치가 24K 바이트, 디스크가 500K 바이트에 불과했다. PDP-11용 유닉스는 16K 바이트를 운영체제용으로 사용하고 나머지 8K 바이트는 사용자 프로그램용으로 사용했다.

조 오산나는 기존 Roff* 텍스트 포매팅 프로그램과 유사하면서 특허출원서

---

* 옮긴이_ Roff는 유닉스에서 사용된 최초의 텍스트 포매팅 프로그램으로, 유닉스 초기 버전에서 매뉴얼(man) 페이지를 만드는 데 사용된 프로그램이다.

를 요구되는 형식에 맞게 출력해주는 Nroff(새로운 Roff)*라는 프로그램을 작성했다. 1971년 하반기에 들어서는 타이피스트들이 온종일 유닉스로 특허출원서를 만들어냈다. 5장에서 텍스트 포매팅에 관해 더 많은 이야기를 다룬다. 1970년대 유닉스 이야기에서 텍스트 포매팅이 주요한 부분이기 때문이다.

여기까지가 낮에 이루어진 일들이다. 밤에는 켄, 데니스와 다른 팀원들이 같은 PDP-11에서 소프트웨어를 개발했다. 타이피스트들을 방해하지 않으려면 개발은 밤에만 할 수 있었고, 신중하게 해야만 했다. PDP-11에는 프로그램이 상호 간에 또는 운영체제와 간섭하지 않도록 보호하는 하드웨어 메커니즘이 없었다. 그래서 부주의한 실수가 시스템 충돌로 이어질 수 있었고 파일 시스템에 오류가 생기면 모든 사람의 작업 결과가 날아갈 수 있었다. 하지만 이렇게 일한 결과가 아주 성공적이어서 특허 부서가 유닉스 개발팀이 쓸 PDP-11를 한 대 더 구매해줬고, 덕분에 개발팀은 시간에 구애 받지 않고 유닉스 개발을 할 수 있게 됐다. 이 버전이 유닉스 제1판이 되었다.

[그림 3-1]은 1972년 홍보용 사진에 찍힌 켄 톰프슨과 데니스 리치의 모습이다. 둘은 유닉스 초기 버전을 실행하는 PDP-11을 사용하는데 PDP-11/20이라는 특정 모델로 보인다. 머리 높이 정도에 있는 조그마한 둥근 물체는 DEC테이프DECtape로, 144K 18비트 워드를 담는 자기 테이프 장치다. DEC테이프는 개별 블록 단위로 읽고 쓸 수 있어서, 느리지만 안정적인 임시 저장 장치로 이용 가능했다. 테이프 자체는 탈착할 수 있어서 백업 용도로도 사용됐다.

....

* 옮긴이_ 위키백과를 보면 Nroff가 1972년 7월 최초 릴리스됐다고 되어 있지만, 여기서 말하는 것은 유닉스 개발팀 내부적으로 사용한 버전을 뜻한다.

그림 3-1 PDP-11 앞에 있는 켄(앉아 있음)과 데니스, 1972년(위키백과)

사진에서 켄은 텔레타이프 모델 33으로 타이핑하고 있다. 텔레타이프 모델 33은 내구성이 좋지만 작동이 느리고 시끄러운 장치였다. 컴퓨터가 제어하는 전기 기계식 타자기로, 1초에 문자 10개를 대문자로만 출력할 수 있었다. 모델 33은 1963년부터 나왔지만, 더 이전 버전은 1930년대 초부터 널리 사용됐다. 텔레타이프^{Teletype Corporation}는 AT&T 계열사였고 텔레타이프 단말기는 벨 시스템과 다른 회사에서 메시지를 보내는 데 사용되다가 나중에는 컴퓨터에 접속할 목적으로 널리 사용됐다. 텔레타이프 키보드에 입력한 내용이 컴퓨터로 전송되고 응답은 롤로 감긴 긴 종이에 (대문자로) 출력되는 식으로 작동했다. 사진에 종이 롤의 윗부분이 살짝 보인다. 아마도 유닉스의 많은 명령어 이름이 짧은 이유 중 하나는 모델 33에 타이핑하는 데 상당한 힘을 가해야 했고 출력이 느렸기 때문일 것이다.

누군가 실험적으로 '운반 가능한' 모델 33을 제작하기도 했다. 키보드와 프린터를 여행 가방 같이 생긴 상자에 욱여넣은 형태였다. 이론상으로는 끌고 다닐 수 있었지만, 25kg에 달하는 무게 때문에 멀리 갖고 다니기는 어려웠다(게다가 바퀴도 없었다). 모델 33은 전화회선 및 내장된 음향 결합기로 원격 컴퓨터에 접속했다. 수화기를 고무 소켓 몇 개에 끼우면 결합기가 데이터를 소리로 변환하고 그 반대로 변환하기도 했는데, 팩스기와 상당히 비슷한 방식이었다. 나는 이 단말기를 집에 몇 번 간신히 끌고 가기도 했으나, 운반 가능하다고 부르는 것은 너무 관대한 표현이었다.

텔레타이프 모델 37이 출시되면서 상황이 눈에 띄게 개선됐다. 모델 37은 소문자도 입력 가능했고 모델 33보다 출력 속도가 약간 더 빨랐다(초당 문자 10개 대신 15개). 그래도 여전히 타이핑하는 데는 힘이 들었다. 확장된 타이프박스가 있어서 수학 기호도 출력할 수 있었는데, 이 기능은 특허출원서뿐만 아니라 연구팀에서 기술 논문을 작성하는 데도 유용했다. 게다가 종이를 반 행 단위로 올리거나 내릴 수 있어서 수학 기호 중 아래 첨자와 위 첨자를 입력할 수 있게 됐다.

모델 37에 종이를 공급하는 것도 만만찮은 일이었다. 전산 용지 한 상자를 새로 실으려면 상당히 불편한 자세로 힘을 들여야 했다. 한번은 로버트 모리스가 조 오산나에게 역라인피드 문자 100개로 구성된 메일을 보낸 적이 있다. 역라인피드는 한 줄씩 위로 이동하는 특수 문자인데 모델 37은 이런 예외 사항을 처리할 수 없었고, 조가 이를 읽으려고 했을 때 종이가 모델 37로 말려들어갔다가 튀어나와서 바닥에 쏟아져버렸다.

유닉스 초창기 수년간 로버트 모리스는 내 맞은편 사무실을 썼다. '로버트 모리스'는 벨 연구소에서 흔한 이름이라서 실제로 몇 년 후에 동명의 방문

연구원이 같은 사무실을 쓰기도 했다. 그러다 보니 로버트는 잘못 온 편지를 자주 받았는데, 그럴 때마다 자신이 아니라고 해명하며 공손하게 편지를 돌려보냈다. 유독 편지 한 통만이 계속 왔는데, 다른 부서에서 온 복잡한 설계용 청사진이 들어 있었고 '이니셜 서명해서 보내주세요'라고 적혀 있었다. 편지를 피하려는 모든 시도가 빗나가자 로버트는 어느 날 정말로 이니셜을 써서 보냈다. 이후로 그 편지는 다시 나타나지 않았다.

유닉스 방

연구 부서 기술직 멤버는 모두 개인 사무실이 있었지만, 유닉스 개발의 많은 부분은 '유닉스 방'이라는 공유 공간에서 진행됐다. 유닉스 방의 실제 위치는 세월이 흐르면서 몇 번 바뀌기는 했지만, 유닉스 개발팀은 항상 그곳에서 시간을 보내거나 작업 현황을 파악하고, 아이디어를 나누고, 그냥 서로 어울려 지냈다.

처음에 유닉스 방은 잠시 동안 PDP-7이 있었던 빌딩 2의 4층에 있었지만, 이후 수년간 주로 빌딩 2의 6층에 있는 2C-644에 있었다. 빌딩 2에는 사무실로 쓰는 층이 다섯 개 층뿐이었다. 6층은 원래 남는 복도 공간으로 우중충하고 조명이 어두웠으며, 자물쇠가 채워진 철망 상자에 먼지 쌓인 폐장비를 보관하는 창고가 늘어서 있었다. 6층 한쪽 끝에는 야밤에 프로그래밍할 때 에너지원이 돼주었던 형편없는 커피와 거의 먹을 수 없는 페이스트리를 뽑아내는 자판기가 있는 열린 공간이 있었고, 벽으로 막힌 공간이 몇 개 있었다. 그중 하나가 적어도 10년간 유닉스 방으로 사용됐다. 유닉스 방에는 PDP-11이 있었다. [그림 3-1]에 보이는 켄과 데니스의 사진도 거기서 찍은 것이다. 탁자와 의자 몇 개에 다른 터미널 몇 대가 갖춰지면서 유닉스 방은 훌륭한 공유 업무 공간이 되었다.

1127 센터 소속이 아닌 초기 유닉스 팬 중에 (지금은 작고한) 매우 저명한 이론 물리학자가 있었는데, 여기서는 'M— L—'이라고 부르겠다. M— L— 은 유닉스를 몹시 사용하고 싶어 했고, 물리학 연구에 컴퓨터를 사용하는 일을 진보적으로 생각했으며, 친절하고 관대한 사람이었다. 하지만 그는 말이 너무 많았다. 한번 시작했다 하면 아무도 멈출 수가 없었고 상대방은 한 시간짜리 단방향 대화에서 벗어나지 못했다. 그래서 누군가 유닉스 방 출입구에 작은 구멍을 내서 사람들이 들어오기 전에 그가 있는지 들여다볼 수 있도록 했다. 우리는 그 구멍을 'L— 구멍'이라고 불렀다.

어느 시점엔가 유닉스 방은 9번 계단의 5층에 있는 2C-501로 옮겨졌는데, 내 사무실 바로 근처였다. 거기에는 다양한 커피 머신이 생겼다. 처음에는 커피 보온용 가열기가 달린 평범한 유리 물병 타입이었고, 가열기가 타기 전까지는 보온 기능이 잘 작동했다(아니면 유리 물병이 탔는데, 자주 있는 일이었다). 이후 사람들은 점점 더 비싼 커피 그라인더와 에스프레소 머신(그림 3-2)을 들여놓았으며, 마지막에 산 것은 3천 달러 정도 했다. 믿을 만한 소식통에 따르면 커피 머신은 유닉스 방 단골들이 갹출해서 구매했고 커피는 경영진이 대주었다고 한다.

그림 3-2 유닉스 방에 있던 에스프레소 머신과 커피 그라인더

유닉스 방은 그냥 재미있는 곳이었고, 항상 무슨 일이 벌어졌다. 거의 유닉스 방에서만 일하고 사무실은 좀처럼 쓰지 않는 사람도 있었고, 커피를 마시거나 대화를 나누러 하루에 몇 번씩 들르는 사람도 있었다. 동료가 무슨 일을 하는지 서로 알게 되고 공동체 의식을 키우고 유지하는 데 유닉스 방은 그야말로 엄청나게 중요한 역할을 했다.

돌이켜 생각해보면 벨 연구소는 공간 활용을 잘했다. 개인 사무실은 열린 공간보다 비용이 더 많이 들기는 했어도 심리적 안정감을 주었고, 주변 소음 없이 집중할 수 있게 해주었다. 또한, 책과 논문을 보관할 수 있었고, 문을 닫고 깊은 생각에 잠기거나 사적인 대화를 나눌 수 있었다. 지금까지 나는 개방형 업무 환경에서 시간을 충분히 보내봤는데 (최소한 내 입장에서는) 개방형 업무 공간이 집중하는 데 전혀 도움이 안 된다는 점을 잘 안다. 벨 연구소에서 개인 사무실과 공유 공간을 혼합한 방식은 아주 효과적이었다.

또한 벨 연구소는 사람들이 저녁에 집에서 계속 일할 수 있도록 지원해주었다. 내 집에는 수년간 머리 힐의 유닉스 시스템에 연결되는 전용 전화선이 설치돼 있어서(어쨌든 AT&T는 전화 회사였다) 저녁이나 주말에도 일할 수 있었다. 미국 내 어느 곳으로든 무료로 장거리 전화를 마음껏 할 수 있는 특별 접속 코드가 있었는데, 장거리 전화에 돈이 들던 시절에는 꽤 괜찮은 혜택이었다. 켄 톰프슨은 어쩌다 이런 일이 가능하게 됐는지 이야기해주었다.

> "조 오산나는 유닉스 개발팀이 집에 전화선을 설치하고 텔레타이프를 둘 자격이 있다고 생각했네. 그는 주문용 서식을 만들고 복사본을 사무 용품 보관실에 두었지. 자신을 승인자로 적고 유닉스 개발팀 핵심 멤버 몇몇을 위해 주문서 몇 장을 제출했어. 의심 섞인 전화가 몇 통 걸려온 후에 조는 서식 내용을 모두 채워 승인했지. 그렇게 간단하게 일이 성사됐네."

1985년에 피터 와인버거는 1127 센터에서 부서장으로 승진했고, 사보인 『Bell Labs News(벨 연구소 뉴스)』에 실릴 사진을 촬영했다(이 사보는 긍정적인 소식만 다뤄서 보통은 'Bell Labs Good News'라고 알려졌다). 어느날 피터는 유닉스 방에 실수로 자신의 얼굴 사진(그림 3-3) 원판을 두고 갔다.

그림 3-3 피터의 얼굴 사진 원본(제라드 홀즈먼 제공)

그의 모습은 곧 사방에 나타났다. 가끔은 당시 새로 공개된 AT&T 로고
(그림 3-4)에 필터링된 이미지로 등장했다. 제라드 홀즈먼의 말을 들어
보자.

> "AT&T가 회사 로고를 새로 공개하고 몇 주 되지 않아서 톰 더프^{Tom Duff}가 피터 로
> 고(그림 3-5)를 만들었고 그때부터 피터 로고가 우리 센터의 상징이 되었습니
> 다. 롭 파이크는 피터 로고가 박힌 티셔츠를 제작했고 켄 톰프슨은 피터 로고가
> 들어간 커피 머그잔을 주문했어요."

그림 3-4 AT&T '죽음의 별' 로고

그림 3-5 AT&T 로고에 필터링된 피터의 얼굴,
일명 피터 로고(제라드 홀즈먼 제공)

피터의 얼굴은 수년간 수십 군데에 나타났다. 조직도에 빼곡히 들어가 있거
나, 계단 벽면에 붙은 수많은 원형 자석 위에, 새로 깔린 콘크리트 바닥에,
심지어 마이크로프로세서 칩 위에도 나타났다. 가장 유명했던 건 1985년
9월 16일 밤, 벨 연구소 급수탑에 출현한 것이다(그림 3-6).

그림을 그린 장본인이 누구인지 소문이 돌았지만 30년이 넘은 지금도 진실은 밝혀지지 않았다. 연구소에서 그림에 대한 변상 청구를 하기도 했지만 받아들여지지 않았다. 어쨌든 급수탑에 나타났던 피터의 얼굴은 유머 감각이 부족한 관료주의 덕분에 며칠 내에 지워졌다.

피터의 사진과 관련된 전체 이야기는 spinroot.com/pjw에서 찾아볼 수 있다. 이 사이트는 제라드 홀즈먼이 운영하는데, 그는 롭 파이크와 함께 피터의 사진을 독창적으로 편집하는 일을 많이 했다.

그림 3-6 급수탑에 그려진 피터의 얼굴, 1985년(제라드 홀즈먼 제공)

벨 연구소는 격식에 얽매이지 않는 곳이었는데, 1980년대 초에서 중반쯤에 새로운 정책이 실시됐다. 직원들은 항상 사원 배지를 차고 다녀야 한다는 정책이었다. 무단 침입자를 막기 위한 예방 조치임이 분명했지만 좋은 반응을 얻지 못했다. 항의 표시로 어떤 동료 직원(이름은 밝히지 않겠다)은 자기 이마에 순간접착제로 배지를 붙였다. 다른 동료는 배지를 가슴털에 달고 다니다가 요청을 받았을 때만 보여주기도 했다.

배지에는 보안 기능이 없었고 정해진 형식으로 된 사진이 전부였다. 그래서 우리는 가상의 인물을 만들기로 했다. 바로 그레이스 R 엠린^{Grace R Emlin}이다. 그레이스 R 엠린은 로그인 계정인 gre와 배지(그림 3-7)도 있었고 가끔 공식 직원 목록과 출판물에 등장했다.

나는 미키마우스 이미지가 있는 나만의 배지를 만들었다(그림 3-8). 그 배지를 자주 하고 다녔는데, 하루는 배지를 달고 뉴저지 홈델에 있는 벨 연구소에서 윈도우 3.0 마케팅차 방문했던 빌 게이츠와 회의를 했다. 아무도 신경 쓰지 않았다.

그림 3-7 그레이스 R 엠린. 기술직 멤버

그림 3-8 보안 등급이 높은 내 벨 연구소 배지

[그림 3-9]와 [그림 3-10]은 2005년에 유닉스 방 여러 곳을 찍은 사진이다.

그림 3-9 유닉스 방, 2005년 10월

그림 3-10 유닉스 방, 2005년 10월

유닉스 프로그래머 매뉴얼

유닉스가 프로그래머를 위해 일찌감치 기여한 것 중 하나는 온라인 매뉴얼이다. 유닉스 프로그래머 매뉴얼은 간결한 스타일로 모든 명령어, 라이브러리 함수, 파일 포맷 등에 관해 각각의 정의와 사용법을 간단히 설명한다. 요즘은 익숙한 형식이다. 예를 들어 [그림 3-11]은 제1판 매뉴얼에 있는 cat 명령어 페이지다. cat은 표준 입력 또는 1개 이상의 파일 내용을 연결해 표준 출력 스트림(기본값은 사용자의 터미널 화면)으로 출력해주는 명령어다.

```
    11/3/71                                                        CAT (I)

NAME              cat -- concatenate and print

SYNOPSIS          cat file1 ...

DESCRIPTION       cat reads each file in sequence and writes it on the
                  standard output stream. Thus:

                                  cat file

                  is about the easiest way to print a file. Also:

                      cat file1 file2 >file3

                  is about the easiest way to concatenate files.

                  If no input file is given cat reads from the standard input
                  file.

FILES

SEE ALSO          pr, cp

DIAGNOSTICS       none; if a file cannot be found it is ignored.

BUGS

OWNER             ken, dmr
```

그림 3-11 유닉스 제1판 cat(1) 매뉴얼 페이지

유닉스 온라인 매뉴얼은 man 명령어로 조회하므로 보통은 맨man 페이지로 줄여서 부른다. 초기 맨 페이지는 실제로 각각 한 페이지로만 작성된 편이었는데, 요즘은 보기 드물게 짧은 분량이다. 맨 페이지는 간결성 외에도 당시에 참신하다고 느낄 만한 특징 몇 가지가 있었다. 예를 들어 버그(BUGS)

섹션이 있었는데, 프로그램에서 당장 고치지는 않더라도 최소한 기록해두어야 하는 결함인 버그(어쩌면 '기능')가 실제로 있다는 것을 인정하는 것이었다.

cat 명령어는 작동 방식을 약간 바꾸는 선택적인(아마도 불필요한) 인수 몇 개가 추가된 것 외에는 50년 동안 거의 바뀌지 않았다. cat 명령어는 여전히 유닉스 핵심 명령어다. 최신 상태를 확인하려면 리눅스, 맥OS, 리눅스용 윈도우 하위 시스템Windows Subsystem for Linux에서 다음 명령어를 입력해보면 된다.

```
$ man cat
```

물론 다음과 같이 실행하면 man 명령어 자체의 매뉴얼 페이지도 확인할 수 있다.

```
$ man man
```

메모리에 대한 몇 가지 이야기

그동안 내가 언급한 메모리 용량이 정확한지 궁금해 할 독자도 있을 것이다. 예를 들어 IBM 7090이나 IBM 7094에는 32K(32,768) 36비트 워드 메모리가 있었다. 한편 켄이 사용한 PDP-7에는 8K(8,192) 18비트 워드 메모리가 있었는데, IBM 7090과 비교하면 약 8분의 1 크기다. 이 장에 소개된 첫 번째 PDP-11에는 24K 바이트의 주기억장치와 500K 바이트의 디스크가 있었다. PDP-11과 비교해보자면, 내 2015년 맥북 에어에는 8GB 메모리(33만 배 이상), 500GB 디스크(100만 배)가 탑재돼 있고 가격은 겨우 1천 달러에 불과하다.

간단히 말해, 오늘날 기준으로 보면 당시 메모리 용량은 작디작았다. 요즘은 수 기가바이트의 주기억장치와 수 테라바이트의 디스크 저장 장치가 저렴하고 부피도 작고 구하기도 쉽다. 하지만 1960년대와 1970년대 초에 메모리 기술은 달랐다. 컴퓨터 주기억장치는 조그만 도넛 모양으로 된 페라이트 코어로 만들었다. 페라이트 코어는 일정한 규칙에 따라 손으로 꿴 전선으로 서로 연결된다. 각 코어는 양쪽 극성 중 하나로 자기화될 수 있어서(자기장의 방향이 시계 방향일 때는 0, 반시계 방향일 때는 1이라고 생각하면 된다) 1비트의 정보를 표현할 수 있다. 따라서 코어 여덟 개가 모이면 1바이트가 된다.

코어 메모리는 매우 비쌌는데 제조 과정에서 고도로 숙련된 수작업이 필요했기 때문이다. 게다가 부피가 컸고 무게도 많이 나갔다. [그림 3-12]는 16K 비트(2K 바이트)에 해당하는 코어 메모리다. 1971년에는 이 메모리가 1만 6천 달러 정도 했는데, 비트당 1달러꼴이었다.

메모리는 흔히 컴퓨터에서 가장 비싼 부품이었다. 매 바이트가 소중했던 시절에는 메모리 공간의 희소성 때문에 프로그래머가 일정한 규율을 따라야 했다. 프로그래머는 메모리를 얼마만큼 사용 중인지 항상 의식해야 했고, 가끔은 프로그램이 가용 메모리에 맞춰서 실행될 수 있도록 책략에 기대거나 위험한 프로그래밍 기법을 동원해야만 했다.

그림 3-12 자기 코어 메모리, 16K 비트, 2K 바이트(13cm)

유닉스의 장점 중 하나는 유닉스가 실행되는 컴퓨터의 제한된 메모리를 효율적으로 사용하는 것이었다. 이는 켄과 데니스처럼 재능이 특출하게 뛰어난 프로그래머 덕분이었는데, 그들은 메모리를 절약하는 방법을 알고 있었다.

메모리를 효율적으로 사용할 수 있었던 것은 더 적은 코드로 더 많은 일을 하게 해주는 일반성과 균일성을 달성할 방법을 찾아내는 프로그래머들의 천재성 덕분이었다. 가끔은 기발한 프로그래밍 기법으로, 때로는 더 나은 알고리즘을 발견함으로써 목표를 이룰 수 있었다.

어셈블리어를 사용한 것도 도움이 되었다. 당시에는 고수준 언어용 컴파일러로 할 수 있는 것보다 어셈블리어가 실제로 명령어와 메모리를 더 효율적으로 사용했다(빨리 실행되고 더 적은 메모리를 사용했다). 1970년대 중반에 들어서야 반도체와 집적회로에 기반을 둔 새로운 메모리 기술을 적정한 가격으로 이용할 수 있게 되어 C 언어 같은 고수준 언어의 간접 비용(그리 크지는 않아도 측정 가능한)을 감당할 수 있게 됐다.

원조 alloc이나 더글러스 매클로이가 나중에 작성한 malloc 라이브러리
같은 메모리 힐딩자는 프로그램이 실행 중일 때 메모리를 동적으로 할당하
거나 재할당하는 데 사용됐는데, 이 또한 희소 자원을 최대한 활용하는 방
법이었다. 당연히 이 방법도 주의를 기울여서 사용해야만 했다. 지극히 작
은 실수만으로도 프로그램이 비정상적으로 작동할 수 있기 때문이었다(요
즘도 간혹 있는 일로, 적어도 내 수업을 듣는 학생들을 보면 그렇다). 메모리를
잘못 관리하는 것은 여전히 C 프로그램 에러의 주된 원인이다.

프로그램에 아주 심한 문제가 발생하면, 운영체제는 그것을 감지하고 프로
그래머가 문제를 해결하는 데 도움을 주고자 주기억장치의 내용(자기 코어
에 있던 내용)을 담은 파일을 생성했다. 여기서 '코어 덤프core dump'라는 표현
이 나왔는데, 이 단어는 자기 코어가 한참 전에 사라졌음에도 불구하고 여
전히 사용되고 있다. 생성되는 파일 이름도 그대로 core다.

인물 탐방: 데니스 리치

여기에 나오는 데니스 리치의 일대기 요약은 내가 2012년에 미국 국립 공
학 아카데미National Academy of Engineering를 위해 썼던 추모 글*을 각색한 것이다.

데니스 리치(그림 3-13)는 1941년 9월에 태어났다. 그의 아버지인 앨리
스터 리치Alistair Ritchie는 머리 힐에 있는 벨 연구소에서 수년간 일했다. 데니
스는 하버드 대학교에 진학해서 학부 때는 물리학을, 대학원에서는 응용수

---

* 옮긴이_ 원본은 www.nae.edu/190631/DENNIS-M-RITCHIE-19412011에서 찾아볼 수 있다.

학을 전공했다. 그의 1968년 박사 논문 주제는 함수의 하위재귀적 계층구조subrecursive hierarchies of functions였는데 이 분야 전문가가 아닌 사람에게는(나를 포함해서) 난해한 주제다. [그림 3-14]는 그 논문의 일부로 흐릿한 원고 사본에서 가져왔다. 그는 자신의 진로 결정에 관해 설명하면서 다음과 같이 말했다.

> "학부 시절 경험으로 저는 물리학자가 될 만큼 똑똑하지 않다는 점과 컴퓨팅이
> 꽤 논리 정연한 학문이라는 것을 확실히 알았습니다. 대학원에서는 제가 알고리
> 즘 이론의 전문가가 될 만큼 똑똑하지 않다는 점과 함수형 언어보다 절차적 언
> 어를 좋아한다는 것을 분명히 알게 되었죠."

그림 3-13 데니스 리치, 1984년경(제라드 홀즈먼 제공)

Now if $\beta = \omega^m b_m + \cdots + \omega^{n+1} b_{n+1} + \omega^n b_n + \cdots + \omega^0 b_0$, let $\beta' = \omega^m b_m + \cdots + \omega^{n+1} b_{n+1}$. Then $\beta + \omega^n(q + b + 5\underline{m} + 1) = \beta' + \omega^n(q + b + b_n + 5\underline{m} + 1)$ and furthermore β' is the least ordinal with this property. Thus by (3.2),

$$T_{\underset{\sim}{P}}(\bar{x}_k) \leq f_{\beta' + \omega^{n+1}}(q + b + b_n + 5\underline{m} + 1)$$

$$= f_{\beta + \omega^{n+1}}(q + b + b_n + 5\underline{m} + 1) \qquad \text{by definition of } \beta'$$

$$\leq f_{\beta + \omega^{n+1}}^{(q+b+b_n+1)}(5\underline{m}) \qquad \text{by (3.4.v)}$$

$$\leq f_{\beta + \omega^{n+1}}^{(q+b+b_n+1)} f_1^{(3)}(\underline{m}) \qquad \text{by (3.4.ii)}$$

$$\leq f_{\beta + \omega^{n+1}}^{(q+b+b_n+4)}(\underline{m}) \qquad \text{by (3.4.vii)}$$

But even if $\underline{m} = 0$, $T_{\underset{\sim}{P}}(\bar{x}_k) = 2 \leq f_{\beta + \omega^{n+1}}^{(q+b+b_n+4)}(\underline{m})$ by (3.4.v). Since $t_{n+1}(\beta) = t_n(\beta) + b_n = b + b_n$, the lemma is proved, concluding Case 4.

그림 3-14 데니스 리치의 박사 논문에서 발췌한 부분(컴퓨터 역사 박물관 제공)

C++를 만든 비야네 스트롭스트룹이 다음처럼 말한 적이 있다.

> "데니스 리치가 그 10년을 난해한 수학 분야에 투자하기로 했다면 유닉스는 아
> 직 태어나지 않았을 것입니다."

데니스는 벨 연구소에서 인턴으로 여름을 몇 번 보냈고, 1967년에 컴퓨팅 과학 연구 센터에 기술직 멤버로 합류했다. 처음 몇 년간 그는 멀틱스 개발 프로젝트에 참여했다. 앞서 이야기한 것처럼 멀틱스는 너무 야심 찬 계획이었다. 목표를 달성하지 못하리라는 것이 분명해지면서 벨 연구소는 1969년에 발을 뺐다. 하지만 프로젝트에 참여했던 켄, 데니스와 다른 동료들은 혁신적인 운영체제를 설계하는 경험을 하는 동시에 고수준 언어 구현에 대해

깊이 이해하게 됐고, 훨씬 더 현실적인 목표에 맞춰 개발을 새로 시작할 기회가 생겼다. 그 결과로 만들어진 것이 유닉스 운영체제와 C 프로그래밍 언어다.

C 프로그래밍 언어는 1970년대 초에 만들어졌고 멀틱스 구현용 고수준 언어를 다뤘던 데니스의 경험을 바탕으로 개발됐다. C 언어는 당시 컴퓨터의 성능 제약을 감안하여 다른 고수준 언어보다 크기를 훨씬 줄인 언어였다. 정말로 당시에는 복잡한 언어를 위한 복잡한 컴파일러를 지원할 만한 메모리나 처리 능력이 충분하지 않았기 때문이다. 그러한 환경 때문에 자원을 최소한으로 사용해야만 했는데, 켄과 데니스가 선호하는 간단하고 균일한 메커니즘은 이 원칙에 잘 부합했다. C 언어는 실제 컴퓨터 하드웨어에도 잘 들어맞아서, 명확한 규칙에 따라 C 코드를 효율적으로 작동하는 좋은 어셈블리어 코드로 변환할 수 있었다.

C 언어가 등장하면서 운영체제 전체를 고수준 언어로 작성할 수 있게 됐다. 1973년에는 유닉스를 원래 어셈블리어 형태에서 C 언어로 바꿔서 작성하는 작업이 완료됐다. 이 덕분에 시스템을 유지 보수하고 수정하기가 훨씬 용이해졌다. 또한 더 큰 진보는 운영체제를 원래 PDP-11 컴퓨터에서 다양한 아키텍처 기반의 다른 컴퓨터로 옮기는 일, 즉 이식porting이 가능해진 것이다. 시스템 코드 대부분이 C 언어로 작성됐으므로 운영체제를 이식하는 작업에는 C 컴파일러를 이식하는 것 이외에 많은 일이 필요하지 않았다.

데니스는 대단히 훌륭한 테크니컬 라이터였다. 간결하고 우아한 문체, 능숙한 표현 방식, 그의 성격을 정확히 반영한 번뜩이는 재치까지 두루 갖췄다. 그와 나는 『C 언어 프로그래밍』을 공동으로 집필했다. 1978년에 초판을, 1988년에 제2판을 출간했으며, 지금까지 25개 이상의 언어로 번역됐다.

데니스가 작성한 C 언어 레퍼런스 매뉴얼은 1988년에 처음 만들어진 C 언어 ANSI/ISO 표준의 기초가 됐을 뿐만 아니라 이 책의 주요 부분을 차지했다. 의심할 여지 없이 C 언어와 유닉스의 성공에는 데니스의 글쓰기가 한몫했다.

데니스는 켄 톰프슨과 함께 C 언어와 유닉스에 대한 공로로 많은 상을 받았다. ACM 튜링상(1983), 미국 기술 메달US National Medal of Technology(1999), 일본 정보 통신상Japan Prize for Information and Communications(2011)을 받았고, 미국 발명가 명예의 전당National Inventors Hall of Fame(2019, 사후)에 올랐다.

데니스는 수년 동안 관리직이 되는 것을 잘 피했지만, 마침내 승복하고 소프트웨어 시스템Software Systems 부서의 부서장이 됐고 플랜 9 운영체제를 구축하는 그룹을 관리했다. 데니스는 2007년에 관리직에서 물러나서 공식적으로 퇴직했으나, 이후에도 2011년 10월 사망하기 전까지 연구소에 거의 매일 왔다.

데니스는 겸손하고 마음이 넓은 사람이었고, 항상 자신이 기여한 부분은 대단치 않게 생각하면서 다른 사람에게 공을 돌렸다. 전형적인 예는 1996년에 발표한 유닉스의 진화에 대한 회고록에 있는 감사의 글에서 볼 수 있다.

> "지칭하는 대상이 명확하지 않은 '우리'를 '켄 톰프슨, 그리고 제가 준 약간의 도움'으로 해석하면 대체로 맞을 것입니다."

데니스는 2011년 10월에 세상을 떠났다. 그의 가족들이 쓴 아래 편지는 벨 연구소에서 보존하고 있는 그의 홈페이지(www.bell-labs.com/usr/dmr/

www)에서도 볼 수 있다.

"리치 가족을 대표하여 데니스의 형제자매인 린, 존, 빌 리치가.

우리는 여러분이 남긴 애정 어린 헌사를 읽고 우리가 얼마나 깊이 감동하고, 놀라고, 감사한지 모두에게 전하고 싶었습니다. 우리는 거듭 들려오는 다음 내용이 정녕 사실이라고 말씀드릴 수 있습니다.

데니스는 항상 친절하고, 상냥하고, 겸손하고, 어떤 때에도 너그러움을 잃지 않는 사람이었습니다. 물론 완전히 컴퓨터 괴짜였죠. 웃음을 터뜨리게 하는 건조한 유머 감각이 있었고 삶의 부조리에 대해 날카롭게 인식했지만, 그의 세계관에 냉소적인 시선이나 옹졸함 따위는 전혀 없었습니다.

우리는 그를 잃게 되어 너무나 슬픕니다. 하지만 그가 세상에 얼마나 대단한 영향을 끼쳤는지, 그리고 그의 업적을 넘어서 그의 온화한 성품을 사람들이 얼마나 잘 이해하는지 깨닫게 되어 말로 표현할 수 없을 만큼 감동했습니다.

- 린, 존, 빌 리치 드림"

UNIX

4

유닉스 제6판(1975)

"유닉스를 설치한 사용자는 10명으로 증가했고 더 늘어날 것으로 기대된다."
- 유닉스 프로그래머 매뉴얼, 제2판, 1972년 6월

"유닉스를 설치한 사용자는 이제 50명 이상이고 훨씬 더 늘어날 것으로 전망된다."
- 유닉스 프로그래머 매뉴얼, 제5판, 1974년 6월

매뉴얼 날짜에 따르면 1971년 말쯤에는 유닉스 제1판이 완전히 제대로 작동하고 있었다. 다음 몇 년간 대략 6개월마다 새로운 매뉴얼이 나왔고 매번 새로운 주요 기능과 새 도구, 새 언어가 추가됐다. 매뉴얼이 1975년 5월에 나온 제6판은 처음으로 벨 연구소 밖에서도 의미 있게 활용된 버전으로, 세상에 중대한 영향을 끼쳤다.

유닉스에 대해 처음으로 공개적으로 설명한 자료는 데니스 리치와 켄 톰프슨이 쓴 논문 「The Unix Time-sharing System」으로, 1973년 10월에 열린 '운영체제 원리에 관한 제4차 ACM 심포지엄4th ACM Symposium on Operating Systems Principles'에 발표됐다. 이 논문은 약간 수정돼서 얼마 후 1974

년 7월에 『Communications of the Association for Computing Machinery(ACM의 커뮤니케이션)』저널에 다시 게재됐다. 이 논문의 초록은 놀랍도록 많은 훌륭한 아이디어를 간결하게 요약하면서 시작한다.

> 유닉스는 DEC PDP-11/40과 11/45 컴퓨터를 위한 범용적 다중사용자용 대화식 운영체제다. 유닉스는 아래와 같이 더 큰 운영체제에서도 찾기 어려운 다양한 기능을 제공한다.
>
> (1) 분리 가능한 볼륨을 지원하는 계층적 파일 시스템
>
> (2) 서로 호환되는 파일, 디바이스, 프로세스 간 입출력
>
> (3) 비동기 프로세스를 시작하는 기능
>
> (4) 사용자 단위로 선택 가능한 시스템 명령어
>
> (5) 십여 가지 언어를 포함하는 100개 이상의 서브시스템

'더 큰 운영체제에서도 찾기 어려운' 이러한 기능에는 어떤 것들이 있고 그 중요성은 무엇일까? 이에 관해 상세히 살펴보자. 기술적인 설명에 큰 관심이 없다면 대강 훑어봐도 괜찮다. 세부 사항은 넘어갈 수 있도록 각 주제의 시작 부분에 요점을 최대한 정리해두었다.

파일 시스템

파일 시스템file system은 디스크 같은 보조기억장치에 있는 정보를 관리하는 운영체제 구성 요소다. 수년간 보조기억장치는 회전하는 자기 매체를 기반으로 작동하는 복잡한 기계장치였지만, 요즘은 SSD나 USB 플래시 드라이브처럼 움직이는 부품이 없는 집적회로 형태가 더 많다.

우리는 윈도우의 파일 탐색기나 맥OS의 파인더^{Finder} 같은 프로그램을 통해 정보 저장을 추상화한 표시 방법에 익숙하다. 이러한 프로그램 아래에서는 상당한 양의 소프트웨어가 작동하면서 하드웨어상의 정보를 관리하고, 각 정보의 위치를 파악하며, 접근을 제어한다. 또한 읽고 쓰기 위해 정보에 효율적으로 접근할 수 있게 하고, 정보 저장 상태를 항상 일관성 있게 유지한다.

멀틱스가 나오기 전에는 운영체제 대부분이 복잡하고 규칙성이 부족한 파일 시스템을 제공했다. 멀틱스 파일 시스템은 당시의 다른 파일 시스템보다 훨씬 더 보편적이고 규칙적이며 강력한 기능을 자랑했지만, 그만큼 복잡했다. 켄이 개발한 유닉스 파일 시스템은 멀틱스 파일 시스템의 영향을 받았지만 한결 간단했다. 이후 수년간 다양한 운영체제가 유닉스 파일 시스템의 깔끔하고 우아한 설계를 그대로 사용하거나 모방했다.

유닉스에서 파일은 그저 일련의 바이트다. 파일 내용의 구조나 조직은 그 파일을 처리하는 프로그램에 의해서만 결정되고, 파일 시스템 자체는 파일 내에 뭐가 있는지 신경 쓰지 않는다. 이 말은 어떤 프로그램이든 어떤 파일이라도 읽거나 쓸 수 있음을 의미한다. 지금에 와서야 이 아이디어가 명백해 보이지만, 이전 운영체제에서는 항상 그렇게 인식되지는 않았고, 가끔은 파일 내 정보의 형식과 프로그램이 정보를 처리하는 방식에 임의로 제한을 걸기도 했다. 더글러스 매클로이가 한 가지 예를 설명한다.

> "일반적으로 소스 코드는 데이터와는 다른 구별된 타입이었네. 컴파일러는 소스 코드를 읽을 수 있었고, 컴파일된 프로그램이 '데이터'를 읽고 쓸 수 있었지. 그래서 포트란 프로그램을 생성하고 검사하는 일은 다른 파일을 생성하고 검사하는 일과는 종종 엄격히 구분됐고, 두 가지를 편집하고 출력하는 데 서로 완전히 다

른 방법이 필요했네. 이 때문에 프로그램을 이용해서 포트란 프로그램을 생성하는 것은(또는 그냥 복사하는 것조차) 원천적으로 불가능했다네."

유닉스는 그러한 구분을 두지 않았다. 어떤 프로그램이든 어떤 파일을 처리할 수 있었다. 특정한 파일에 특정한 프로그램을 적용할 수 없다면(예를 들어 포트란 소스 파일을 마치 C 소스 파일인 양 컴파일하려는 것처럼), 이는 운영체제와는 전혀 관계없는 프로그램과 파일 간의 문제다.

유닉스 파일은 디렉터리로 구조화된다(다른 운영체제에서는 폴더라고도 한다). 유닉스 디렉터리도 파일 시스템상의 파일이지만, 디렉터리 내용을 사용자 프로그램이 아닌 운영체제 자체에서 관리한다는 차이점이 있다. 디렉터리는 파일에 대한 정보를 포함하는데 그 파일 중 일부는 또 다른 디렉터리일 수 있다.

유닉스 디렉터리 항목은 디렉터리 내부 파일 각각의 파일명, 접근 권한, 파일 크기, 생성하고 수정한 날짜와 시간, 파일 내용을 찾을 위치에 대한 정보를 포함한다. 각 디렉터리에는 디렉터리 자신을 뜻하는 '.'과 부모 디렉터리에 해당하는 '..'이라는 특별한 항목이 있고, 각각 '점'과 '점점'으로 읽는다. 루트 디렉터리는 계층구조에서 최상위 디렉터리를 뜻하고, '/'로 표현한다. 어떤 파일이든 루트 디렉터리에서 내려오는 경로를 따라 도달할 수 있고, 루트 디렉터리는 어떤 파일에서든 '..'으로 부모 디렉터리를 여러 번 따라 올라가다 보면 찾을 수 있다. 예를 들어 이 책의 텍스트는 /usr/bwk/book/book.txt와 같은 위치에서 찾을 수 있다. 유닉스는 '현재 디렉터리'라는 개념도 지원하므로 파일명은 루트 디렉터리에서 전체 경로를 명시할 필요 없이 파일 시스템상의 현재 위치에 상대적인 경로로 표시할 수도 있다.

어떤 디렉터리라도 서브디렉터리(하위 디렉터리)를 포함할 수 있어서, 파일 시스템의 깊이에 제약이 없다. 이처럼 중첩된 디렉터리와 파일로 구조화하는 방식을 '계층적' 파일 시스템이라고 한다. 지금 생각하면 장점이 뚜렷한 방식이지만, 멀틱스와 유닉스 전에는 계층적 파일 시스템이 널리 사용되지 않았다. 예를 들면 어떤 파일 시스템은 중첩 깊이를 제한했는데, CTSS는 최대 2단계까지였다.

시스템 호출

운영체제는 그 위에서 실행되는 프로그램에 여러 가지 서비스를 제공한다. 프로그램 시작 및 중단, 파일 내부 정보 읽기·쓰기, 디바이스 및 네트워크 연결 접근, 날짜 및 시간 정보 보고하기 등 많은 것이 있다. 이러한 서비스는 운영체제 내부에 구현되고, 실행 중인 프로그램은 **시스템 호출**system call이라는 메커니즘을 통해 서비스에 접근할 수 있다.

엄밀히 말해 시스템 호출이 바로 운영체제라고 할 수 있다. 시스템 호출이 운영체제가 어떤 서비스를 제공하는지 정의하기 때문이다. 한 벌의 시스템 호출에 대해 다수의 독립적인 구현이 존재할 수 있다. 유닉스와 유닉스 계열 운영체제의 다양한 버전이 제공하는 시스템 호출이 이에 해당한다. 윈도우처럼 완전히 다른 운영체제도 유닉스 시스템 호출을 자신의 시스템 호출로 변환하기 위한 소프트웨어를 제공할 수 있다. 물론 유닉스 계열 운영체제라고 하더라도 각기 고유한 시스템 호출을 정의할 수도 있다.

유닉스 제1판에는 겨우 30개가 조금 넘는 시스템 호출이 있었고 그중 절반 정도는 파일 시스템과 관련된 것이었다. 파일이 해석되지 않은 바이트만 담고 있었기 때문에 기본적인 파일 시스템 인터페이스는 굉장히 간단했다. 파일을 생성하거나 열고, 파일의 바이트를 읽거나 쓰고, 파일을 닫는 다섯 개의 시스템 호출만 있었다. 이 시스템 호출은 C 프로그램에서 아래와 같은 구문으로 함수를 호출하여 이용할 수 있었다.

```
fd = creat(filename, perms)
fd = open(filename, mode)
nread = read(fd, buf, n)
nwrite = write(fd, buf, n)
status = close(fd)
```

creat 시스템 호출은 새로운 파일을 만들고 접근 권한을 설정한다. 대개 접근 권한은 사용자, 사용자의 그룹, 나머지 모든 사용자에 대해 읽기, 쓰기, 실행 권한을 허용할지 말지 결정한다. 이상의 각 경우를 조합한 9개의 비트를 이용해서 비교적 간단한 메커니즘으로 상당한 수준의 접근 제어를 할 수 있게 된다. open 시스템 호출은 기존 파일을 여는 역할을 한다. 여기서 mode는 읽기만 할지, 쓰기만 할지, 둘 다 할지를 명시하는 값이고, filename은 계층적 파일 시스템에서 임의의 경로에 해당한다.

open과 creat를 호출한 결과로 얻는 fd 값은 **파일 서술자**^{file descriptor}라고 하는데, 이후 파일의 읽기와 쓰기에 사용되는 0 이상의 작은 정숫값이다. read와 write 시스템 호출은 지정된 n 바이트를 특정한 파일에서 또는 특정한 파일로 옮기려고 시도하고, 각 함수는 실제로 옮긴 바이트 수를 반환한다. 이 모든 시스템 호출에서 음숫값(보통 −1)이 반환되면 어떤 에러가 발생했음을 의미한다.

creat 시스템 호출이 진짜 이런 식으로 표기되는 데는, 켄 톰프슨의 개인적 취향을 빼면 별다른 이유가 없다. 한번은 롭 파이크가 켄에게 유닉스를 처음부터 다시 개발한다면 무엇을 바꾸고 싶은지 물어본 적이 있다. 켄은 이렇게 대답했다. "creat 대신 e가 붙은 create로 만들겠네."

유닉스의 또 다른 혁신은 디스크와 터미널 등 주변 장치가 파일 시스템상의 파일처럼 보이도록 한 것이다. 이번 장 시작 부분에서 언급한 기능 목록에 있는 '분리 가능한 볼륨'이 바로 디스크에 해당한다. 파일에 접근할 때 사용하는 시스템 호출을 디바이스에 접근하는 데도 사용할 수 있어서 같은 코드로 파일과 디바이스를 조작할 수 있다. 물론 그렇게 단순하지만은 않은데, 실제 장치에 있는 특이한 속성을 처리해야만 하기 때문이다. 그래서 각 장치(특히 터미널)의 독특한 속성을 다루기 위한 다른 시스템 호출이 있다. 시스템에서 이 부분은 그다지 깔끔하지 않았다.

파일 내 위치를 설정하고, 파일의 상태를 알아내는 것을 포함한 다른 시스템 호출도 있다. 이러한 시스템 호출이 모두 지난 50년 넘는 세월 동안 윤색되고 이따금 개선되기도 했지만, 기본 모델 자체가 간단하고 사용하기 쉽다.

현시점에서는 이상의 내용이 얼마나 간소화한 것인지 잘 이해하기 어려울 수도 있다. 예전 운영체제에서는 실제 장치의 무수한 복잡성이 사용자에게 그대로 전해졌다. 사용자는 디스크 이름, 트랙과 실린더 수 같은 물리적 구조, 디스크에서 데이터가 조직화된 방식까지 모두 알아야 했다. 스티븐 존슨은 과거에 주로 사용하던 하니웰Honeywell 컴퓨터의 시분할 서브시스템에서 파일을 다루기 얼마나 까다로웠는지 알려준 적이 있다.

"하니웰 TSS 시스템에서 디스크 파일을 생성하려면 서브시스템 정보를 입력해야 했죠. 질문이 여덟 개 정도 나왔어요. 파일의 첫 크기, 최대 크기, 파일명, 사용할 디바이스, 누가 읽을 수 있는지, 누가 쓸 수 있는지 등이 있었죠. 질문 각각에 대화식으로 답을 입력해야 했어요. 모든 질문에 답을 하고 나면 운영체제에 정보가 입력되고, 십중팔구 뭔가 타이핑이 잘못되어 파일 생성에 실패하곤 했습니다. 그 말은 서브시스템 정보를 다시 입력하고 모든 질문에 다시 대답해야 했다는 뜻이죠. 파일이 마침내 생성됐을 때 시스템이 '성공적!'이라고 표시하는 것도 놀랄 일이 아니었습니다."

유닉스는 멀틱스의 선례를 따라 이 모든 얼토당토않은 작업이 사용자에게 드러나지 않고 처리되도록 했다. 파일은 그냥 여러 개의 바이트였다. 그 바이트들이 무엇인지는 사용자가 결정했고, 운영체제는 사용자에게 장치 특성을 노출하지 않으면서 파일을 저장하고 읽어오는 일을 맡아서 처리했다.

셸

셸shell은 다른 프로그램을 실행하는 프로그램이다. 셸은 사용자가 명령어를 실행하도록 해주는 프로그램이자 사용자와 운영체제 간의 주된 인터페이스다. 내가 유닉스 시스템에 로그인하면 내 키보드는 실행 중인 셸의 인스턴스에 연결된다. 나는 보통 한 번에 하나씩 명령어를 입력할 수 있고 셸은 각 명령어를 차례로 실행하며, 각각의 실행이 완료되면 다음 명령어를 기다린다. 그러므로 하나의 세션은 아래 예처럼 될 수 있다. 여기서 $는 내가 뭔가 하기를 셸이 기다리고 있다는 것을 내가 알 수 있도록 셸이 출력하는 프롬프트다. 내가 타이핑한 부분은 기울어진 글씨체로 표시했다.

```
$ date                  # 날짜와 시간을 말해줘
Fri Oct 18 13:09:00 EDT 2019
$ ls                    # 디렉터리 내용을 보여줘
book.pdf
book.txt
$ wc book.txt           # book.txt의 행, 단어, 문자 수 세줘
   9918    59395   362773 book.txt
$ cp book.txt backup.txt # book.txt를 백업 파일로 복사해줘
```

여기서 크게 주목할 점이 있다. 셸은 운영체제의 필수 부분이 아닌 일반 사용자 프로그램인데, 이것 또한 멀틱스에서 가져온 아이디어다(기능 목록에 언급된 '사용자 단위로 선택 가능한 시스템 명령어'에 해당한다). 셸은 사용자 프로그램이므로 다른 셸로 쉽게 대체할 수 있다. 그래서 유닉스 셸은 종류가 아주 많다. 어떤 셸이 작동하는 방식이 마음에 들지 않으면 다른 셸을 골라서 사용하거나 심지어 자신만의 셸을 개발해서 사용해도 된다. 특정한 셸에 얽매일 필요는 없다.

그래도 모든 유닉스 셸은 동일한 기본 기능을 대개 같은 구문 규칙으로 제공한다. 셸의 가장 중요한 기능은 프로그램을 실행하는 것이다. 또한 모든 셸이 파일명 **와일드카드**^{wildcard}를 제공하는데, '*' 같은 패턴 메타문자가 패턴과 일치하는 파일명 목록으로 확장되는 기능이다. 예를 들면 현재 디렉터리에서 이름이 **book**으로 시작하는 모든 파일의 행, 단어, 문자 수를 세려고 wc(word count) 프로그램을 실행하려면 다음과 같이 명령어를 입력하면 된다.

```
$ wc book*
```

셸은 book* 패턴을 현재 디렉터리에서 이름이 book으로 시작하는 모든 파일명으로 확장하고, 그 이름들을 전달 인자^{argument}로 삼아 wc를 실행한다. wc 명령어 자체는 그 파일명 목록이 패턴을 통해 명시됐다는 것을 모른다. 중요한 점은 파일명 확장 기능을 개별 프로그램이 아닌 셸이 수행한다는 점이다. 수년간 마이크로소프트의 MS-DOS 운영체제는 이런 방식으로 작동하지 않았고, 그래서 어떤 프로그램은 자체적으로 확장을 수행하고 어떤 프로그램은 그렇지 않았다. 결과적으로 사용자는 일관성 있는 동작을 기대할 수 없었다.

셸의 또 다른 주요 서비스는 입출력 리디렉션^{I/O redirection}이다. 어떤 프로그램이 표준 입력(기본값은 터미널)에서 입력을 읽는 경우, 그 대신 입력 파일에서 읽도록 하려면 다음과 같이 명령어를 입력한다.

```
$ program <infile
```

표준 출력(역시 기본값은 터미널)에 출력을 쓰는 경우, 프로그램 출력이 출력 파일로 향하게 하려면 다음과 같이 명령어를 입력한다.

```
$ program >outfile
```

출력 파일이 기존에 없었다면 새로 생성된다. 파일명 확장과 마찬가지로 프로그램은 자신의 입력이나 출력이 리디렉션된다는 것을 모른다. 이는 균일한 메커니즘으로, 개별 프로그램이 아닌 셸에 의해 적용된다. 또한 다음과 같이 파일명 매개변수로 입출력 파일을 명시하는 방식보다 사용하기 쉽다.

```
$ program in=infile out=outfile
```

셸 스크립트^{shell script}는 파일에 저장된 명령어 시퀀스다. 이 파일을 입력으로 하여 셸 인스턴스를 실행하면 마치 스크립트에 포함된 명령어들을 직접 타이핑한 것처럼 실행한다.

```
$ sh <scriptfile
```

셸 스크립트는 명령어 시퀀스를 캡슐화한다. 예를 들면 나는 이 책을 쓰는 과정에서 철자법 및 구두점 오류, 부적절한 포매팅 명령어, 혹시 모를 다른 실수를 찾기 위해 몇 가지 간단한 검사를 한다. 각각의 검사는 해당하는 프로그램을 실행한다. 물론 이 프로그램 명령어들을 매번 똑같이 몇 번이고 반복해서 입력할 수도 있을 것이다. 하지만 그 대신에 나는 check이라는 단일 스크립트 파일에 명령어 시퀀스를 넣음으로써 단일 명령어를 실행해서 책을 점검할 수 있다. 다른 스크립트로는 책을 인쇄하고 백업 사본을 만들기도 한다.

이 스크립트들은 내 개인적인 용도와 이 책에 아주 특화된 종류지만, 사실상 새로운 유닉스 명령어라고 볼 수 있다. 그러한 개인적인 명령어는 셸 스크립트를 이용하는 흔한 사례이며 각자 자주 하는 컴퓨팅 작업을 위한 일종의 단축키를 만드는 방법이다. 나는 30~40년 전에 작성했던 스크립트 일부를 아직도 이용하는데, 유닉스를 오래 쓴 사용자에게는 전혀 드물지 않은 일이다.

셸 프로그램을 컴파일된 프로그램과 완전히 동등하게 하는 마지막 단계는 어떤 파일이 실행 가능하다고 표시돼 있으면 셸로 전달해서 실행되도록 하는 것이었다. 이런 식으로 셸 스크립트는 일급 객체first-class citizen가 됐고, 실행될 때 컴파일된 프로그램과 구별할 수 없게 됐다.

```
$ check book.txt
```

셸 스크립트는 컴파일된 프로그램을 대체하지는 않지만, 개인적인 용도든 더 큰 작업을 위해서든 프로그래머에게 중요한 수단이 된다. 여러분 스스로 느끼기에 같은 명령어 시퀀스를 반복해서 실행하고 있다면, 그 명령어들을 셸 스크립트에 넣어서 지겨운 반복 작업을 자동화할 수 있다. 어떤 셸 스크립트의 실행 속도가 너무 느리면 다른 언어로 재작성할 수도 있다. 이제 파이프에 대해 알아보면서 셸 스크립트의 강력함을 더 확인해보자.

파이프

유닉스에서 가장 인상적인 발명품 하나를 꼽으라면 아마도 파이프pipe일 것이다. 파이프는 어떤 프로그램의 출력을 다른 프로그램의 입력으로 연결하는 메커니즘이다. 운영체제가 파이프 메커니즘을 제공하고 사용자는 셸로 파이프를 쉽게 이용할 수 있다. 운영체제는 파이프가 작동하도록 처리하고,

파이프를 쓰기 위한 셸 표기법은 간단하고 자연스럽다. 덕분에 우리는 새로운 사고방식으로 프로그램을 설계하고 사용할 수 있다.

프로그램을 서로 연결하려는 아이디어는 오랫동안 존재했다. 유닉스와 관련해서 이런 아이디어에 대한 가장 분명한 서술은 1964년에 더글러스 매클로이가 쓴 내부 문서에서 찾을 수 있다. 이 문서에서 그는 프로그램을 '정원용 호스처럼' 서로 연결하는 아이디어를 주창했다. [그림 4-1]은 벨 연구소의 내 사무실 벽에 30년간 붙어 있던 낡은 종이에서 가져온 것이다. 여담이지만 타이핑 오류와 전반적으로 조악한 인쇄 품질을 보라. 타자기로 작성한 문서는 자주 이런 모습이었다.

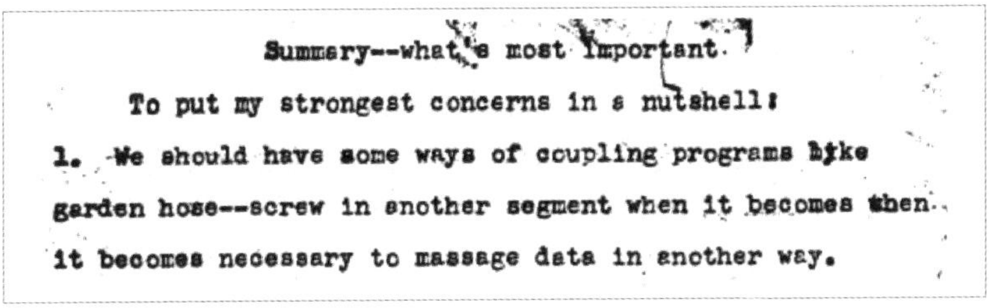
Summary--what's most Important.

To put my strongest concerns in a nutshell:

1. We should have some ways of coupling programs like garden hose--screw in another segment when it becomes when it becomes necessary to massage data in another way.

그림 4-1 더글러스 매클로이의 파이프 아이디어, 1964년

요약--가장 중요한 점

내 가장 강력한 관심사를 간단히 표현해본다.

1. 프로그램을 정원용 호스처럼 서로 연결하는 방법이 있어야 한다. 즉 데이터를 다른 방식으로 조작할 필요가 있을 때 다른 마디를 끼워 넣는 것이다.

더글러스는 일종의 프로그램 그물망 내에서 프로그램을 서로 자유자재로 연결하는 기능을 원했는데, 연결에 제한이 없는 그래프를 어떻게 자연스럽게 표현해야 할지 명확하지 않았다. 의미 체계상의 문제도 있었다. 프로그

램 간에 흘러 다니는 데이터를 적절히 큐(대기 행렬)로 처리해야 하는데 프로그램의 무질서한 연결 속에서 큐의 길이가 폭발적으로 증가할 수도 있었다. 게다가 켄은 이 개념을 실제로 응용할 방법을 생각해낼 수 없었다.

하지만 더글러스는 계속 졸라 댔고 켄은 계속 생각했다. 켄의 회상을 들어 보자. "어느 날 생각이 떠올랐죠. 파이프, 기본적으로 지금 사용되는 것과 같은 방식이었어요." 켄은 한 시간 만에 파이프 시스템 호출을 운영체제에 추가했다. 입출력 리디렉션을 위한 메커니즘이 이미 있는 상태였기에 이 일이 "식은 죽 먹기"였다고 했다.

이어서 켄은 셸에 파이프 메커니즘을 추가했고, 써본 뒤 결과가 "압도적"이라고 말했다.

파이프 표기법은 간단하고 명쾌하다. 명령어 사이에 단일 문자(수직 바 |)를 넣는 것이다. 예를 들어 디렉터리 내에 있는 파일 수를 세고 싶다고 하자. 그럼 ls(파일당 한 행씩)의 출력을 파이프로 wc(행 수 세기)의 입력으로 연결하면 된다.

```
$ ls | wc
```

많은 경우에 프로그램이 데이터를 읽어 들이고, 어떤 방식으로 처리하고, 결과를 써서 내보내는 **필터**filter라고 생각하는 것이 적절하다. 가끔은 이 개념이 완전히 자연스러운데, 실행 중에 어떤 대상을 선택하거나 변형하거나 대상의 수를 세는 프로그램이 그렇다. 하지만 필터가 실행 중에 수행되지 않을 때도 있다. 예를 들어 sort 명령어는 어떤 출력이라도 만들어내려면 그 전에 반드시 모든 입력을 읽어 들여야 한다. 그래도 딱히 문제가 되지 않는데, 이러한 종류의 명령어도 파이프라인에 맞춰 넣을 수 있는 필터로 패키징하면 의미가 통하기 때문이다.

켄과 데니스는 하룻밤 사이에 유닉스에 있는 모든 명령어를 업그레이드했다. 주된 변경은 입력 파일명 전달 인자가 없을 때 표준 입력 스트림에서 데이터를 읽도록 하는 것이었다. 또한 표준 에러 스트림인 stderr를 만들어낼 필요가 있었다. 표준 에러는 표준 출력과는 별개의 출력 스트림이었다. 에러 메시지는 표준 출력에서 분리돼서 표준 에러 스트림으로 보내졌고 이후에 파이프라인을 따라서 전달되지 않았다. 대체로 이 작업은 어렵지 않았다. 대부분의 프로그램에 필요했던 작업은 파이프라인을 어지럽힐 만한 군더더기 메시지를 제거하고 에러 리포트를 stderr로 보내는 일이 전부였다.

나는 파이프가 추가되면서 개발자들이 앞다투어 새로운 프로그램을 만들었던 것을 생생히 기억한다. 정확한 날짜는 모르겠지만 1972년 하반기쯤이다. 파이프가 매뉴얼 제2판(1972년 6월)에는 없지만 제3판(1973년 2월)에는 있기 때문이다.

유닉스 방에 있던 모든 이들이 어떤 일을 해내기 위해 새로운 프로그램을 작성하기보다 기존 프로그램들을 조합하는 기발한 아이디어를 내놓았다. 내가 낸 아이디어 중 하나는 현재 로그인된 사용자 목록을 보여주는 who 명령어에 기반을 두고 있었다. 대부분 개인 컴퓨터에서 작업하는 요새는 who 같은 명령어가 별로 유용하지 않다. 시분할 방식의 본질이 같은 컴퓨터를 '공유하는' 것이었던 만큼, 그때는 누가 동시에 컴퓨터를 사용 중인지 아는 것이 도움이 됐다. 실제로 who는 공동체 의식을 키우는 데 보탬이 됐다. 누가 일하고 있는지 볼 수 있었고, 문제가 있으면 도움을 받을 수도 있었는데, 양쪽 다 늦은 밤에 집에 있더라도 가능했다.

who 명령어는 로그인된 사용자 각각을 행별로 출력하고, grep은 특정 패턴이 나타나는 부분을 찾고, wc는 행 수를 센다. 이를 조합해서 연결하면 로그인된 사용자들의 상태를 알 수 있다.

```
who                      # 누가 로그인했나?
who | wc                 # 몇 명이나 로그인했나?
who | grep joe           # joe가 로그인했나?
who | grep joe | wc      # joe가 몇 번이나 로그인했나?
```

마지막 행의 작업을 파이프 없이 파일 입출력 리디렉션만으로 처리하는 명령어와 비교해보면 파이프가 얼마나 큰 개선인지 알 수 있다.

```
who >temp1
grep joe <temp1 >temp2
wc <temp2
```

위와 같이 실행한 다음에는 임시 파일도 삭제해줘야 한다. 대신 파이프를 이용하면 단일 행 명령어로 충분하고 임시 파일도 필요하지 않다.

파이프 사용과 관련해서 켄이 좋아했던 사례는 로버트 모리스의 **dc** 계산기 프로그램을 활용해서 개발된 말하는 탁상용 전자계산기였다. 켄의 **number** 프로그램은 입력받은 수를 단어로 출력했고('127'은 'one hundred and twenty seven'이 됐다) **speak**는 입력받은 데이터에서 음성을 합성해냈다. 켄이 2019년 인터뷰에서 다음과 같이 이야기했다.

"dc에 1 2 +를 입력하면 그 출력이 파이프를 통해 number로 연결됐고, 이어서 파이프로 연결된 speak가 '4'라고 말했죠."

(청중 웃음)

"저는 수학에는 항상 약했어요."

파이프는 유닉스의 주요한 기여 중 하나로, 훗날 뒤돌아보았을 때 진가를 알아볼 수 있는 기술이었다. 1984년에 데니스 리치가 논문 「The Evolution of the Unix Time-sharing System」에서 한 이야기를 보자.

"유닉스 파이프라인의 천재성은 계속 단방향으로 사용되던 똑같은 명령어들로 만들었다는 바로 그 점입니다. 이처럼 새로운 가능성을 보고 표기법을 발명해내는 데는 실로 큰 정신적 도약이 필요합니다."

grep

유닉스는 처음부터 명령줄 시스템으로 만들어졌다. 윈도우나 맥OS에서 보통 하듯이 마우스로 커서를 움직여서 클릭하는 대신 사용자가 명령어를 입력해서 프로그램을 실행하는 방식이다. 초보자에게는 명령줄 인터페이스가 마우스로 하는 포인트 앤드 클릭 방식만큼 쉽지 않지만, 어느 정도 경험이 있는 사용자에게는 훨씬 더 효율적일 수 있다. 명령줄 인터페이스를 이용하면 그래픽 인터페이스로는 할 수 없는 자동화가 가능해, 단일 명령어로 스크립트로부터 명령어 시퀀스를 실행하고 다수의 파일에 적용할 수 있다.

유닉스는 항상 작은 명령줄 도구를 많이 제공했다. 명령줄 도구란 자주 발생하는 간단한 작업을 처리하는 프로그램을 의미한다. 우선 파일 시스템을 다루는 명령어가 대여섯 개 있다. ls는 맥OS의 파인더나 윈도우 탐색기처럼 디렉터리 내 파일을 나열하는 명령어다. cat과 cp는 다양한 방식으로 파일을 복사한다. mv(move)는 파일 이름을 바꾸고, rm은 파일을 삭제한다. 다음으로 파일 내용을 처리하는 명령어가 있다. wc는 파일에 포함된 행, 단어, 문자의 수를 세고 sort는 파일을 정렬한다. 파일끼리 비교하는 명령어, 대소문자 변경 같은 변환을 위한 명령어, 파일의 일부를 선택하기 위한 명령어도 몇 개씩 있다(유닉스 사용자라면 uniq, cmp, diff, od, dd, tail, tr, comm을 떠올릴 것이다). 이상의 범주에 들지 않는 다른 십여 가지 도구를 추가하면 온갖 종류의 기본적인 작업을 쉽게 해주는 20~30개 명령어 레퍼토리가 마련된다.

언어에 비유해보면, 도구는 동사에 해당하고, 파일은 동사가 적용되는 명사로 볼 수 있다. 언어가 종종 불규칙적인 것처럼 각 명령어에는 그 작동을 바꾸는 선택적인 전달 인자가 있다. 예를 들어 sort는 보통 행 단위 데이터를 알파벳순으로 정렬하지만, 전달 인자 값에 따라 알파벳 역순으로 정렬하거나, 수의 오름차순으로 정렬하거나, 특정 필드 기준으로 정렬하는 등 작동 방식이 바뀐다.

유닉스를 잘 사용하려면 자연어와 마찬가지로 특정 부류의 불규칙 동사가 어떻게 만들어졌는지 배워야 한다. 당연히 역사적인 이유로 생긴 변칙성에 대한 불평이 자주 나오지만, 그러한 현상을 합리적으로 설명하려는 시도는 대부분 그리 성공적이지 않았다.

그냥 '프로그램' 이상의 '도구'에 대해 처음으로 생각하게 한 명령어는 grep (그렙)이었다. grep은 켄 톰프슨이 처음 작성한 패턴 검색 프로그램이다. 2019년에 켄이 grep에 대해 이야기했다.

"grep 프로그램을 작성했지만 프로그램 중앙 저장소에 두지 않았어요. 프로그램을 올려뒀으니 써야 한다고 사람들에게 강요하는 것처럼 보이고 싶지 않았거든요.

나중에 더글러스 매클로이가 '파일에 있는 내용을 검색할 수 있으면 좋지 않을까?'라고 말했어요. 나는 '밤새 생각해볼게요'라고 하고 미리 작성해뒀던 프로그램을 다음 날 아침에 보여줬죠. 그는 '바로 내가 원하던 거야'라고 했어요.

그때부터 grep은 명사이자 동사가 됐습니다. 심지어 옥스퍼드 영어 사전에도 있어요. 가장 어려운 부분은 이름을 짓는 것이었습니다. 원래 이름은 검색search을 뜻하는 's'였어요."

grep이라는 이름은 ed 텍스트 편집기의 명령어인 g/re/p에서 왔는데, 이 명령어는 re 부분의 정규 표현식 패턴과 일치하는 모든 행을 출력한다. 이 내용은 옥스퍼드 영어 사전의 grep 표제어(그림 4-2)에도 정확히 나와 있다(옥스퍼드 영어 사전은 grep의 가치를 인정하고 정식 영어 단어로 등록했다).

내가 가장 좋아하는 grep에 대한 일화를 소개한다. 1972년 벨 연구소에 있던 누군가에게서 다음 내용과 같은 전화가 왔다.

"휴대용 계산기를 거꾸로 들면 숫자 중 일부가 글자가 된다는 것을 알게 됐습니다. 예를 들면 3은 E가 되고 7은 L이 되죠. 여러분이 쓰는 컴퓨터에 사전이 들어 있다고 하던데요. 계산기를 거꾸로 들었을 때 만들 수 있는 단어가 어떤 것들이 있는지 알아봐주실 수 있을까요?"

grep, *n.*

Text size: A A

View as: Outline | **Full entry**   Quotations: Show all | <u>Hide all</u> Keywords: On | <u>Off</u>

Pronunciation: Brit. /grɛp/, U.S. ▶/grɛp/

Frequency (in current use): ●●●●●●●●

Origin: Formed within English, by conversion. **Etymon:** English *grep*.

Etymology: < *grep*, a string of characters used as a command in the Unix operating system < the initial letters of *g*lobal(ly) *s*earch *r*egular *e*xpression *p*rint.

The string *g/re/p* (where *re* stands for the regular expression searched for) was earlier used in a Unix text editor as the syntax for a sequence of commands performing the same operation as *grep*.

(Show Less)

Computing.

A Unix command used to search files for the occurrence   Categories »
of a string of characters that matches a specified
sequence or pattern, and to output all the lines matching
this. Also ***grep command***.

> 1973 *V4/man/man1/grep.1* in *Unix Version 4* (Electronic text)   *Grep* will
> search the input file (standard input default) for each line containing the
> regular expression. Normally, each line found is printed.

그림 4-2 옥스퍼드 영어 사전 grep 표제어

[그림 4-3]에 그가 생각했던 사례가 나타나 있다.

그림 4-3 계산기에 표시된 BEHILOS

연구 그룹에 있으면서 정말 실용적인 문제를 가진 사람을 도울 수 있던 것
은 기분 좋은 일이었다. 나는 그에게 계산기를 거꾸로 들었을 때 어떤 문자
를 만들 수 있느냐고 물었고, 그는 'BEHILOS'라고 대답했다. 나는 키보드
로 가서 다음 명령어를 입력했다.

```
grep '^[behilos]*$' /usr/dict/web2
```

/usr/dict/web2* 파일은 『Webster's Second International』 사전에 있
는 234,936개 단어를 행당 한 단어씩 담고 있다. 따옴표 사이에 있는 수수
께끼 같은 문자열은 **정규 표현식** 또는 패턴으로, 여기서는 다른 문자 없이
'behilos'라는 일곱 가지 문자의 선택적 임의 조합만 포함하는 행을 찾을 것
을 명시한다.

실행 결과 놀랄 만한 단어 목록이 나왔다. [그림 4-4]에 있는 263개 단어
다. 나는 영어를 모국어로 쓰지만, 이 목록에는 한 번도 본 적 없는 단어도
꽤 있었다. 어쨌든 나는 그 단어 목록을 프린터로 출력해서 그에게 보냈다.
다시 소식이 없었던 걸 보면 그는 결과에 만족했던 것 같다. 어쨌든 덕분에
굉장한 이야깃거리가 생겼고, 이 일화는 grep 같은 도구와 정규 표현식 같
은 표기법의 가치를 보여주는 놀라운 사례가 되었다.

----

* 옮긴이_ 최근 유닉스 계열 운영체제에서도 찾아볼 수 있는 파일이다. 예를 들어 맥OS 10.13 기준으로는
 /usr/share/dict/web2에 해당한다. 단, 위 grep 명령어 예제는 유닉스 제6판 셸 기준이므로, 사용하는 셸
 에 따라 정규 표현식 부분을 다르게 입력해야 실행될 가능성이 있다.

b	be	bebless	beboss	bee	beeish	beelol
bees	bel	belee	belibel	belie	bell	belle
bes	besee	beshell	besoil	bib	bibb	bibble
bibi	bibless	bilbie	bilbo	bile	bilio	bill
bilo	bilobe	bilsh	bios	biose	biosis	bis
bleb	blee	bleo	bless	blibe	bliss	blissless
blo	blob	bo	bob	bobbish	bobble	bobo
boho	boil	bole	bolis	boll	bolo	boo
boob	boohoo	bool	boose	bose	bosh	boss
e	ebb	eboe	eel	eelbob	eh	el
elb	ell	elle	els	else	es	ess
h	he	heel	heelless	hei	heii	helbeh
hele	helio	heliosis	hell	hellhole	hellish	hello
heloe	helosis	hi	hie	hill	his	hish
hiss	ho	hob	hobbil	hobble	hobo	hoe
hoi	hoise	hole	holeless	holl	hollo	hoose
hoosh	hose	hosel	hoseless	i	ibis	ibisbill
ie	ihi	ill	illess	illish	io	is
isle	isleless	iso	isohel	issei	l	lee
lees	lei	less	lessee	li	libel	libelee
lie	liesh	lile	lill	lis	lish	lisle
liss	lo	lob	lobbish	lobe	lobeless	lobo
lobose	loess	loll	loo	loose	loosish	lose
losel	losh	loss	lossless	o	obe	obese
obi	oboe	obol	obole	obsess	oe	oes
oh	ohelo	oho	oii	oil	oilhole	oilless
oleo	oleose	olio	os	ose	osse	s
se	see	seel	seesee	seise	sele	sell
sellie	sess	sessile	sh	she	shee	shell
shi	shiel	shies	shih	shill	shilloo	shish
sho	shoe	shoebill	shoeless	shole	shoo	shooi
shool	si	sib	sie	sil	sile	sill
silo	siol	sis	sise	sisel	sish	sisi
siss	sissoo	slee	slish	slob	sloe	sloo
sloosh	slosh	so	sob	soboles	soe	soh
soho	soil	soilless	sol	sole	soleil	soleless
soles	soli	solio	solo	sool	sooloos	sosh
soso	sosoish	soss	sossle			

그림 4-4 계산기를 거꾸로 볼 때 만들 수 있는 단어들

grep이라는 단어는 오랫동안 조금씩 명사, 동사, 동명사(grepping)가 됐고, 유닉스 공동체에서는 일상 대화의 일부가 됐다. "차 열쇠를 찾으려고 아파트를 grep해봤니?"같이 말이다. 사람들에게 "손을 뻗어 누군가에게 연락하세요"라고 권유했던 AT&T 광고 카피를 패러디한 범퍼 스티커와 티셔츠도 있었다.

"손을 뻗어 누군가를 grep하세요."

노벨상 수상자이자 연구 부문 부소장(나보다 세 단계 위 상사)이었던 아노

펜지어스가 하루는 내게 전화를 걸어 이 문구를 공식 연설에서 사용해도 괜찮을지 물어보기도 했다.

정규 표현식

앞 절에서 '정규 표현식'이라는 용어를 제대로 설명하지 않고 사용했다. 정규 표현식이란 텍스트 패턴을 명시하는 표기법이다. **표현식**expression 또는 **정규 표현식**regular expression, 아니면 다른 이름으로 불릴 수도 있다. 사실상 정규 표현식은 텍스트 패턴을 기술하기 위한 간단한 언어다. 일반적인 표기법에 나타나는 어떤 단어나 어구는 텍스트 그 자체를 나타내는 정규 표현식이고, 정규 표현식 인식기는 그 단어나 어구가 나타나는 곳마다 찾아낼 것이다.

또한 정규 표현식은 어떤 문자에 특별한 의미를 부여함으로써 더 복잡한 패턴을 명시할 수 있고, 이러한 문자를 메타문자metacharacter라고 한다. 예를 들면 grep 명령어에서 메타문자 '.'은 어떤 단일 문자를 뜻하고 메타문자 '*'는 앞에 오는 문자가 임의의 횟수로 반복되는 것을 뜻한다. 그러므로 패턴 (.*)은 괄호로 묶인 임의 문자 시퀀스에 해당한다.

유닉스는 오랫동안 정규 표현식을 애호해왔고, 정규 표현식은 텍스트 편집기, grep과 여러 파생 도구, 다른 많은 언어와 도구에서 널리 사용된다. 파일명 패턴에도 조금 다른 특징을 갖는 정규 표현식이 사용되는데, 여러 개의 파일명과 일치하는 셸 '와일드카드'가 이에 해당한다.

켄 톰프슨이 개발한 QED 편집기도 정규 표현식을 사용했는데, 이 편집기는 처음에 멀틱스에서 사용되다가 나중에는 (내가 QED를 처음 본) GE 635에서 사용됐다. 켄은 아무리 복잡한 표현식이라도 재빨리 처리할 수 있게 해주는 고성능 알고리즘을 발명했고 이 알고리즘은 특허로도 등록됐다. 원칙적으로 QED는 편집기 명령어만으로 어떤 프로그램이라도 작성할 수 있을 정도로 기능이 강력했다(물론 누구도 웬만해서는 그렇게 하지 않을 것이다). 나는 QED 프로그래밍에 대한 튜토리얼을 쓰기도 했는데, 별 소득 없이 끝나기는 했어도 이후 그런 종류의 문서를 계속 쓰는 계기가 됐다.

QED는 쓰임새에 비해 기능이 지나치게 많았다. 켄과 데니스가 처음 개발하고 나중에 다른 사람들(나를 포함해서)이 수정한 유닉스 ed 텍스트 편집기는 QED보다 훨씬 간단했지만, 이 프로그램도 정규 표현식을 지원했다. grep이 ed에서 파생됐기 때문에 grep의 정규 표현식은 ed와 똑같았다.

위에서 언급한 것처럼 약간 스타일이 다른 정규 표현식이 파일명 와일드카드에 사용된다. 와일드카드가 셸에 의해 해석되기는 하지만, PDP-7의 주기억장치가 너무 제한돼 있었기에 파일명 와일드카드를 처음으로 구현한 것은 셸이 호출하는 glob(global을 의미)이라는 별개의 프로그램이었고, 패턴에서 파일명의 확장된 목록을 만들어내는 것을 'globbing'이라고 불렀다. 오늘날 파이썬을 포함한 여러 프로그래밍 언어의 라이브러리에 glob이라는 이름이 남아 있다.

앨프리드 에이호는 grep을 확장해서 더 표현력이 풍부한 정규 표현식을 사용하게 하는 프로그램을 만들어 초기 유닉스에 기여했다. 예를 들면 this|that 같은 선택적 항목을 검색하는 기능을 지원했다. 앨프리드는 이 프로그램을 '확장된 grep'을 뜻하는 'egrep'이라고 불렀다.

여기서 egrep에 대해 좀 더 논할 필요가 있다. egrep의 개발 비화에서 이론과 실제의 상호작용과 많은 양질의 소프트웨어 개발을 이끈 1127 센터 멤버들 간의 전형적인 상호작용을 잘 엿볼 수 있기 때문이다. 더글러스 매클로이의 이야기를 들어보자.

> "앨프리드 에이호의 첫 번째 egrep은 에이호가 존 홉크로프트[John Hopcroft], 제프리 울먼[Jeffrey Ullman]과 공동 저술한 『The Design and Analysis of Computer Algorithms』(Addison-Wesley, 1974)에 나오는 알고리즘을 있는 그대로 구현한 것이었지. 나는 신속히 그 코드를 달력 프로그램용으로 사용해봤네. 이 프로그램은 '오늘', '내일', '다음 근무일까지' 등 폭넓은 형식으로 표현된 날짜 패턴을 인식할 용도로 자동 생성된 방대한 정규 표현식을 이용했어.
>
> 앨프리드의 기대와는 달리, 코드를 컴파일해서 바로 실행 가능한 인식기 프로그램을 만드는 데에는 30초 정도밖에 걸리지 않았다네.
>
> 이후 앨프리드는 인식기를 전부 미리 만드는 대신 필요한 부분만 지연시켜서 생성하는 탁월한 전략을 생각해냈네. 덕분에 기하급수적으로 늘어나는 상태 중에서 아주 일부분만 만들어졌지. 이 전략은 엄청난 차이를 이끌어냈는데, 실제로 egrep은 다루는 패턴이 아무리 복잡하더라도 항상 빨리 실행됐어. 이처럼 egrep은 두드러질 정도로 눈부신 기술적 성과였는데, 기존 방식이 얼마나 성능이 낮았는지 알아야만 그 차이를 알 수 있었다네."

이것은 유닉스에서 흔히 찾아볼 수 있는 이야기다. 실제 사용자에게서 실질적인 문제가 생겨나고, 관련 이론에 대한 깊은 지식, 그 이론을 실제로 잘 적용한 효율적인 엔지니어링, 지속적인 개선까지 더해 훌륭한 기술이 완성됐다. 이는 유닉스 개발팀에 폭넓은 분야의 전문가들이 있었고, 업무 환경이 개방적이었으며, 새로운 아이디어를 시험해보는 문화가 있었기에 가능했다.

C 프로그래밍 언어

유닉스 개발에서 새로운 프로그래밍 언어는 처음부터 큰 부분을 차지했다.

멀틱스가 한 중요한 기여 중 하나는 고수준 언어인 PL/I로 운영체제를 작성하려고 시도했다는 것이다. PL/I는 1964년에 IBM이 포트란, 코볼, 알골에서 좋은 아이디어를 모은 언어를 개발하려는 과정에서 만들어졌는데, 결과적으로는 두 번째 시스템 효과의 큰 사례가 되고 말았다. PL/I는 대부분의 프로그래머에게 너무 크고 복잡해서 컴파일하기 어려웠고 멀틱스용으로 작동하는 컴파일러는 제때 개발되지 못했다. 임시 조치로 더글러스 매클로이와 더그 이스트우드Doug Eastwood는 멀틱스에서 쓸 수 있도록 EPL(초기 PL/IEarly PL/I)이라는 PL/I의 단순화된 부분집합을 만들었지만, EPL도 여전히 복잡한 언어였다.

시스템 프로그래밍용으로 만들어진 다른 언어로 BCPLBasic Combined Programming Language이 있었다. BCPL은 케임브리지 대학교 교수였던 마틴 리처즈Martin Richards가 설계했고, 그는 1967년에 MIT를 방문한 동안 BCPL 컴파일러를 작성했다. BCPL은 PL/I의 어떤 변종보다도 훨씬 간단했고, 운영체제 코드를 작성하기에 상당히 적합했다. 벨 연구소에서 멀틱스 프로젝트에 참여했던 멤버들은 BCPL에 매우 익숙했다.

벨 연구소가 멀틱스 개발에서 발을 뺐을 때 켄 톰프슨은 '어떤 컴퓨터도 포트란이 없이는 불완전하다'고 생각해 PDP-7용 포트란 컴파일러를 작성하기 시작했다. 하다 보니 이 작업은 너무 어려웠는데, PDP-7 유닉스는 컴파일러 같은 사용자 프로그램이 쓸 주기억장치 공간이 4K 18비트 워드(8KB)에 불과했기 때문이다. 켄은 거듭 재설계했고 결국 PDP-7에 맞출 수 있으면서 포트란보다는 BCPL에 훨씬 가까운 언어를 만들어냈다. 그는 이 언어를 B라고 불렀다. 데니스 리치가 1993년에 「The Development of the C Language(C 언어의 개발)」 논문에서 다음과 같이 설명한 바 있다.

> "B는 타입이 없는 C라고 볼 수 있습니다. 더 정확히 말하자면 B는 8K 바이트 메모리에 맞게 압축되고 켄 톰프슨의 두뇌를 거쳐 필터링된 BCPL이라고 하겠습니다. B라는 이름은 BCPL의 축약형으로 보는 것이 가장 그럴듯하지만, 멀틱스 시절에 켄이 만든 관련 없는 언어인 Bon에서 유래했다는 설도 있습니다. Bon은 그의 아내인 보니^{Bonnie}의 이름을 땄거나, (Bon 매뉴얼에서 백과사전을 인용한 내용에 따르면) 주문을 중얼거리는 의식을 치르는 종교의 이름을 가져왔다고 합니다."

지금까지 이 책에서 등장한 컴퓨터는 '바이트 기반'이 아니라 '워드 기반'이었다. 즉 컴퓨터는 단일 바이트보다 상당히 더 큰 덩어리 단위로 정보를 조작했다. IBM 7090이나 그것과 유사한 GE 시리즈 같은 컴퓨터는 정보를 36비트(약 4바이트) 단위로만 원활히 조작했다. PDP-7은 18비트(약 2바이트) 단위로 정보를 처리했다. 워드 기반 컴퓨터는 개별 바이트나 연속된 바이트를 처리하는 데 불편함이 있었다. 프로그래머는 더 큰 덩어리에 삽입된 개별 바이트에 접근하기 위해 라이브러리 함수를 사용하거나 억지스러운 프로그래밍으로 처리해야 했다.

이와는 달리 PDP-11은 바이트 기반이었다. PDP-11의 주기억장치는 기본 단위가 8비트 바이트였고, 이전 컴퓨터같이 18비트나 36비트 워드가 아니었다. 더 큰 덩어리의 정보도 조작 가능해서 16비트나 32비트 정수와 16비트 주소를 처리할 수 있었다.

B 언어는 PDP-7 같은 워드 기반 컴퓨터에는 적합했지만, PDP-11 같은

바이트 기반 컴퓨터에는 그러지 못했다. 그래서 PDP-11을 구했을 때 데니스는 B를 새로운 아키텍처에 맞춰 향상하고 그 새로운 언어를 위한 컴파일러를 작성하기 시작했다. 새로운 언어는 '새로운 B'를 의미하는 'NB'라고 불렸는데, 결국에는 이 언어가 C가 됐다.

두 언어의 주요한 차이점은 B는 타입이 없었던 반면에 C는 PDP-11이 제공하는 데이터 타입과 일치하는 데이터 타입을 제공했다는 점이다. 데이터 타입에는 단일 바이트, 2바이트 정수, 마지막으로 4바이트나 8바이트 부동소수점 수가 있었다. 그리고 BCPL과 B는 포인터(메모리 주소)와 정수를 동일하게 취급했지만, C는 공식적으로 둘을 분리해서 취급했다. 이 때문인지 이후 수년간 일부 C 프로그래머들이 슬기롭지 못하게 포인터와 정수가 같은 크기인 것처럼 다루는 현상이 발생하기도 했다.

C가 프로그래밍 언어 설계에 독창적으로 기여한 점 중 하나는 타입이 지정된 포인터에 산술연산을 지원하는 방식이다. 포인터는 주소, 즉 주기억장치 상의 위치에 해당하는 값이다. 포인터에는 타입이 있는데, 가리키는 개체의 타입에 해당한다. 어떤 포인터가 특정 타입 개체로 된 배열의 요소에 해당하는 경우, C에서는 그 포인터에 1을 더하면 그 배열에서 다음 요소의 주소가 된다. 포인터를 부주의하게 사용하면 코드가 망가지기 쉽지만, 포인터 연산은 자연스럽게 느껴지고 제대로 사용하면 잘 작동한다.

유닉스가 어셈블리어에서 고수준 언어로 변환돼야 한다는 것은 예전부터 분명했고, C는 이 작업을 위한 명백한 선택이었다. 1973년에 켄은 커널을 C로 작성하려고 세 차례 시도했지만 매번 한계에 부닥쳤는데, 데니스가 C에 중첩된 데이터 구조(struct)를 정의하고 처리하는 메커니즘을 추가한 후에야 커널을 C로 작성할 수 있었다. 그때쯤 C는 운영체제 코드를 작성하기에

충분한 표현력이 있었고 유닉스는 대부분 C로 작성된 프로그램으로 탈바꿈
했다. 유닉스 제6판의 커널은 약 9천 줄의 C 코드와 700줄 정도의 어셈블리
어 코드로 이루어졌다. 그중 어셈블리어 부분은 레지스터, 디바이스, 메모
리 매핑을 설정하는 것처럼 컴퓨터 기종별로 특수한 처리를 담당했다.

C 언어를 설명한 책 중에 처음으로 널리 배포된 것은 [그림 4-5]에 있는
『The C Programming Language』(Prentice-Hall, 1978)다. 이 책은 데니
스와 내가 1978년에 첫 출간했고, 1988년에 2판을 냈다.

그림 4-5 『The C Programming Language』 초판 표지, 1978년

나는 B 언어를 다소 얄팍하게 배웠기에, 다른 사람들이 배우는 데 도움을
주려고 재미 삼아 B에 대한 튜토리얼을 썼다. 데니스가 C를 만들었을 때,
B 튜토리얼을 수정해서 C용 튜토리얼을 만드는 것은 쉬운 일이었다. C 튜
토리얼은 인기가 많아졌고, 유닉스와 C가 확산되는 것을 보면서 나는 C에

대한 책을 집필해볼 가치가 있겠다고 생각했다. 나는 자연스레 데니스에게 C 책을 같이 쓰지 않겠냐고 물었다. 처음에 그는 마음이 내키지 않았던 것 같지만, 나는 더 강하게 설득했고 결국 그도 승낙했다. 데니스와 같이 책을 쓰게 된 것은 내 경력을 통틀어 가장 현명한 선택 혹은 아마도 가장 운 좋은 일이 아닐까 싶다. 데니스가 공동 저자였기 때문에 책에 권위가 실렸을 뿐만 아니라 그의 C 레퍼런스 매뉴얼을 책에 포함할 수 있었다.

튜토리얼 자료 대부분의 첫 원고는 내가 직접 작성했지만, 시스템 호출에 대한 장은 데니스가 썼고 레퍼런스 매뉴얼도 제공했다. 우리는 본문을 번갈아 검토하며 수정해서 본문 내용은 우리 둘의 스타일이 조화를 이루고 있다. 하지만 레퍼런스 매뉴얼은 원래 상태 거의 그대로 유지됐으므로 데니스의 작문 스타일이 온전히 남아있다. 레퍼런스 매뉴얼은 빌 플로거가 표현한 것처럼 '등골이 오싹할 정도로 정확하게' C 언어에 관해 설명한다. 레퍼런스 매뉴얼은 C 언어 자체와 흡사하다. 즉 명료하고, 우아하며, 간결하다.

첫 번째 공식 C 표준은 ANSI^{American National Standards Institute}에서 (또한 ISO^{International Standards Organization}에서도) 1989년에 완성됐다. 표준에 있는 C 언어에 대한 설명은 데니스의 레퍼런스 매뉴얼에 바탕을 두고 있다. 데니스는 첫 번째 C 표준을 만드는 초기 단계에 관여했는데, 언어의 창시자로서 그의 위상은 그의 의견에 무게를 실어주었고 그는 한두 가지 정말 좋지 않은 제안을 사전에 차단할 수 있었다.

C 언어는 그 자체도 중요하지만, 표준 라이브러리를 사용한다는 점에서도 중요하다. C 언어 표준 라이브러리는 형식화된 입출력, 문자열 처리, 수학 연산 등의 작업을 위해 프로그래머가 필요로 하는 기본 수단을 제공한다. C 는 그러한 함수를 담은 그리 크지 않은 라이브러리와 함께 제공됐으므로,

프로그래머들은 새로운 프로그램을 작성할 때 각 루틴을 처음부터 다시 만들 필요가 없었다.

그중 가장 큰 라이브러리 컴포넌트는 형식화된 출력을 제공했다. 오늘날 모든 프로그래머는 C 언어 printf 함수의 형식화된 출력에 익숙하고, 다른 많은 언어에서도 같은 방식을 채택했다. 마이크 레스크는 1972년에 유닉스와 다른 운영체제 간에 프로그램 이전을 쉽게 하려고 이식성 있는^{portable} I/O 패키지를 작성했는데, printf의 첫 번째 버전뿐만 아니라 형식화된 입력을 구문 분석하기 위한 scanf 함수도 포함했다. 이 함수들은 다시 수정되어 C 컴파일러에 포함됐다.

이후 printf와 scanf 함수는 확장이 이루어졌지만, 핵심 변환 기능은 1970년대 초와 동일하게 작동한다. 같은 라이브러리에 있는 다른 함수 대부분도 마찬가지다. 오늘날 표준 라이브러리는 언어 사양 그 자체만큼이나 C 표준에서 중요하다.

C 언어가 취한 접근법을 다른 언어와 대조해보면 흥미로운 점을 발견할 수 있다. 예를 들어 포트란과 파스칼에서는 입출력이 언어의 일부였고, 데이터를 읽고 쓰기 위한 특별한 구문 규칙이 있었다. 어떤 언어들은 입출력 구문 규칙이 없으면서 표준 라이브러리도 제공하지 않았는데,* 아마도 가장 좋지 않은 선택으로 보인다.

---

* 옮긴이_ 알골의 경우 알골 60까지는 표준 입출력 라이브러리나 구문 규칙을 제공하지 않다가 알골 68부터 입출력 라이브러리를 제공했다. 출처: en.wikipedia.org/wiki/ALGOL

C는 매우 성공적이고 역대 가장 널리 사용된 언어 중 하나다. C는 PDP-11 유닉스에서 시작되기는 했지만 존재하는 모든 종류의 컴퓨터로 퍼져나 갔다 해도 과언이 아니다. 데니스가 1993년에 〈History of Programming Languages(프로그래밍 언어의 역사)〉* 콘퍼런스에 제출한 논문에서 다음 처럼 말한 바 있다.

> "C는 변덕스럽고 흠이 있지만 어마어마하게 성공적입니다. 시대를 잘 만난 것도 도움이 됐지만, C는 어셈블리어를 대체할 만큼 효율적인 시스템 구현용 언어로 서 요구사항을 분명히 충족합니다. 그러면서도 알고리즘과 매우 다양한 환경에 서 이루어지는 상호작용을 기술하기에 충분히 추상적인 표현이 가능하고 프로 그래머가 능숙하게 사용할 수 있는 언어입니다."

물론 수많은 프로그래밍 언어가 있고 지지자와 반대자들이 소란스러운 논 쟁을 펼치며, C도 그 나름대로 비판의 대상이 된다. 하지만 C는 아직도 컴 퓨팅에서 핵심 언어이고 프로그래밍 언어의 인기, 영향력, 중요성을 조사 한 순위에서 거의 항상 2위나 3위를 지킨다. 내 생각에 다른 어떤 언어도 C 만큼 우아함, 표현력, 효율성, 간결함 간의 균형을 달성하지 못했다고 본다. 또한 C는 C++, 자바, 자바스크립트, Awk, Go 언어를 포함한 다른 많은 언어의 기본 구문 규칙에 영감을 주었다. 지금까지 C 언어는 특별히 영향력 이 컸고 컴퓨터 기술 발전에 중요하게 기여했다.

---

* 옮긴이_ 15년에 한 번꼴로 열리는 비정기 콘퍼런스로, 흔히 HOPL로 축약해 부른다. 4차 HOPL이 2020 년에 열릴 예정이었으나 코로나바이러스감염증-19(COVID-19)로 연기됐다. 출처: en.wikipedia.org/ wiki/History_of_Programming_Languages

소프트웨어 도구와 랫포

1975년 중후반에 콘퍼런스와 저널 논문에서 유닉스에 대한 공개적인 설명이 이루어졌고, 유닉스 제6판은 100여 개 대학과 소수 기업에서 사용되고 있었다. 그러나 기술 분야 현업에서는 아직 대부분 포트란을 사용했고, IBM의 시스템/360$^{System/360}$ 같은 하드웨어 공급업체가 제공하는 운영체제 기반으로 일했다. 벨 연구소만 봐도 머리 힐에 근무하는 프로그래머 대부분은 GE의 일괄 처리 운영체제인 GECOS(1970년에 GE가 하니웰에 컴퓨터 사업 부문을 매각할 때 GCOS로 이름이 바뀌었다)를 실행하는 GE 635를 사용했다.

1973년 무렵 나는 자주 C로 프로그래밍하기 시작했지만, 아직 포트란도 쓰고 있었다. 포트란이 수치 처리용으로는 적합했지만, 제어 흐름문$^{control-flow}$ ^{statement}이 없다시피 했고 1950년대에 천공카드 기반으로 만들어진 언어였기에 근본적인 제약이 있었다. 이와는 달리 C의 제어문은 말하자면 흐름이 자연스러웠다.

그래서 나는 C처럼 생긴 포트란의 변종을 유효한 포트란 코드로 변환해주는 간단한 컴파일러를 작성했다. 나는 그 컴파일러를 **랫포**^{Ratfor}라고 불렀는데, '합리적인 포트란$^{rational\ Fortran}$'을 뜻했다. 랫포는 if-else, for, while문과 그룹 구분용 중괄호({})가 포함된 C의 제어 흐름을 포트란의 IF, GOTO 문과 유일한 반복 문법인 DO 루프로 변환했다. 또한 랫포 전처리기는 표기법상 편의를 제공했는데, 자유 형식 입력(당시 포트란에서는 여전히 필수였던, 엄격하게 형식화된 80열 카드 이미지*가 아닌 형태), 편리한 주석

----

* 옮긴이_ 포트란에서 자유 형식 입력이 가능해진 것은 Fortran 90에 들어서였다.

규칙, 포트란의 투박한 .LT와 .GE 형식 대신 <과 >= 같은 자연스러운 논리·관계 연산자 등을 지원했다.

짧은 예로 1상에 나오는 포트란 프로그램을 랫포로 다음처럼 작성할 수 있다.

```
# v를 단위행렬로 만들기
do i = 1, n
    do j = 1, n
        if (i == j)
            v(i,j) = 1.0
        else
            v(i,j) = 0.0
```

랫포는 C 구문 규칙을 바탕으로 만든 첫 번째 언어다. 포트란 코드를 랫포 문법으로 작성하는 것은(스스로 이렇게 말하기는 좀 그렇지만) 표준 포트란으로 작성하는 것보다 한없이 더 쾌적한 경험이었다. 랫포는 포트란의 의미 체계나 데이터 타입을 바꾸지는 않았지만(예를 들면 문자를 처리하는 기능은 없었다),* 포트란이 적합한 어떤 작업에든 랫포를 쓰는 것이 더 효율적이었다. 자유 형식 입력과 C 같은 제어 흐름은 거의 C로 프로그램을 작성하는 느낌이 들게 해주었다.

이론과 실제를 둘 다 충족하는 탁월한 사례로, 브렌다 베이커Brenda Baker는 임의의 포트란 프로그램을 랫포로 변환하는 struct라는 프로그램을 만들었

----

* 옮긴이_ 이후 포트란 77에는 문자 타입이 추가되었으나, 이전 표준인 포트란 66 기반으로 만들어진 랫포에는 문자 처리 기능이 없었다.

다. 브렌다는 어떤 포트란 프로그램이든 잘 구조화된 형식well-structured form이 있음을 증명했다. 즉 포트란 코드를 랫포로 표현하기 위한 최선의 방법이 근본적으로 유일하다는 것이었다. struct를 사용한 사람들은 원래 작성한 포트란 코드보다 랫포 버전이 거의 항상 더 알아보기 쉽다는 것을 알게 됐다.

빌 플로거와 나는 유닉스 도구 철학을 더 폭넓은 독자에게 전파하기 위한 책을 쓰기로 했다. 대상은 유닉스 이외의 운영체제에서 포트란을 사용하는 프로그래머였다. 『Software Tools』(Addison-Wesley Professional, 1976)는 표준 유닉스 도구를 랫포 버전으로 제시했다. 파일 비교, 단어 세기, grep, ed 같은 텍스트 편집기, Roff와 유사한 텍스트 포매팅 프로그램, 게다가 랫포 전처리기 그 자체까지 모두 랫포로 작성해서 제공했다.

출간 타이밍은 꽤 적절했다. 책은 어느 정도 잘 팔렸고, 소프트웨어 도구 사용자 그룹Software Tools User Group이 생겨났다. 이 그룹은 로렌스 버클리 연구소Lawrence Berkeley Labs의 데비 셰러Debbie Scherrer, 데니스 홀Dennis Hall, 조 스벤텍Joe Sventek이 이끌었다. 그들은 책에 실린 프로그램을 더 정교하게 다듬고 그들만의 새로운 도구를 추가하고 코드 배포판을 만들었으며, 모임을 조직해서 운영하고, 수년간 모든 일이 순조롭게 흘러가도록 관리했다. 그들의 코드는 50개 이상의 운영체제로 이식됐고, 사용자 그룹은 1980년대 후반에 해산할 때까지 활발하게 활동했고 영향력이 있었다.

이후 빌과 나는 『Software Tools』의 파스칼 버전인 『Software Tools in Pascal』(Addison-Wesley Professional, 1981)을 출간했다. 당시에 파스칼은 대학교에서 교육용 언어로 인기가 있었다. 파스칼은 포트란에는 없는 합리적인 제어 흐름과 재귀 호출을 포함한 좋은 특성이 있었다.

불행히도 파스칼에는 그다지 좋지 못한 특성도 있었다. 불편한 입출력과 거의 사용할 수 없는 문자열이 대표적인데, 나는 「Why Pascal is Not My Favorite Programming Language (파스칼이 내가 가장 좋아하는 프로그래밍 언어가 아닌 이유)」라는 논문에서 이 내용을 설명했다. 논문을 저널에 제출했지만, 논란을 불러일으킬 소지가 있거나 내용이 충분하지 않다는 이유로 거절당했다. 이 논문은 한 번도 게재된 적은 없지만, 의외로 자주 인용된다.

어쨌든 C와 유닉스가 더 폭넓게 사용됨에 따라, 파스칼은 심각한 제약 사항 때문에 점점 인기가 떨어졌고 『Software Tools in Pascal』은 많이 읽히지 않았다. 지금 와서 생각해보면 C 버전으로 된 책을 냈다면 단기적으로나 장기적으로나 훨씬 더 큰 영향을 줬을 것 같다.

인물 탐방: 더글러스 매클로이

롭 파이크는 더글러스 매클로이를 '유닉스의 숨은 공로자'라고 불렀고, 나도 동의한다. 켄 톰프슨은 더글러스가 다른 누구보다도 똑똑했다고 하는데, 그 말도 맞는 것 같다. 하지만 더글러스는 "내가 얼마나 똑똑한지 평가하는 것은 다른 이들의 몫으로 남겨두겠지만, 벨 연구소에서 활동하던 많은 수학자들이 나보다 훨씬 똑똑했다는 것은 알고 있다"라고 했다. 그냥 벨 연구소에는 뛰어난 사람들이 많았고, 가면 증후군*은 종종 일어나며, 누구든 남들을 따라잡기 위해 끊임없이 능력껏 일했다고 생각하기 바란다.

....

* 옮긴이_ 가면 증후군(imposter syndrome)은 자신이 이뤄낸 업적을 스스로 받아들이지 못하는 심리적 현상이다.

기술적인 문제와 인력 관리 측면에서 더글러스가 두루 보여준 훌륭한 안목과 현명한 판단력이 없었다면 유닉스는 존재하지 못했거나, 이만큼 성공적이지 못했을 가능성이 크다.

더글러스는 1954년에 코넬 대학교에서 물리학으로 학사 학위를, 1959년에 MIT에서 응용수학으로 박사 학위를 받았다. 그 또한 벨 연구소에서 여름 인턴으로 일했고, 1958년에 정규직으로 합류했으며, 내가 그를 처음 만나기 2년 전인 1965년에 컴퓨팅 기법 연구 부서^{Computing Techniques Research} ^{department}의 부서장이 됐다. 앞서 이야기한 것처럼 나는 1967년 여름에 더글러스의 부서에서 인턴 생활을 했고, 명목상으로는 그가 제안한 메모리 할당자 문제를 놓고 작업했으나 실제로는 내가 하고 싶은 일을 했다. 그래도 그는 전혀 개의치 않았는데, 이런 점은 그가 관리자로서 가진 좋은 특징 중 하나였다.

앞서 더글러스가 프로그래밍 언어 분야에서 초기에 PL/I와 EPL로 했던 일을 언급했다. 유닉스 개발이 진행되면서 그는 매우 다양한 핵심 소프트웨어를 작성했다. 그가 만든 메모리 할당자인 `malloc`은 다년간 사용됐고 메모리 할당자에 대한 그의 연구는 이후 다른 연구에 영향을 끼쳤다. 또한 그는 명령어를 다수 작성했는데, 그의 웹 페이지(`www.cs.dartmouth.edu/~doug`)에 소개된 목록에는 `spell`, `diff`, `sort`, `join`, `graph`, `speak`, `tr`, `tsort`, `calendar`, `echo`, `tee`가 나와 있다.

그중 일부는 `echo`처럼 간단한 명령어이고 `sort`와 `diff`처럼 더 복잡한 명령어도 있다. 명령어 대부분은 유닉스 컴퓨팅에 핵심적이고, 지금까지도 많이 사용된다. 물론 파이프도 그의 아이디어였고(최종 버전은 켄의 구문 규칙을 사용하기는 했지만) 파이프가 실제로 구현된 것은 더글러스가 그러한 메커니즘을 만들 수 있게 계속 독려했기 때문이라고 볼 수 있다.

그가 작성한 spell은 철자법 오류를 찾아내려고 품사를 식별하기 위해 사전과 휴리스틱*을 효과적으로 활용했는데, 컴퓨팅 자원을 극히 적게 사용하도록 구현됐다.

더글러스가 작성한 diff는 두 텍스트 파일을 비교하고 한 파일을 다른 파일로 변환하는 데 필요한 최소한의 변경 시퀀스를 찾아내기 위한 효율적인 알고리듬(해럴드 스톤Harold Stone과 톰 시맨스키Tom Szymanski가 발명했다)을 구현한 것이다. 이 코드는 파일의 여러 버전을 관리하는 소스 코드 관리 시스템의 중심에 있다. 소스 코드 관리 시스템 대부분은 버전 하나와 변경점 여러 개를 저장하고, diff 알고리듬을 실행함으로써 다른 버전을 생성하는 식으로 작동한다. 또한 이 방식은 프로그램을 업데이트하는 데 사용되는 패치 메커니즘에도 사용된다. 예를 들어 누군가에게 프로그램의 새 버전을 그냥 보내는 대신, diff로 계산된 ed 편집 명령어 시퀀스를 보내고, 이 명령어 시퀀스가 이전 버전을 새 버전으로 변환해준다.

diff 프로그램은 훌륭한 이론이 훌륭한 엔지니어링과 결합해서 핵심 도구를 만들어내는 또 다른 좋은 예다. diff가 생성한 결과물은 사람과 프로그램 둘 다 읽을 수 있는데, 한쪽만 읽을 수 있게 만들어졌다면 훨씬 덜 유용했을 것이다. 요약하자면 diff는 파일 간의 비교 결과를 다른 프로그램에서 이용할 수 있는 형태로 정리해 산출함으로써 또 다른 파일을 만들 수 있게 해준다.

---

* 옮긴이_ 휴리스틱은 컴퓨터 과학, 인공 지능, 수학적 최적화에서 고전적인 방법이 너무 느릴 때 문제를 더 빨리 해결하거나, 고전적인 방법으로 정확한 해법을 찾지 못할 때 근사한 해결책을 찾기 위해 설계된 기법이다.

유닉스 개발을 막 시작하던 당시 1127 센터는 진기한 장치를 구매했는데, 음소를 소리로 변환해주는 Votrax 음성 합성기였다. 더글러스는 임의의 영어 텍스트를 음소 단위로 변환하기 위한 한 벌의 규칙을 만들었고, 이 규칙을 이용해서 Votrax 입력을 생성하는 **speak**라는 프로그램을 작성했다. 영어 철자법은 매우 변칙적이라서 어떤 규칙으로도 완벽하게 처리할 수는 없다. **speak**의 출력 결과는 종종 불완전했고 가끔은 우스웠지만(내 이름은 변환하면 'Br-I-an Kern-I-an(블-이-언 컨-이-언)'으로 운을 맞췄다), 거의 항상 진짜로 도움이 될 정도로 정확했다.

이 프로그램은 그냥 명령어이기도 했으므로 누구든 별다른 준비 없이 이용할 수 있었고, **speak**로 보내진 텍스트는 유닉스 방에 있는 스피커에서 음성으로 재생됐다. 덕분에 특이한 서비스 몇 개가 생겨났다. 예를 들어 매일 오후 1시에 Votrax는 다음처럼 말했다.

"점심 시간, 점심 시간, 점심 시간. 맛있다, 맛있다, 맛있다."

유닉스 방 주민에게 회사 식당이 1시 15분에 문을 닫기 전에 빨리 밥을 먹으러 가야 한다고 알려주는 용도였다.

다른 서비스도 있었는데, 들어오는 전화 회선들을 모니터링하다가 한 회선이 (소리 없이) 울리면 다음처럼 알려주었다.

"더그*한테 전화 왔어요."

공유 공간에서는 자주 울려대는 전화보다 이 방식이 훨씬 덜 방해가 됐다.

---

* 옮긴이_ 영어 이름 더글러스(Douglas)의 약칭이다.

더글러스의 관심사는 넓고도 깊다. 무엇보다도 그는 지도 투영법^{map projection}의 전문가다. 지도 투영법은 수학의 한 가지 전문화된 형태로, 평면에 지구 표면의 위치를 최소한의 왜곡으로 나다내는 수학적인 방법을 말한다. 그가 만든 map 프로그램은 수십 가지 투영법을 제공한다. 그는 요즘에도 여전히 친구들한테 보내는 크리스마스 카드에 자신의 방식으로 그린 지도를 넣거나, 그의 다트머스 대학교 웹 페이지에 새로운 투영법을 올리곤 한다(그림 4-6).

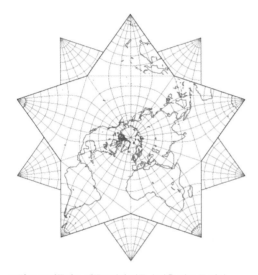

그림 4-6 더글러스 매클로이가 만든 수많은 지도 중 하나

더글러스는 매우 뛰어난 기술 평론가고, 새로운 프로그램이나 아이디어를 종종 처음으로 시도해보는 사람이다. 그는 가능한 한 일찍 프로그램이나 아이디어를 시험해봤고, 안목이 높았다. 덕분에 어떤 점이 좋고 어떤 부분을 수정해야 하는지 알려주는 그의 의견은 헤아릴 수 없을 만큼 귀중했다. 아이디어, 알고리즘, 프로그램, 문서에 이르기까지 거의 모든 것에 대한 조언

이나 비평을 구하려고 그의 사무실을 찾는 사람들의 발걸음이 끊이지 않았다. 비야네 스트롭스트룹은 먼저 내 사무실에 잠깐 들러서 C++에 대해 논의하고 새로운 아이디어를 설명한 다음, 복도를 따라 몇 칸 옆에 있는 더글러스의 사무실로 가서 언어 설계에 대한 진지한 피드백을 받기도 했다.

더글러스는 개발팀에서 작성한 논문이나 매뉴얼 원고를 대개 처음으로 읽어보았다. 그는 능숙한 솜씨로 지나친 미사여구를 없애고, 힘없는 부분을 잘라냈으며, 불필요한 수식어를 제거하고, 전반적으로 어지러운 내용을 정리했다. 마이클 머호니의 『An Oral History of Unix(유닉스 구술 역사 인터뷰)』 (1989)*에서 앨프리드 에이호가 더글러스에 대해 한 말을 들어보자.

> "더글러스는 아주 약간의 설명만 듣고도 내가 무슨 연구를 하는지 다 이해했습니다. 그는 근본적으로 내게 글 쓰는 법을 가르쳐주기도 했어요. 그는 내가 아는 최고의 테크니컬 라이터 중 한 명입니다. 언어에 대한 재능을 타고났고, 표현의 효율성에 대해 놀랍도록 뛰어난 안목을 지니고 있습니다."

더글러스는 내 논문 작성에 외부 검토자로 관여했고, 논문의 구성과 전체적인 설명을 크게 개선해주었다. 또한 그는 내가 벨 연구소에서 다른 이들과 공동 저술한 모든 책의 원고 여러 권을 읽어주었을 뿐만 아니라, 다양한 의견으로 항상 더 낫게 만들어주었다. 그는 유닉스 매뉴얼에서 명령어를 다룬 부분을 정제하고 다듬었고, 유닉스 제7판부터 제10판까지 매뉴얼의 내용을 전체적으로 조직화했다. 그는 자신의 연구를 일부 희생하면서까지 이 모든 일에 열의와 관심을 쏟았다.

그는 1986년에 관리직에서 물러났고 1997년에는 벨 연구소에서 퇴직한

---

* www.princeton.edu/~hos/Mahoney/unixhistory

뒤 다트머스 대학교에서 학생들을 가르쳤다. [그림 4-7]은 켄과 데니스가 2011년 일본 정보 통신상을 수상했을 때 머리 힐 벨 연구소에서 열린 축하 행사에서 찍은 사진이다.

그림 4-7 더글러스 매클로이와 데니스 리치, 2011년 5월(위키백과)

유닉스 제7판(1976~1979)

—

유닉스가 비로소 날개를 펴고 연구소라는 둥지를 벗어난 것은 제7판부터였습니다. 제7판은 이식성 있는 첫 버전이었고, 무수히 다양한 하드웨어로 폭발적으로 퍼져나간 후계의 마지막 공통 조상이었습니다. 따라서 제7판의 역사는 모든 유닉스 시스템의 공통 유산의 일부입니다."

- 더글러스 매클로이, 「A Research Unix Reader」(1986년)

유닉스 제6판은 소프트웨어 개발을 위한 훌륭한 기반이 되었고, 그즈음에 마련된 도구는 프로그래밍을 재미있고 생산적으로 할 수 있게 했다. 제6판보다 훨씬 전에 자리 잡은 도구도 있었고, 제6판이 나온 다음에 생긴 것도 있었다. 이 장에서 우리는 1127 센터의 소프트웨어 개발 흐름 중 제7판에서 정점에 달한 몇 가지를 볼 텐데, 제7판은 제6판보다 거의 4년 후인 1979년 1월에 발표됐다.

논리적으로나 연대순으로나 이 장의 내용 일부는 유닉스가 1127 센터 외부로 확산된 것을 설명하는 다음 장 이후에 와야 하지만, 제7판에 대해 먼저 다루는 편이 더 짜임새 있을 듯하다. 그리고 위 인용구에서 더글러스 매클로이가 언급한 것처럼, 제7판은 모든 유닉스 시스템이 공유하는 유산의 큰 부분을 제공한 원천이 됐으므로 먼저 이야기할 필요가 있다.

유닉스와 이 장의 주요 테마 중 하나는 영향력 있는 언어들이 전성기를 맞이한 것이다. 전통적인 프로그래밍에 초점을 맞춘 언어도 있었고, 특수 목적 언어 또는 도메인 특화 언어domain-specific language도 있었으며, 선언적 명세 언어declarative specification language도 있었다. 프로그래밍 언어는 수년간 내 관심 분야였기 때문에, 나는 아마도 이 주제에 독자들이 관심 두는 것보다 더 많은 분량을 할애할 것이다. 다 읽지 않고 넘어가도 이해하는 데 무리가 없도록, 각 주제에서 중요한 내용은 앞부분에 미리 설명한다.

이 시기의 시작 무렵만 해도 유닉스 제6판은 순전히 PDP-11용 운영체제였다는 점을 주목하기 바란다. 1979년 들어서 유닉스 제7판은 이식성 있는 운영체제가 됐고 적어도 네 가지 프로세서상에서 실행 가능했는데, 그중 DEC VAX-11/780이 가장 인기 있었다. 다음 장에서 이식성에 대해 더 많이 논하겠지만, 지금으로서는 PDP-11용 운영체제였던 유닉스가 비교적 하드웨어 독립적인 운영체제로 조용히 진화했음을 아는 것이 중요하다.

본 셸

유닉스 제6판 셸*에서는 입출력 리디렉션과 파이프로 프로그램을 결합해서 작업을 쉽게 할 수 있었다. 처음에는 명령어 시퀀스를 타이핑했다가 나중에

----

* 옮긴이_ 4장의 '셸'에서 설명한 유닉스 셸이 제1판부터 제6판까지 조금씩 개선되면서 사용됐다. 이 셸은 켄 톰프슨이 개발해서 톰프슨 셸(Thompson shell)이라고도 한다. 출처: en.wikipedia.org/wiki/Thompson_shell.

는 파일 하나(셸 스크립트)에 모아서 명령어들을 단일 명령어로 실행할 수 있었다.

제6판 셸은 어떤 명령어를 조건부로 실행하기 위한 if 문, 스크립트 파일에서 다른 행으로 분기하기 위한 goto 문, 분기할 대상을 지정하고자 스크립트의 특정 행에 라벨을 붙이기 위한 방법('∶' 명령어로, 라벨 지정 이외에는 아무 동작도 하지 않았다)을 제공했다. 이것들을 조합해서 사용하면 반복 처리를 할 수 있었기에, 원칙적으로 제6판 셸은 복잡한 스크립트를 작성하는 데 이용할 수 있었다. 그러나 이 메커니즘은 실제로는 불편하고 불안정했다.

다음 장에도 나오지만, 프로그래머 워크벤치 그룹의 일원인 존 매시는 제6판 셸에 몇 가지 기능을 추가한 버전을 만들었다. 이 기능들은 프로그래밍을 훨씬 용이하게 해주었는데, 조건 검사를 위한 일반적인 if-then-else 문, 반복 처리를 위한 while 문, 셸 파일 내에 정보를 저장하기 위한 변수를 지원했다.

1976년에는 1127 센터에 막 합류한 스티븐 본이 프로그래머 워크벤치 셸 기능을 포함하면서 자신만의 주요한 개선 사항을 추가한 새로운 셸을 작성했다. 그의 목표는 기존 셸의 쉬운 대화식 특성을 유지하면서도 셸을 완전히 프로그래밍 가능한 스크립팅 언어로 만드는 것이었다. 스티븐이 만든 셸은 if-then-else, while, for, case를 포함한 여러 가지 제어 흐름 문법을 제공했다. 변수도 지원했는데, 셸 자체가 정의하는 변수도 있었고 사용자가 정의하는 변수도 지원했다. 문자열 쿼팅quoting* 메커니즘도 개선됐다.

---

* 옮긴이_ 쿼팅이란 문자열을 따옴표로 묶는 것을 말한다. 문자열 안에 특수 문자가 들어가 있을 경우 셸이나 셸 스크립트에 의해 그 특수 문자가 재해석되거나 다른 문자로 확장되는 것을 방지하기 위해서 필요하다. 출처: wiki.kldp.org/HOWTO/html/Adv-Bash-Scr-HOWTO/quoting.html

마지막으로 셸도 다른 프로그램과 마찬가지로 파이프라인에서 필터로 작동할 수 있게 수정됐다. 그 결과는 신속히 제6판 셸을 대체했고 그의 이름을 따라 본 셸이라고 불렸다(줄여서는 그냥 sh로 불렸는데, 제6판 셸과 실행 파일 이름은 같다).

본 셸의 제어 흐름 구문은 독특했는데, 알골 68에 기반을 두었기 때문이다(스티븐이 좋아하는 언어였지만 1127 센터의 다른 사람들에게는 별로 인기가 없었다). 예를 들어 알골 68은 거꾸로 뒤집은 단어를 구문 종결자로 이용했고 본 셸도 이 방식을 따랐는데, if 문은 fi로, case 문은 esac로 끝내는 식이었다. 하지만 od는 이미 사용되고 있었으므로(8진 덤프^{octal dump} 명령어로), do 문은 done으로 종결됐다.

```
for i in $*                     # 모든 전달 인자에 대해 반복
do
    if grep something $i
    then
        echo found something in $i
    else
        echo something not found in $i
    fi
done
```

if와 while 문이 검사하는 조건은 프로그램이 반환하는 상태, 즉 프로그램이 제대로 작동했는지 결과를 보고하는 데 쓸 수 있는 숫자 값이었다. 당시 프로그램 대부분은 적절한 상태를 반환하는 것에 무신경했는데, 이전에는 거의 중요하지 않았기 때문이다. 그래서 스티븐은 프로그램이 적절한 상태

를 반환하지 않을 때마다 셸이 성가신 메시지를 출력하도록 했다. 한 주간 이렇게 자동화된 잔소리에 시달린 후에 대부분의 프로그램이 의미 있는 상태 값을 반환하도록 업그레이드됐다.

또한 본 셸은 입출력 리디렉션 기능을 대폭 강화했다. 제6판 셸의 버그BUGS 섹션에는 '문제 진단용 출력을 리디렉트할 방법이 없음'이라고 돼 있다. 본 셸에서 특히 유용한 새 기능은 표준 에러 스트림(**stderr**, 기본값은 파일 서술자 2)을 표준 출력(**stdout**, 파일 서술자 1)에서 분리하는 것이었다. 어떤 스크립트에 대해 출력은 파일로 향하도록 하는 한편 에러 메시지는 다른 곳(대개 터미널)으로 향하게 할 수 있었다.

```
prog >file           # stdout은 file로, stderr는 터미널로
prog 2>err           # stdout은 터미널로, stderr는 err로
prog 1>file 2>err    # stdout은 file로, stderr는 err로
prog >file 2>&1      # stderr를 stdout과 병합
```

이 기능 덕분에 셸은 진정한 프로그래밍 언어가 됐고, 명령어 시퀀스로 합당하게 표현될 수 있는 거의 모든 일을 프로그램으로 작성하기에 적합한 언어가 됐다. 게다가 C 프로그램을 따로 작성하지 않아도 될 때가 많을 정도로 이러한 기능을 잘 처리했다.

수년간 더 많은 기능이 추가됐고, '본 어게인 셸Bourne Again Shell'을 뜻하는 배시Bash에는 특히 다양한 기능이 추가됐다. 배시는 이제 리눅스와 맥OS 사용자 대부분에게 사실상 표준 셸이다. 사람들이 개인적으로 사용하는 셸 스크립트는 작고 간단한 편이지만, 컴파일러 같은 주요 도구를 위한 소스 코

드는 흔히 2만 행 이상의 설정 스크립트와 함께 배포된다. 이러한 스크립트는 라이브러리의 존재 여부와 데이터 타입의 크기 등 시스템 환경의 특성을 검사하는 프로그램을 실행함으로써 특정 시스템에 맞춰진 버전을 컴파일할 수 있게 한다.

Yacc, Lex, Make

우리는 의사소통하기 위해 언어를 사용한다. 그리고 더 나은 언어는 더 효과적으로 의사소통하게 해준다. 이 점은 우리가 컴퓨터와 의사소통하려고 사용하는 인공 언어에서 특히 더 그렇다. 좋은 언어는 어떤 일을 수행하려 할 때 우리가 하고 싶은 말('그냥 그 일을 해')과 해야만 하는 말 사이의 간극을 좁혀 준다. 그래서인지 컴퓨팅 분야에서는 어떻게 표현력 있는 언어를 만들 것인지와 관련된 연구가 많이 이루어진다.

유닉스 제7판은 언어 기반 도구를 다양하게 제공했는데, 그중 일부는 약간 색달랐다. 나는 이러한 언어 중 대부분은 비전문가가 새로운 언어를 쉽게 만들게 해주는 도구(특히 Yacc)가 없었다면 존재하지 못했을 것이라고 생각한다. 이 절에서는 언어를 만드는 도구에 대해 설명한다. 전달하고자 하는 메시지는 유닉스 도구로 새로운 언어를 만드는 것이 용이해지면서 컴퓨터와 의사소통하기 위한 더 나은 방식이 마련됐다는 것이다. 세부 사항은 넘어가도 괜찮지만, 이 메시지는 중요하다.

컴퓨터 언어는 구문 규칙^{syntax}과 의미 체계^{semantics}라는 두 가지 주요한 측면에서 특징지어진다. 구문 규칙은 문법을 기술한다. 즉 언어가 어떻게 생겼고, 무엇이 문법적으로 맞고 틀리는지 정의한다. 구문 규칙은 문장^{statement}과 함수가 어떻게 작성되는지, 어떤 것들이 산술 연산자와 논리 연산자인지, 그것들이 어떻게 표현expression으로 결합되는지, 어떤 이름이 적법한지, 어떤 단어가 예약어reserved word인지, 문자열 리터럴string literal*과 수는 어떻게 표현되는지, 프로그램은 어떻게 포매팅되는지 등에 대한 규칙을 정의한다.

의미 체계는 적법한 구문에 부여되는 의미로, 적법한 문법 구조가 무엇을 의미하거나 무슨 일을 하는지를 뜻한다. 2장에 나온 사각형 넓이 계산 프로그램을 다시 보자.

```
void main() {
    float length, width, area;
    scanf("%f %f", &length, &width);
    area = length * width;
    printf("area = %f\n", area);
}
```

이 프로그램의 의미 체계를 분석해보면 main 함수가 호출됐을 때, 표준 입력에서 두 개의 데이터 값을 읽기 위해 scanf 함수를 호출하고, 넓이를 계산하고, printf 함수를 호출해서 area = 에 이어 넓이와 개행 문자(\n)를 출력한다.

컴파일러는 어떤 언어로 작성된 코드를 의미 체계상 동등한 다른 언어 코드로 변환하는 프로그램이다. 예를 들어 C와 포트란 같은 고수준 언어용 컴파일러는 해당 언어로 작성된 코드를 변환해서 특정한 종류의 컴퓨터를 위한

----

* 옮긴이_ 컴퓨터 프로그램의 소스 코드에서 고정된 문자열 값을 나타내는 용어이다.

어셈블리어 코드를 생성할 수 있다. 어떤 컴파일러는 고수준 언어 간에 변환 작업을 할 수도 있는데, 랫포에서 포트란으로 변환하는 경우가 이에 해당한다.

컴파일 과정에서 첫 번째 부분은 프로그램을 **구문 분석 (파싱)**parsing하는 것이다. 구문 분석은 이름, 상수, 함수 정의, 제어 흐름, 표현 등을 인식하여 구문 구조를 결정하는 것으로, 이후 처리 과정에서 구문별로 적합한 의미를 부여할 수 있도록 한다.

오늘날 특정 프로그래밍 언어용 구문 분석기(파서)parser를 작성하는 것은 익히 알려진 기술이지만, 1970년대 초에는 활발히 연구 중인 분야였다. 당시에는 어떤 언어의 문법 규칙을 변환해서 그 언어로 작성된 프로그램을 위한 효율적인 구문 분석기를 생성하는 프로그램을 만들어내는 데 주력했다. 이처럼 구문 분석기를 생성하는 프로그램은 '컴파일러 컴파일러compiler-compiler'로도 알려졌는데, 컴파일러를 위한 구문 분석기를 기계적으로 생성하는 것이 가능했기 때문이다. 일반적으로 컴파일러 컴파일러는 구문 분석기를 만들 뿐만 아니라 구문 분석하는 도중에 특정 문법 요소를 만났을 때 코드를 실행할 방법을 제공하기도 했다.

Yacc

1973년에 스티븐 존슨(그림 5-1)은 앨프리드 에이호로부터 형식 언어 이론에 대한 도움을 받아서 Yacc(야크)라는 이름의 컴파일러 컴파일러를 만들었다. 이 이름은 제프리 울먼이 준 의견에 영향을 받아 지었는데 '또 하나의 컴파일러 컴파일러yet another compiler-compiler'를 뜻한다. 이는 그러한 종류의 프로그램으로는 처음이 아니었음을 암시한다.

그림 5-1 스티븐 존슨, 1984년경(제라드 홀즈먼 제공)

Yacc 프로그램은 어떤 언어의 구문에 대한 문법 규칙과 그 규칙에 부여되는 의미 동작·semantic action·으로 구성된다. 그래서 구문 분석 중에 특정 문법 요소를 감지하면 해당하는 의미 동작이 수행될 수 있도록 한다. 예를 들어 의사·pseudo· Yacc 코드에서 산술 표현에 대한 구문 일부는 다음과 같을 수 있다.

```
expression := expression + expression
expression := expression * expression
```

여기에서 해당하는 의미 동작은 두 표현의 결과를 서로 더하거나 곱한 값을 결과로 만드는 코드를 생성하는 것이 될 수 있다. Yacc는 이 명세를 변환해서, 입력을 구문 분석하고 구문 분석이 진행되는 동안 의미 동작을 수행하는 C 프로그램을 만든다.

보통은 컴파일러 작성자가 곱셈이 덧셈보다 우선순위가 높다는 점(즉 곱셈이 덧셈보다 먼저 수행된다는 점)을 처리하기 위한 더 복잡한 규칙을 작성해야만 했지만, Yacc에서는 부가적인 문법 규칙 대신에 별도의 선언만으로 연산자 우선순위와 연산자 결합법칙을 명시할 수 있다. 이는 전문가가 아닌 사용자에게는 엄청나게 간소화된 것이다.

스티븐 자신도 Yacc를 이용해서 새로운 '이식성 있는 C 컴파일러portable C compiler(PCC)'를 만들었다. PCC는 C 언어를 구문 분석하기 위한 공통 전단부front-end와 다양한 컴퓨터 아키텍처용 코드를 생성하기 위해 여러 개로 나누어진 후단부back-end로 구성됐다. 또한 스티븐과 데니스 리치는 인터데이터Interdata 8/32용 유닉스를 구현하면서 PCC를 사용했다(6장에서 '이식성' 참고).

PCC에는 다른 용도도 있었다. 스티븐은 다음처럼 회상한다.

> "PCC에서 나온 뜻밖의 부산물은 린트Lint라는 프로그램이었습니다. 린트는 프로그램을 읽어 들여서 이식성이 떨어지는 부분, 혹은 전달 인자 수가 틀리게 함수를 호출하거나 사용된 데이터 크기가 정의된 것과 다른 곳 등 명백히 잘못된 부분을 지적해줬습니다. C 컴파일러는 한 번에 파일 한 개씩만 확인했기 때문에 린트는 파일 여러 개로 이루어진 프로그램을 작성할 때 유용한 도구였습니다. 린트는 유닉스 제7판을 이식성 있게 만들 때 이식성을 판별하는 기준을 적용하는 데도 유용했는데, 에러 반환값이 널null(제7판) 대신에 -1(제6판)인 시스템 호출을 찾는 것 같은 경우에 사용했습니다. 이식성 검사를 포함해 이러한 검사 중 많은 부분이 결국 C 언어 자체로 흡수됐습니다. 이렇듯 린트는 새로운 기능을 테스트하기에 유용한 시험대였습니다."

린트라는 이름은 옷에서 보풀lint을 떼어내는 이미지에서 온 것이다. 린트의 기능은 대부분 C 컴파일러로 흡수됐지만, 린트에 사용된 아이디어는 다른 여러 언어용으로 개발된 유사한 도구에 흔히 나타난다.

Yacc는 수년간 1127 센터에서 개발된 몇 가지 언어들 사이에서 중요한 역할을 했는데, 이어지는 몇 개 절에 이 언어들에 대해 설명한다. 로린다 체리와 나는 Yacc를 이용해서 수학 조판 언어인 Eqn을 만들었다. 나는 Yacc를 이용해서 문서 생성 전처리기인 Pic과 Grap(후자는 [그림 5-2]에 있는 존 벤틀리와 함께 개발했다), AMPL 모델링 언어, 적어도 한 개 버전의 랫포, 다른 일회성 언어 몇 개를 만들었다. 또한 첫 번째 포트란 77 컴파일러인 f77, 비야네 스트롭스트룹이 개발한 C++ 전처리기인 cfront, Awk 스크립팅 언어 (곧 설명한다) 외에 다양한 언어를 만드는 데도 Yacc가 이용됐다.

그림 5-2 존 벤틀리, 1984년경(제라드 홀즈먼 제공)

Yacc는 앞선 구문 분석 기술, 높은 효율성, 편리한 사용자 인터페이스가 모여서 조화를 이룬 덕분에 초기 구문 분석기 생성기 중에서 유일하게 살아남았다. 오늘날 Yacc는 그 이름 그대로, 바이슨Bison처럼 Yacc에서 파생된 독립적인 구현으로, 또는 다른 대여섯 개 언어로 재구현된 형태로 계속 이어지고 있다.

Lex

1975년에 마이크 레스크(그림 5-3)는 어휘 분석기^{lexical analyzer}를 생성하는 프로그램인 Lex(렉스)를 만들었다. Lex는 Yacc와 나란히 사용되는 도구다. Lex 프로그램은 식별해야 하는 '어휘 토큰'을 정의하는 일련의 패턴(정규 표현식)으로 구성된다. 어떤 프로그래밍 언어에서 예약어, 변수명, 연산자, 구두점 등의 구성 요소가 어휘 토큰에 해당한다. Yacc와 마찬가지로 Lex에서도 C로 작성된 의미 동작이 각 명시된 토큰에 부여될 수 있다. Lex는 어휘 토큰과 의미 동작의 명세로부터 C 프로그램을 생성하는데, 이 프로그램은 문자 스트림을 읽어 들이면서 발견한 토큰을 식별하고 연관된 의미 동작을 수행한다.

그림 5-3 마이크 레스크, 1984년경(제라드 홀즈먼 제공)

마이크가 Lex의 첫 번째 버전을 작성했지만, 얼마 지나지 않아 1976년 여름 프린스턴 대학교를 막 졸업한 인턴이 Lex를 수정했다. 마이크는 다음처럼 회상한다.

"Lex의 첫 번째 버전를 만든 직후, 여름 인턴으로 들어온 에릭 슈미트[Eric Schmidt]가 재작성했습니다. 저는 Lex를 16개 상태 이하의 규칙만 처리 가능한 비결정성 분석기[non-deterministic analyzer]를 이용해서 작성했어요. 앨프리드 에이호는 이 점이 마음에 들지 않았고, 프로그램을 수정하라고 여름 인턴을 붙여주었죠. 우연히도 그는 예사롭지 않은 친구였어요."

이후 에릭은 캘리포니아 대학교 버클리에서 박사 학위를 받았고, 2001년부터 2011년까지 구글의 CEO로 일했다.

Yacc와 Lex는 함께 잘 어울려 작동한다. Yacc는 구문 분석하는 동안에 다음 토큰이 필요할 때마다 Lex에게 요청하고, Lex는 완전한 토큰을 식별할 만큼 입력을 읽어 들인 후 Yacc에게 토큰을 전달한다. Yacc/Lex 조합은 복잡한 문법과 어휘 요소를 처리하면서 컴파일러의 전단부 구성 요소가 기계적으로 작동하게 한다. 예를 들어 일부 프로그래밍 언어에는 C의 ++ 연산자처럼 문자 두 개나 세 개로 된 연산자가 있다. 이러한 언어를 처리할 때 어휘 분석기가 +를 만나면 그 연산자가 ++인지 그냥 +에 다른 것이 따라오는 것인지 알고자 미리 보기[lookahead]를 해야 한다. 이런 종류의 코드를 직접 작성하기가 아주 어렵지는 않지만, 프로그램이 코드를 작성하게 할 수 있다면 훨씬 쉬울 것이다. 예로 든 두 경우를 구별하려면 Lex에서는 다음처럼만 하면 된다(**PLUS**와 **PLUSPLUS**는 C 코드가 처리하기 용이한 숫자 코드를 나타내는 이름이다).

```
"++" { return PLUSPLUS; }
"+" { return PLUS; }
```

[그림 5-4]는 어떤 언어를 위한 컴파일러인 C 프로그램을 만드는 데 Yacc 와 Lex가 어떻게 이용되는지 보여준다. Yacc는 구문 분석기를 위한 C 파일을 생성하고 Lex는 어휘 분석기를 위한 C 파일을 생성한다. 이 두 개의 C 파일이 의미 체계를 포함하는 다른 C 파일들과 결합되고, C 컴파일러로 컴파일돼서 실행 프로그램이 만들어진다. 이 그림은 정확히 이러한 구조로 되어 있는 Pic으로 만들었다.

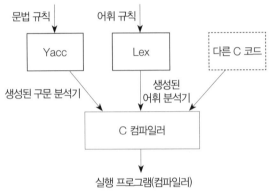

그림 5-4 Yacc와 Lex를 이용해서 컴파일러 만들기

Lex가 사용하기 쉽고 기능이 강력한데도 불구하고 장기적으로 볼 때 Lex 는 Yacc만큼 널리 사용되지 않았다. 아마도 비교적 경험이 적은 프로그래 머 입장에서 복잡한 언어를 위한 구문 분석기를 작성하기는 어렵지만, 어휘 분석기를 작성하는 것은 할 만한 일이기 때문이리라. 하지만 어휘 분석기를 작성하기가 아무리 쉽고 간단해 보이더라도 직접 작성하는 것이 항상 좋은 선택은 아니다.

Awk 스크립팅 언어(이 장에서 곧 설명한다)와 관련된 내 경험이 도움이 될 지도 모르겠다. Awk의 첫 번째 구현은 문법을 위해 Yacc를 사용했고 입력 프로그램을 토큰화하기 위해 Lex를 사용했다. 하지만 Awk를 유닉스 이외의 환경으로 이식하려고 했을 때, 그러한 환경에서는 Lex가 없거나 다르게 작동했다. 나는 몇 년 후에 Awk가 모든 환경으로 이식될 수 있도록 마지못해 Awk의 어휘 처리 부분을 C로 재작성했다. 이후 몇 년간, 그렇게 손수 다시 짠 코드는 몇 년간 Lex로 생성한 버전에는 없던 다양한 버그와 미묘한 문제의 근원이 됐다.

이는 보편적인 법칙을 잘 입증하는 사례다. 만일 프로그램이 당신을 위해 코드를 생성해준다면, 직접 손으로 작성한 것보다 더 정확하고 신뢰도 높은 코드를 얻을 것이다. 그리고 코드 생성기가 더 나은 코드를 만들도록 개선되면 모두가 혜택을 본다. 이와 달리 손으로 작성한 프로그램은 하나를 개선한다고 해서 다른 프로그램에 혜택을 주지는 못한다. Yacc와 Lex 같은 도구는 이 법칙을 보여주는 훌륭한 예고, 유닉스에는 다른 좋은 사례도 많다. 프로그램을 생성하는 프로그램을 작성하는 시도는 항상 가치가 있다. 더글러스 매클로이는 이렇게 말했다. "무엇이든 반복적으로 해야만 하는 일이 생겼다면, 자동화하기에 적합한 때가 된 것이다."

Make

대부분의 대형 프로그램은 많은 소스 파일로 구성되고, 이 파일들을 함께 컴파일하고 링크해야 실행 프로그램이 만들어진다. C 프로그램의 모든 소스 파일을 컴파일하려면 cc *.c 같은 단일 명령어를 실행하면 되지만, 1970년대에는 컴퓨터가 너무 느려서 파일 하나를 수정한 다음 여러 개의 파일로 구성된 프로그램을 재컴파일하는 데 상당한 시간(몇 초가 아닌 몇 분)이 걸렸다. 변경된 파일만 재컴파일하고 그 결과를 기존에 컴파일된 파일들과 링크하는 편이 더 효율적이었다.

하지만 어느 파일이 최근에 컴파일됐고 어느 파일을 재컴파일해야 하는지 기억하는 것은 번거로웠고 실수하기도 쉬웠다. 하루는 스티븐 존슨이 이와 관련해 스튜어트 펠드먼(그림 5-5)에게 불평을 늘어놓은 적이 있었다. 스티븐은 몇 시간을 디버깅에 허비하고 나서야 자신이 수정한 파일 중 하나를 재컴파일하지 않은 것을 알아차렸다고 한다.

우연의 일치로 스튜어트도 똑같은 일을 겪었다. 실제로는 문제가 없는데 단지 재컴파일되지 않았을 뿐인 프로그램을 디버깅하려고 애쓴 바 있었다. 스튜어트는 우아한 아이디어를 생각해냈다. 프로그램의 조각들이 서로 어떻게 의존하는지 기술하는 명세 언어였다. 그가 Make(메이크)라고 부른 이 프로그램은 명세, 즉 makefile(메이크파일)을 분석하고 파일들이 변경된 시간 정보를 이용해서 모든 것을 최신으로 유지하는 데 필요한 최소한의 재컴파일을 수행했다. Make가 처음으로 구현된 것은 1976년이었다.

> "저는 주말에 Make를 작성하고 그다음 주말에 매크로를 이용해서 재작성했어요(내장된 코드의 목록이 너무 길어지고 있었거든요). '행 시작에 탭 문자 넣기'* 는 고치지 않았는데, 금세 십여 명의 열렬한 사용자가 생겼고 그들을 당황하게 만들고 싶지 않았기 때문입니다."

----

* 옮긴이_ makefile에서 Make가 수행하는 동작을 나타내는 명령(command)이 포함된 행에는 시작 부분에 탭 문자를 넣어야만 한다. 탭 문자가 아닌 일반 공백 문자를 넣으면 에러가 발생한다.

그림 5-5 스튜어트 펠드먼, 1984년경(제라드 홀즈먼 제공)

Make는 순식간에 성공을 거뒀다. 컴파일을 최대한 효율적으로 만들면서
도 오만가지 어리석은 오류를 예방해주었기 때문이다. 그냥 C 컴파일보
다 더 복잡한 처리가 필요한 프로그램에도 요긴하게 사용됐다. 예를 들면,
[그림 5-4]처럼 Yacc와 Lex를 이용하는 프로그램에서 각각을 먼저 실행
해 C 파일 여러 개를 만든 다음에 전체를 컴파일하는 경우가 있다. 하나의
makefile은 프로그램의 새 버전을 컴파일하는 데 필요한 모든 처리 단계를
담을 수 있었다. 또한 린트를 실행하거나, 백업 파일을 생성하고 문서를 출
력하는 것처럼, 관련된 작업을 하는 방법을 기술할 수 있었다. Makefile에
는 셸 스크립트와 동일한 속성도 일부 있었지만, 언어 자체가 선언적이었
다. 즉, 파일 간의 종속성과 더불어 파일 생성 시간에 대한 명시적인 검사
없이 프로그램 구성 요소를 업데이트하는 방법을 명시했다.

스튜어트가 언급한 '행 시작에 탭 문자 넣기'는 makefile의 형식에서 특이
하고 조금 불편한 제약 사항이다. 어떻게 보면 설계 결함이고, 어떻게 보면
성공적인 프로그램이 보편적으로 직면하는 문제의 좋은 사례라고 할 수 있
다. 즉, 프로그램이 훌륭하면 사용자를 끌어모으고, 사용자가 많아지면 어

떤 식으로든 기존 버전과 호환되지 않는 방식으로 프로그램을 변경하기가 어려워진다. 유닉스와 다른 대부분의 운영체제에는 초반에 생긴 흠이 이제 너무 깊게 자리 잡아서 고치기에는 어려워진 사례가 수두룩하다.

Make는 이번 절에서 전반적으로 다루는 테마의 좋은 사례이기도 하다. 즉 사람이 직접 코드를 작성하거나 일련의 동작을 수행하는 대신, 수행돼야 하는 일을 선언하는 표기법이나 명세를 만들고 그 명세를 해석하는 프로그램을 작성하라는 것이다. 이 접근법은 코드를 데이터로 대체하고, 거의 항상 더 이득이 된다.

Yacc, Lex, Make는 오늘날에도 우리 가까이에 있다. 프로그래머가 여전히 직면하는 중요한 문제를 다루고 잘 해결해주기 때문이다. Yacc, Lex, Make의 설계와 원래 구현까지도(가끔은) 아직 이용될 정도다.

여담으로 내가 스튜어트를 처음 만난 것은 1967년쯤으로, 나는 프린스턴 대학교에서 대학원생이었고 그는 학부생이었다. 그는 학기 중에 벨 연구소의 멀틱스 프로젝트에서 시간제로 일하고 있었다. 그는 MIT에서 천체 물리학 박사 학위를 받은 후 1127 센터에 합류했고, 1984년에 벨코어로 갔다가, 이어서 IBM을 거쳐 구글로 이직했다. 나로서는 약간 행운이었는데, 내가 구글에서 여름 동안 일했을 때 그가 내 몇 단계 위 관리자였기 때문이다.

문서 생성

유닉스에는 아주 일찍부터 문서를 만들기 위한 좋은 도구들이 있었고, 덕분에 유닉스 문서의 질이 높아졌다. 이제 초기 유닉스 시스템에서 사용된 문서 생성 도구의 역사에 관해 집중적으로 이야기해보자. 유닉스의 많은 부분과 마찬가지로 이 이야기도 프로그램, 프로그래머, 사용자 간의 상호작용이 어떻게 혁신과 개선의 선순환을 이루었는지 보여준다.

나는 1966년에 MIT에서 인턴으로 일하면서 제리 잘처^{Jerry Saltzer}가 개발한 Runoff 프로그램을 접했다(이 이름은 '내가 문서를 복사^{run off}해줄게' 같은 표현에서 왔다). Runoff는 간단한 텍스트 포매터였다. Runoff의 입력은 일반 텍스트로 구성됐고, 중간중간에 점으로 시작하는 행이 포매팅을 명시했다. 예를 들면 다음처럼 생겼다.

```
.ll 60
.ce
Document preparation
.sp 2
.ti 5
Unix had good tools for document production ...
.sp
.ti 5
When I was an intern at MIT in 1966 ...
```

이 마크업^{markup}은 Runoff에 텍스트를 포매팅하는 방법을 알려준다. '행 길이를 60개 문자로 설정하고, 다음 행을 중간 정렬하고, 두 행을 비우고 임시로 공백 문자 5개만큼 들여쓰기하고, 최대 60개 문자인 행 단위로 단락을 출력하고, 한 행을 비우고 다음 단락임을 표시하기 위해 또 임시로 들여쓰기하라.'

Runoff에는 이와 유사한 10~20개의 명령어가 있어서 간단한 문서를 포매팅하기 쉽게 해주었다. 매뉴얼 페이지, 프로그램 설명 문서, 친구에게 보내는 편지 등을 작성하는 데 사용할 수 있었고, 요즘에 마크다운^{Markdown} 같은 마크업 언어로 구현하는 텍스트 포매팅을 모두 지원했다.

초기 포매터

Runoff는 수학 계산이나 컴파일 작업과 무관하게 컴퓨터를 이용하는 방법을 보여줬는데, 나에게 계시와도 같았다. Runoff를 이용하면 적은 비용으로 글을 반복해서 쉽게 다듬고 개선할 수 있었다. 워드프로세서 프로그램이 만들어지기 전, 즉 기계식 타자기만 있었던 시절에 문서를 작성하는 것이 얼마나 노동집약적이었는지 요즘 독자는 이해하기 어려울지도 모른다. 물론 점토판이나 깃펜을 쓰는 것보다야 낫지만, 문서에서 몇 단어만 바꾸려고 해도 전체를 새로 타이핑해야만 했다. 그래서 문서는 대부분 한두 번만 수정했고, 고칠 내용이 있으면 손으로 쓴 다음에 새로 타이핑했다. 깨끗한 원고를 만들기 위해서는 이렇게 힘이 들었다.

1968년 가을에 박사 논문을 쓰기 시작했을 때, 나는 Runoff를 사용하기를 간절히 원했다. 그렇지 않으면 수동식 타자기로 직접 논문을 타이핑하거나 (물론 바뀔 때마다 새로 타이핑해야 한다) 다른 누군가에게 돈을 주고 대신 타이핑해달라고 해야만 했기 때문이다. 나는 타이핑이 빠르기는 하지만 정확도가 떨어져서 전자는 좋은 방안이 아니었고, 당시에는 가난하고 금전적 여유가 없었기 때문에 후자도 마찬가지였다.

그래서 나는 더 간단한 버전의 Runoff를 작성했고 'Runoff의 축약된 버전'을 뜻하는 'Roff'라고 불렀다. 문제는 프린스턴 대학교에 CTSS 같은 대화식 컴퓨터 시스템이 없었다는 점이다. 게다가 컴퓨터 터미널도 없었다. 쓸 수 있는 것은 천공카드뿐이었는데, 대문자만 지원했다. 나는 Roff를 포트란으로 개발했고(과학적 계산이 주 용도라서 이상적인 조건과는 거리가 멀지만, 대안이 없었다), 모든 내용을 소문자로 변환하고 각 문장의 첫 번째 문자를 대문자로 자동 변환하는 기능을 추가했다. 이렇게 대소문자가 섞인 문서를 만들었고 대소문자 모두 출력 가능한 IBM 1403 프린터로 출력했다. 당시에는 최첨단 기술이었다! 내 논문은 상자 세 개를 차지하는 천공카드 더미였다. 각 상자에는 카드가 2천 개씩 담겨 있었고, 길이가 35cm, 무게가 4.5kg이었다. 처음 1천 개의 카드는 프로그램이었고 나머지 5천 개는 Roff로 작성된 논문 텍스트였다.

천공카드를 다뤄본 경험이 없으면 잘 이해가 되지 않을 테니 설명을 덧붙인다. 각 카드는 최대 80개 문자를 담았는데, 포트란 코드 한 행이거나 논문 텍스트의 한 행에 해당했다. 텍스트 일부를 바꿔야 한다면 새로운 텍스트를 새 카드 몇 장에 찍어서 해당 부분을 교체하고, 이전 카드는 버렸다. 철자법 실수를 고치는 정도는 일반적으로 카드 한 장만 바꾸면 됐지만, 새로운 텍스트가 훨씬 길다면 더 많은 카드를 교체해야 했다.

나는 합 기호(Σ) 같은 특수 문자 몇 개를 인쇄된 페이지에 수동으로 삽입해야 했는데, 이 투박한 방식은 예상외로 잘 통해서 내 논문을 인쇄하기에는 충분했다. 내가 알기로 이 논문은 프린스턴 대학교에서 컴퓨터로 인쇄한 첫 번째 논문이었다([그림 5-6]에 한 페이지가 나와 있다). 이후 수년간 학생들을 위해 소소한 비용으로 문서를 'roff'해주는 교내 서비스가 운영됐다. 따라서 Roff는 내가 작성한 프로그램 중 다른 사람들이 중요하게 사용한 최초의 프로그램이었다.

$$\sum_{j=1}^{m} c[p(j),k] = \sum_{j=1}^{r} c[q(j),k]$$

This follows from the fact that for any i, the cost c[q(i),k] is allocated among that subset of the p(j)'s which are copies of q(i). That is, $\Sigma c[p(j),k] = c[q(i),k]$ for any such subset. Summation of this equality over all q(i) proves the claim.

By construction, the cost for edges leaving the i-th copy of node k in the derived tree is

$$c[k(i),k'(i)] = c(k,k') \frac{c[p(i),k]}{\sum_{j=1}^{m} c[p(j),k]}$$

But

$$\sum_{j=1}^{m} c[p(j),k] = \sum_{j=1}^{r} c[q(j),k] \le c(k,k')$$

Therefore

$$c[k(i),k'(i)] \ge c[p(i),k]$$

and hence monotonicity of subroutine graph costs is preserved in the tree. Equality of values of edges leaving a copy of a particular node is obviously preserved since the same multiplying factor is used for all the edges leaving the given node.

그림 5-6 Roff로 포매팅된 내 논문의 한 페이지

내가 벨 연구소에 왔을 때 Roff와 유사한 몇 가지 다른 프로그램의 개발이 진행되고 있다는 것을 알았는데, 제리 잘처의 원조 프로그램을 기반으로 더 글러스 매클로이가 작성한 버전도 있었다. 얼마 있다가 조 오산나가 '새로운 Roff'를 뜻하는 Nroff라는 훨씬 더 강력한 버전을 개발했고, 이 프로그램으로 특허 부서가 특허출원서를 포매팅할 수 있었다. 3장에서 설명한 것처럼 Nroff는 유닉스 개발용으로 사용한 첫 번째 PDP-11 컴퓨터를 구매하는

데 매우 중요한 역할을 한 도구였다.

문서 생성에 관심이 많은 소수의 열혈 개발자와 문서 생성 프로그램의 활발한 사용자 모임은 내 흥미에 완전히 부합했고, 나는 다음 10년 중 많은 시간을 텍스트 포매팅용 도구를 개발하면서 즐겁게 보냈다.

Troff와 조판기

Roff와 Nroff는 고정폭(모노스페이스) 문자 집합만 처리할 수 있었다. 이것은 텔레타이프 모델 37에서 찾아볼 수 있는 표준 알파벳 문자와 크게 차이가 나지 않아서 출력 품질은 그다지 좋지 않았다. 하지만 1973년에 조 오산나가 신문 업계에서 인기 있었던 사진 식자 조판기phototypesetter인 Graphic Systems의 CAT 구매를 추진했다. 조는 외관상 더 나은 내부 기술 문서를 만들어내는 것뿐만 아니라 특허 부서가 더 나은 특허출원서를 생성할 수 있게 돕고자 했다.

CAT는 전통적인 가변폭 글꼴을 로마자, 이탤릭체, 볼드체로 인쇄할 수 있었고, 수학 표현에 필요한 그리스 문자와 특수 문자 집합도 출력 가능했다. CAT는 긴 인화지에 결과를 출력했고 이 인화지는 유해하고 지저분한 화학 물질에 몇 차례 담가서 현상해야 했다. 이 기술은 레이저 프린터보다 먼저 사용된 것으로, 레이저 프린터는 적어도 10년 후에야 널리 이용 가능해졌다. 게다가 결과물은 흑백이었다. 값싼 컬러 인쇄는 수십 년이 지나서야 도래했다.

각 글꼴은 문자 이미지를 담은 35mm 필름 한 개씩이었고, 빨리 돌아가는 휠에 고정돼 있었다. 휠은 문자 102개씩으로 구성된 네 개의 글꼴을 담고 있어서 단일 작업을 위한 전체 레퍼토리는 408개 문자였다. CAT는 인화지와 원하는 문자가 적절한 위치에 놓일 때 필름 스트립 이미지를 통해 인화지로 강한 빛을 비추는 방식으로 작동했고, 16가지 문자 크기를 지원했다.

CAT는 삭동 속도가 느렸다. 문자 크기를 바꾸려면 내부적으로 기계식 렌즈 터릿$^{lens turret}$을 회전시켜야 해서 시간이 오래 걸렸다. 무엇보다 인화용 화학 물질을 다루는 것이 가장 불쾌했다. 하지만 출력 품질이 높아서 전문가의 손을 거친 것 같은 문서를 만들어낼 수 있었다. 실제로 벨 연구소 저자가 저널에 제출한 논문이 의심을 받은 적도 있었는데, 이미 출간된 것이 틀림없다고 생각할 정도로 너무 세련돼 보였기 때문이다.

조는 CAT를 구동하기 위해 Nroff를 대폭 확장한 프로그램인 Troff를 만들었다. '티-로프'라고 발음하며, 'T'는 조판기^{typesetter}를 뜻한다. Troff 언어는 이해하기 어렵고 다루기 까다롭지만, 충분한 기량과 인내심이 있다면 어떤 포매팅 작업도 할 수 있었다(숙달한 사람이 몇 명 안 되기는 했다). 사실상 Troff는 이상한 컴퓨터를 위한 어셈블리어였기에, 대부분의 사람은 글제목, 장/절 제목, 문단, 번호 목록 등 흔히 사용하는 포매팅 기능을 감싸서 제공하는 매크로 패키지로 Troff를 이용했다. 매크로는 저수준 Troff 명령어 상위에 있는 고수준 언어를 제공했다. 널리 사용된 ms 패키지를 만들기도 한 마이크 레스크는 Troff용 매크로 패키지 개발의 달인이었다. 내 주변에서 Troff의 프로그래밍 기능을 이용하는 데 그를 필적할 사람은 아무도 없었다.

다양한 가변폭 글꼴과 필요한 특수 문자를 출력할 수 있는 조판기를 장만하고 나니 내부 기술 문서뿐만 아니라 책을 조판하는 것도 생각해볼 만한 일이 됐다. 이 방식으로 처음 만든 책이 빌 플로거와 내가 1974년에 쓴 『The Elements of Programming Style』이었다. 프로그램 코드를 표시하기 위한 고정폭 글꼴이 없어서 타이포그래피 면에서 여러 군데 매끄럽지 않다는 점만 제외하면 만족스러운 결과였다.

빌과 내가 책 조판을 직접 하려고 했던 주된 동기는 종래의 출판 과정에서 발생한, 인쇄된 프로그램 코드에 자주 오류가 섞여 들어가는 문제를 방지하기 위해서였다. 조판을 직접 하면서 우리는 작성한 콘텐츠에 대해 입력 텍스트부터 인쇄 직전의 최종 페이지까지 완전한 통제권을 가졌다. 그래서 우리는 텍스트로 직접 프로그램을 시험해볼 수 있었고, 텍스트는 교열 담당자나 조판자의 손을 탈 필요가 없었다. 그 결과 당시에는 드물게 근본적으로 오류가 없는 프로그래밍 책을 얻을 수 있었다. 이후로 지금까지 나는 책을 쓸 때 같은 과정을 거친다. 그동안 내가 쓴 책들은 모두 Troff나 더 최신 프로그램인 Groff로 만들었다. 다행히 이제는 조판기와 비싸고 사용하기 불편한 인쇄 매체가 필요하지 않다. 요즘은 모든 내용을 PDF로 제대로 만들고 출판사나 인쇄업자에게 보내기만 하면 된다.

Eqn과 다른 전처리기

벨 연구소의 저자들은 문서에 텍스트 이외에 다른 요소도 담고 싶어 했다. 수학 표현이 가장 필요했고, 표, 그림, 참고 문헌 등도 고려 대상이었다. Troff 자체는 원론적으로 그러한 요소를 처리할 수 있기는 했지만, 전혀 편리한 방식이 아니었다. 그래서 우리는 특정 유형의 기술 자료 처리를 쉽게 해주는 특수 목적 언어를 만들기 시작했다. 사실상 우리는 전통적인 프로그래밍 언어에서 이미 일어났던 종류의 발전 과정을 문서 생성 분야에서 되풀이하고 있었던 셈이다.

이러한 특수 목적 언어 중 첫 번째는 Eqn으로, 로린다 체리(그림 5-7)와 내가 1974년에 작성한 수학 표현 조판용 언어 및 프로그램이다. 벨 연구소는 과학 연구소에 걸맞게 수많은 기술 문서를 만들었고(대부분 내부적으로만 사용했다), 많은 문서가 수학 표현으로 기득했다. 벨 연구소에는 손으로 작성된 수학 표현을 읽고 수동식 타자기를 이용해서 쉽게 알아볼 수 있는 형태로 타이핑할 수 있는 재능 있는 타이피스트들이 있었지만, 이 절차는 시간이 오래 걸렸고 편집하기 매우 어려웠다.

그림 5-7 로린다 체리, 1984년경(제라드 홀즈먼 제공)

로린다는 수학 표현을 출력하기 위한 도구에 대한 아이디어를 탐색 중이었고, 나는 수학자들이 수학 표현을 소리 내어 읽는 방식과 일치하는 언어를 원했다. 이 언어에 대한 아이디어는 내 잠재의식에 자리 잡고 있었던 것 같다. 내가 대학원생일 때 'Recording for the Blind'* 협회에서 오디오 테이

---

* 옮긴이_ 장애로 책을 읽지 못하는 사람들을 위해 오디오북을 만드는 미국 비영리 자원 봉사 단체다. 'Recording for the Blind & Dyslexic(실독증)'으로 이름이 바뀌었다가 지금은 'Learning Ally'가 됐다. 출처: en.wikipedia.org/wiki/Learning_Ally

프에 녹음할 기술 서적을 읽는 자원봉사 활동을 몇 년간 하며 여러 시간 동안 수학 표현을 읽은 경험이 있기 때문이다.

Eqn은 간단한 수학 표현은 잘 처리했다. 예를 들어, 합산을 나타내는 수식을 보자.

$$\sum_{i=0}^{\infty} \frac{1}{2^i} = 2$$

이 수식을 Eqn으로 표현하면 다음과 같다.

```
sum from i=0 to inf 1 over 2 sup i = 2
```

Eqn은 수학 전문 타이피스트와 다른 사람들에게 가르치기 쉬웠고, 수동식 타자기보다 훨씬 빠르다는 것이 실험으로 입증됐다. Eqn 언어는 박사 출신 물리학자들도 배울 수 있을 정도로 간단했고, 얼마 후에 사람들은 전문 타이피스트에 의존하기보다 스스로 타이핑을 하기 시작했다. Eqn은 도널드 커누스Donald Knuth가 개발한 TeX(1978년)의 수학 모드에 영감을 준 언어 중 하나이며, TeX은 이제 수학 타이포그래피용 표준으로 사용되고 있다.

Eqn은 Troff에 대한 전처리기로 구현됐다. 일반적인 사용법은 다음처럼 eqn의 출력을 파이프를 통해 troff로 연결하는 것이다.

```
eqn file | troff >typeset.output
```

Eqn은 수학적 요소를 인식하고 그것들을 Troff 명령어로 바꾸면서, 나머지 요소는 아무것도 건드리지 않고 통과시켰다. 이처럼 전처리기로 구현하는 접근법은 관심사가 다른 두 언어와 프로그램을 깔끔하게 구분해주었다. 로린다와 나는 PDP-11의 물리적 제약 덕분에 어쩔 수 없이 이 좋은 아이디어를 적용하게 됐다. Troff는 이미 PDP-11이 허용하는 프로그램의 최대 크기에 가까웠으므로 Troff에 수학 처리 기능을 포함하기에는 시스템 메모리가 충분하지 않았다. 여하튼 우리가 Troff를 수정하기를 원했다고 하더라도 조 오산나가 우리에게 그렇게 하도록 허락하지는 않았을 것 같다.

Eqn 언어는 박스 모델에 기반을 두고 있었다. Eqn에서 수학 표현은 구성 요소 간에 서로 상대적으로 위치와 크기가 정해진 일련의 박스로 구성된다. 예를 들어 분수는 분모 박스 위에 분자 박스가 가운데 정렬로 위치하고, 그 사이에 길이가 충분한 구분 선이 있다. 첨자가 있는 x_i 같은 표현은 한 쌍의 박스로, 두 번째 박스의 내용이 크기가 더 작고 첫 번째 박스보다 약간 아래쪽에 위치한다.

우리는 Eqn 문법을 정의하고 문법 요소에 의미를 부여하고자 스티븐 존슨이 당시 새로 만든 Yacc 컴파일러 컴파일러를 이용했다. Eqn은 Yacc 기반 언어 중에서 전통적인 언어를 위한 전통적인 컴파일러를 사용하지 않은 첫 번째 언어였다. 내 생각에 Yacc 없이는 Eqn이 개발되지 못했을 것 같은데, 내가 새로운 언어용 구문 분석기를 직접 작성할 정도는 아니었기 때문이다. Eqn 문법은 '즉석' 구문 분석기를 작성하기에는 너무 복잡했고, 로린다와 내가 구문 규칙으로 실험하는 동안에도 자주 변경됐다. 우리는 Yacc를 이용해서 Eqn을 개발하며 훌륭한 도구가 있으면 아주 어렵거나 불가능해 보이는 일조차도 해낼 수 있다는 것을 경험했다.

타이포그래피적 측면에서 여러 종류의 까다로운 문서를 위한 전처리기를 개발하는 것은 결국 좋은 아이디어였다. Eqn이 나오고 얼마 후에 마이크 레스크가 Tbl과 Refer를 만들었는데, Tbl은 복잡한 표를 나타내기 위해 사용하는, Eqn과는 매우 다른 언어였고, Refer는 기술 논문에 중요한 참고 문헌을 관리하기 위한 언어였다.

이 장에서 설명하는 프로그램 중 다수는 전처리기로, 특정 언어를 다음 단계 처리에 적합한 형태로 변환하는 프로그램이다. C++ 컴파일러의 최초 버전인 Cfront는 C를 위한 객체 지향적 전처리기가 C++ 컴파일러로 진화한 것이라고 표현하는 것이 더 정확할 것이다. 가끔은 C++에서처럼 전처리기의 기능이 원래 프로그램에 흡수되어 결국 전처리기가 없어지기도 한다. 하지만 대부분의 경우 프로그램은 Eqn과 Tbl 같은 문서 생성 도구처럼 별개로 유지됐다. 또 다른 예는 bc로, 로버트 모리스가 처음 개발한 무한 정밀도 계산기인 dc를 위해 로린다 체리가 개발한 전처리기다. 로린다는 dc에 전통적인 중위 산술 표기법을 제공하기 위해 bc를 작성했는데, dc의 후위 표기법은 아무래도 초보자들에게는 수월하지 않았기 때문이다.

전처리기에는 장점이 많다. 첫째, 누군가 전처리기용 언어를 구현하면 그 언어는 기존의 구문 규칙으로 한정되지 않고 완전히 다른 스타일을 사용할 수 있다. 다양한 Troff 전처리기가 그러한 예다. 둘째, 메모리 용량이 작던 시절에는 이미 용량이 큰 프로그램에 더 많은 기능을 포함하는 것이 그야말로 불가능했다. Troff는 특히 그랬고, 따라서 전처리기라는 별도 프로그램을 적용하는 방식이 필요했다. 마지막으로, 전처리기의 출력을 따로 이용할 수 있으므로, 파이프로 전달하기 전에 다른 종류의 처리를 위해 출력을 조작할 수 있다. 문서 생성용 프로그램들을 이용할 때 나는 종종 문자 집합과

간격을 수정하기 위해 Sed 스크립트 등을 이용했다. 크리스 반 윅^{Chris Van} ^{Wyk}과 나는 페이지를 세로로 정렬하는 프로그램을 작성했는데, Troff의 출력을 디바이스 드라이버로 보내기 전에 수정하는 방식으로 구현했다. 만약 기능이 단일 프로그램에 모두 내장돼 있다면 이러한 구현은 불가능했겠지만, 그 과정이 파이프라인으로 이루어져 있어서 새로운 단계를 다른 단계의 앞이나 뒤, 또는 중간에 추가하기가 쉬웠다.

장치 독립적인 Troff

조 오산나는 1977년에 48세를 일기로 세상을 떠났다. 그는 Troff 소스 코드를 유산으로 남겼는데, 자신이 원래 어셈블리어 버전에서 손수 옮겨서 만든 거의 1만 행에 달하는 불가해한 C 코드였다. 주석도 없고, 이름이 두 자로 된 전역 변수가 수십 개인 데다 충분하지 않은 메모리에 가능한 한 많은 정보를 욱여넣으려고 각종 교묘한 기법을 동원한 코드였다(앞서 나온 메모리 제약에 대한 설명을 참고하라). 조를 옹호하고자 부연 설명하자면, 이는 Troff의 기능 모두를 65K 바이트에 채워넣기 위해서 절대적으로 필요한 일이었다(65K 바이트는 우리가 당시 사용하던 PDP-11/45에서 사용자 프로그램에 이용 가능한 최대 메모리였다).

나는 적어도 1년 동안은 코드를 건드리지 않다가 마침내 용기를 내어 조금씩 고쳐보았다. 천천히 조심스럽게 프로그램을 개선하기 시작했다. 사용자 설명서 이상의 주석이나 문서가 없기도 했지만 가장 큰 문제는 Troff가 원래 사용된 Graphic Systems의 CAT 조판기에 매우 의존적이었다는 점이다. 그때쯤 이 조판기는 사용이 중단된 상태였다.

결국 나는 CAT의 특수성에 의존하는 코드가 있는 부분을 모두 찾아내

조판기 특성(문자 집합, 크기, 글꼴, 해상도 같은)을 담은 표 기반으로 구동되는 포괄적인 코드로 대체했다. 또한 Troff가 특정 조판기의 기능에 맞춰진 출력을 만들도록 하는 조판기 명세 언어를 발명했다. 디바이스 드라이버는 요청받은 그대로 작동하므로 그 출력을 특정 장치에 필요한 어떠한 입력 형태로든 변환했다. 결과적으로 소위 장치 독립적인 버전인 Ditroff가 만들어졌다. 이 프로그램은 다른 문서 생성 전처리기도 사용할 수 있게 해주었는데, 특히 Pic을 이용하면 새로운 조판 장치의 높은 해상도를 활용해서 선이나 그림을 그릴 수 있었다.

이러한 장치 중에 머건탈러*에서 나온 라이노트론^{Linotron} 202라는 새 조판기가 있었다. 문서상으로 보기에 이 장치는 CAT의 완벽한 대체품처럼 보였다. 작동 속도가 빨랐고, 해상도가 높았으며, 화면에 칠하는 방식으로 문자를 그렸다. 라이노트론 202는 표준 미니컴퓨터(컴퓨터 오토메이션^{Computer Automation}의 Naked Mini)를 처리 장치로 사용했고, 내가 다른 조판기용으로 작성한 것과 비슷한 간단한 프로그램으로 제어됐다. 주된 단점은 가격인데 1979년에 5만 달러였다. 하지만 우리가 이전에 조판기로 충분히 좋은 성과를 보여줬던 터라 경영진에서 별다른 논의 없이 구매를 승인해주었다.

라이노트론 202가 도착하고 나서야 우리는 라이노트론의 하드웨어가 굉장히 불안정하다는 것을 알아냈다. 소프트웨어는 더 별로였다. 이때부터 몇 달간 머건탈러의 수리 서비스에서 거의 매일 방문했고, 켄 톰프슨과 조 콘던(그림 5-8)의 놀랄 만한 하드웨어 리버스 엔지니어링 묘기가 펼쳐졌다.

....

* 옮긴이_ 미국의 인쇄 기술자이자 라이노타이프의 발명자인 오트마르 머건탈러(Ottmar Mergenthaler)가 설립한 회사인 머건탈러 라이노타이프 컴퍼니(Mergenthaler Linotype Company)를 말한다. 출처: en.wikipedia.org/wiki/Mergenthaler_Linotype_Company

그림 5-8 조 콘던, 1984년경(제라드 홀즈먼 제공)

조는 물리학을 전공했지만, 관심사가 바뀌면서 뛰어난 전자 회로 설계자가 됐다. 그는 1127 센터가 하드웨어 실험을 위해 이용한 많은 회로 설계 도구를 개발했고, 켄과 함께 벨 체스 머신을 설계하기도 했다. 그의 하드웨어 전문 지식은 라이노트론 202의 구현을 파악하는 데 대단히 중요했다.

켄은 라이노트론 202에서 실행되는 바이너리 프로그램을 분석하기 위해 역어셈블러를 작성하는 것으로 리버스 엔지니어링을 시작했다(사실을 밝혀두자면, 그는 어느 날 이 작업을 몇 시간 만에 끝냈는데, 내가 밥먹으러 집에 갔다가 다시 일하러 돌아온 그 사이였다).

켄과 조는 머건탈러의 프로그램을 역어셈블함으로써 조판기 자체가 어떻게 작동하는지 알아낼 수 있었다. 몇 주간의 치열한 리버스 엔지니어링을 거쳐 그들은 머건탈러가 전매특허를 받은 문자 인코딩을 파악하고 우리가 자체적으로 필요한 문자를 만들 수 있게 하는 코드를 작성했다. 이러한 문자로는 당시에 널리 사용되던 벨 시스템 심벌([그림 5-9] 상단)이나, 체스 기보와 보드 다이어그램을 출력하기 위한 체스 글꼴, 다양한 용도로 사용된 피터의 얼굴(예를 들면 [그림 5-10] 같은) 등이 있었다.

Bell Laboratories

Subject: **Experience with the Mergenthaler Linotron 202**
　　　　Phototypesetter,
　　　　or, How We Spent Our Summer Vacation
Case- 39199 -- File- 39199-11

date: **January 6, 1980**

from: **Joe Condon**
　　　Brian Kernighan
　　　Ken Thompson

TM: **80-1270-1,**
　　80-1271-x,
　　80-1273-x

MEMORANDUM FOR FILE

1. Introduction

　　Bell Laboratories has used phototypesetters for some years now, primarily the Graphic Systems model CAT, and most readers will be familiar with *troff* and related software that uses this particular typesetter.

　　The CAT is a relatively slow and antiquated device in spite of its merits (low cost, and until recently, high reliability). Most newer typesetters use digital techniques, rather than the basically analog approach of film stencil and optical plumbing used in the CAT. These typesetters store their characters digitally, using some representation of the character outline, and print on photographic paper by painting some area with a CRT. Figure 1 is a block diagram of a typical digital typesetter.

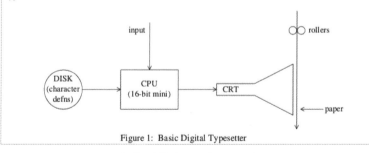

Figure 1: Basic Digital Typesetter

그림 5-9 라이노트론 202로 씨름한 내용을 다룬 벨 연구소 미공개 메모

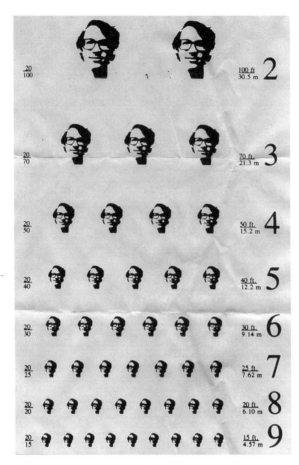

그림 5-10 피터의 얼굴이 그려진 시력검사표(제라드 홀즈먼 제공)

켄은 머건탈러 제어 장치를 위한 B 언어 인터프리터를 작성했고, 우리는 제어 장치를 구동하기 위한 B 프로그램을 작성했다. 이 이야기는 당시에 벨 연구소 경영진에서 공개하지 못하게 막았던 기술 메모에 상세하게 나와 있다. 아마도 머건탈러의 지식재산권을 조금이라도 드러낼까봐 공개를 금지했던 것으로 생각되는데, 2013년에야 그 기술 메모가 공개됐다(www.cs.princeton.edu/~bwk/202를 참고하라). [그림 5-9]는 메모 첫 번째 페이지의 일부를 보여준다. 80-1271-x처럼 확정되지 않은 내부 메모 번호를 보면 공식 번호가 전혀 부여되지 않았음을 알 수 있다.

라이노트론 202가 결국 작동하기 시작하자, 높은 해상도 덕분에 흥미로운 그래픽 효과를 얻을 수 있게 됐다. 밝기가 중간 정도인 하프톤 이미지나 [그림 5-9]에 나오는 디지털 조판기 다이어그램 같은 선 그리기가 대표적이다. 후자를 구현하기 위해 나는 조직도나 네트워크 패킷 다이어그램을 텍스트로 기술할 수 있는 Pic이라는 언어를 만들었다. 자연스럽게 Pic도 문법 부분에는 Yacc를, 어휘 부분에는 Lex를 사용했다. [그림 5-11]은 Pic의 입력과 출력의 간단한 예를 보여준다.

```
arrow "stdin" above
box "command"
arrow "stdout" above
arrow down from last box.s " stderr" ljust
```

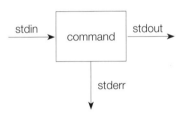

그림 5-11 Pic 다이어그램 생성용 언어(입력과 출력)

책 출판

문서 생성용 도구들이 잘 작동한 이유 중 하나는 매뉴얼, 기술 논문, 책 등

온갖 출판물을 만드는 데 사용됐기 때문이다. 코드 작성자들이 같은 복도에 있는 사무실에서 일했기 때문에, 프로그램에 버그가 있거나 잘 작동하지 않으면 문제를 고치거나 기능을 추가해야 한다는 강한 압박을 느꼈다. 물론 이러한 양상은 문서 생성용 소프트웨어만이 아닌 다른 소프트웨어에도 더 널리 나타났다. 우리는 모두 직접 개발한 소프트웨어의 사용자였고, 이는 소프트웨어를 개선하게 하는 진정한 동기가 됐다.

컴퓨팅 과학 연구 센터 구성원들은 1970년대와 1980년대에 영향력 있는 책을 유달리 많이 썼는데, 사람들이 산업계 연구소에 기대하는 수준보다 훨씬 많았다. 결과적으로 얼마 후 벨 연구소는 컴퓨팅과 컴퓨터 과학에 관한 권위 있는 책을 만든 곳으로 유명해졌다.

앨프리드 에이호는 널리 사용된 교재를 몇 권 썼다. '용 책'으로 유명한 『Principles of Compiler Design』(Addison Wesley, 1977)을 제프리 울먼과 함께 써서 출간했고(그림 5-12), 『The Design and Analysis of Computer Algorithms』를 제프리와 존 홉크로프트와 공동 저술했다. 비야네 스트롭스트룹(그림 5-13)은 1980년대 초에 C++를 만들고 몇 년 후에 C++ 책을 몇 권 썼다. 존 벤틀리가 쓴 『생각하는 프로그래밍』(인사이트, 2013)은 그가 『Communications of the ACM』 저널에 연재한 칼럼을 모은 책이다. 수학 연구 센터의 마이클 개리[Michael Garey]와 데이비드 존슨[David Johnson]이 함께 지은 『Computers and Intractability: A Guide to the Theory of NP-Completeness』(W. H. Freeman, 1979)는 Troff와 Eqn을 이용해서 작성됐다. 또한 우리는 유닉스, 플랜 9 등을 위한 책 형태의 매뉴얼을 출간했다. 이 책들은 한 세대 동안 프로그래머와 컴퓨터 과학 전공자들에게 표준 교재이자 참고 자료였다.

그림 5-12 에이호와 울만이 쓴 용 책, 제1판(1977)

그림 5-13 비야네 스트롭스트룹, 1984년경(비야네 스트롭스트룹 제공)

어떻게 비교적 소규모인 산업계 연구 그룹에서 이처럼 영향력 있는 책을 많이 만들 수 있었을까?

여기에는 몇 가지 이유가 있다고 본다. 첫째, 벨 연구소 연구자들은 글쓰기를 진지하게 대했고, 스스로 글을 공들여 썼으며, 다른 사람들이 쓴 글을 읽고 훌륭한 비평을 제시했다. 그중 더글러스 매클로이가 단연코 돋보였다. 주제가 무엇이든 오류(사소한 것부터 중대한 것까지)를 감지해내는 더글러스의 능력은 누구도 따라가지 못했고, 글에서 혼탁한 부분을 찾는 안목 또한 마찬가지였다. 나는 벨 연구소에서 쓴 글은 종류를 불문하고 더글러스에게 의견을 달라고 요청했고, 그는 항상 읽고 의견을 주었다. 내가 쓴 글을 그가 사정없이 고칠 때면 스스로 부족함을 느끼곤 했지만, 덕분에 나는 훨씬 나은 글을 쓸 수 있게 됐다. 다른 이들도 마찬가지였다.

물론 더글러스만이 유일한 비평적인 독자는 아니었다. 모두 서로의 글을 읽는 데 시간을 할애했고, 동료가 쓴 글에 대해 상세한 의견을 제공하는 것은 문화의 일부였다. 이런 문화는 어디서나 늘 있는 것은 아니었고, 벨 연구소를 훌륭한 일터로 만들어준 요인 중 하나였다.

둘째, 연구소 경영진이 책 쓰기를 지지해주었다. 출판물은 과학계와 학계에서 벨 연구소의 평판을 유지하는 데 중요했고, 책도 그중 하나였다. 우리는 경영진의 지원에 힘입어 6개월간 책 쓰는 데 전적으로 시간을 투자할 수 있었다. 그렇게 집중적으로 노력한 덕분에 파트타임이나 퇴근 후 겸업으로 했더라면 몇 년이 걸렸을지도 모를 일을 6개월 이내에 끝낼 수 있었다. 금상첨화로, 벨 연구소가 책 저작권을 보유하기는 했지만 저자가 인세를 받았다. 우리 중 누구도 돈을 벌자고 책을 썼다고는 생각하지 않는다. 벨 연구소에서 일하던 누구도 기술 서적을 쓰는 것이 돈벌이가 된다고 생각할 정도로 어리석지는 않았을 것이다. 그래도 책이 성공을 거두면 저자에게 수입이 생겼다.

이처럼 깨어 있는 경영진과 회사 정책 덕분에 사람들이 글을 쓸 용기를 얻었고, 장기적으로 저자뿐만 아니라 회사 입장에서도 이득을 보았다. 벨 연구소 저자들이 쓴 출판물은 인력 채용에 중요한 역할을 했다. 벨 연구소는 어떤 신비로운 비밀 단체로 보이지 않았고, 학생들은 벨 연구소가 자신들이 사용하던 소프트웨어를 만들고 교재를 저술한 곳으로 생각했다. 신규 채용 후보자는 벨 연구소에서 훌륭한 연구를 하고 발표한다는 것을 알 수 있었다. 그들은 벨 연구소 입사를 고려할 때, 자신이 '산업계' 연구소에 묻혀 사라지는 것을 걱정할 필요가 없었다. 이 점은 벨 연구소가 채용 면에서 대학교와 동등한 지위를 얻게 해주었다. 게다가 강의, 행정 업무, 연구 자금 조달 같은 방해 요소 없이 풀타임으로 연구할 수 있다는 것도 큰 장점이었다. 훌륭한 소프트웨어와 영향력 있는 책의 조합은 당시 벨 연구소가 거둔 성공에서 큰 비중을 차지했다.

세 번째 요인은 더 기술적이다. 프로그래밍 환경으로서 C와 유닉스, 연구 분야로서의 문서 생성, 컴퓨터 기술을 주제로 한 글쓰기를 주요 활동으로 삼은 것 간의 공생관계다. 이는 더글러스 매클로이의 Roff, 조 오산나의 Nroff와 Troff 같은 텍스트 포매팅 프로그램에서 시작해서 Eqn, Tbl 등의 전처리기로 이어졌다. 이 도구들 덕분에 수식, 표, 그림, 다이어그램, 그래프처럼 복잡하고 까다로운 콘텐츠를 포함하는 문서를 쉽게 만들 수 있었다. 결과적으로 더 나은 글쓰기가 가능했는데, 문서 생성 프로그램들이 중대한 특성을 공유했기 때문이다. 바로 이 프로그램들을 이용함으로써 문서를 여러 차례 수정하기 수월해졌고 항상 작업 기반으로 삼을 말끔한 버전을 준비할 수 있었다는 점이다. 이는 타이피스트에게 자료를 전달하고 며칠간 결과를 기다려야 했던, 느리고 고역스러운 기존 방식과 대조적이다.

대수롭지 않아 보일지 몰라도, 문서를 쉽게 수정할 수 있어서 더 나은 글쓰기가 가능해졌다는 점은 분명하다. 또한 최신 버전을 만들기 위한 시간과 수고가 거의 들지 않았고, 타이피스트, 편집자, 인쇄업자 같은 중간자의 개입이 불필요해졌다. 기술 논문과 유닉스 프로그래머 매뉴얼도 정확성이 중요했지만, 특히 책 출판에서는 전체 과정에 대한 통제권을 갖는 것이 중요했다. 프로그래밍 서적은 프로그램이 소스 코드로부터 바로 조판되는 것이 매우 중요했는데, 그래야만 인쇄된 내용이 정확하고 누군가의 개입으로 부주의하게 변경되지 않았음을 확신할 수 있었다.

물론 이 도구들은 모두 C 언어로 작성됐다. C가 표현력이 있고 효율적이었기 때문이다. 컴퓨터의 성능을 기가바이트가 아닌 킬로바이트로 나타내던 시절에는 시간과 공간의 효율성이 둘 다 대단히 중요했다는 사실을 지금은 이해하기 어려울 수도 있다. 그때는 매 바이트가 소중했으므로 일정 수준에서는 모든 명령어의 성능이 중요했다. 따라서 시간과 공간을 둘 다 효율적으로 이용하는 언어는 단순히 좋은 게 아니라 필수품에 가까웠다.

이 모든 것은 시대의 흐름을 따라 돌고 돈다. 이 책*은 지금까지 설명한 문서 생성 프로그램에서 유래한 도구를 이용해서 만들었는데, 제임스 클라크[James Clark]가 새롭게 구현한 훌륭한 도구 Groff, Geqn 등에서 제공하는 향상된 기능을 활용했다.

Sed와 Awk

유닉스 파일 시스템에서 주요하게 간소화한 특징은 파일을 해석되지 않은 일련의 바이트로 균일하게 취급한 것이다. 유닉스에는 레코드라는 구분이 없었고, 파일 이름에 필수 문자나 금지된 문자도 없었으며, 파일 시스템이

---

* 옮긴이_ 영문 원서가 본문에서 언급한 문서 생성 도구를 활용하여 만들어졌음을 의미한다.

강제하는 내부 구조도 없었다. 파일은 그냥 바이트였다.

대부분의 유닉스 프로그램이 텍스트로 된 데이터를 처리하는 방식에도 유사한 간소화가 적용됐다. 텍스트 파일은 아스키American Standard Code for Information Interchange(ASCII) 포맷 문자인 일련의 바이트에 불과했다. 이처럼 일반 텍스트를 균일하게 바라보는 관점은 파이프라인과 자연스럽게 어울렸고, 유닉스 도구 중에는 텍스트 입력을 읽어서 어떤 작업을 한 다음에 텍스트 출력을 쓰는 프로그램이 많았다. 나는 이러한 프로그램의 사례로 단어 세기, 비교하기, 정렬하기, 텍스트를 소리로 옮기기, 중복되는 항목 찾기와 더불어 전형적인 예인 grep으로 검색하는 것까지 이미 언급한 바 있다.

Sed

리 맥마흔은 grep의 성공에 자극을 받았고, 파일에서 읽어 들인 텍스트에 대해 간단한 바꾸기 작업을 하는 유사 프로그램인 **gres**를 작성했다. 's'는 ed 편집기에서 바꾸기 명령어다. 리는 곧 프로그램을 더 일반화된 버전으로 대체했는데, Sed(세드)라는 스트림 편집기다. Sed는 텍스트가 입력 스트림으로 들어와서 출력 스트림으로 나가기 전까지 일련의 편집 명령어를 적용했다. grep과 gres는 둘 다 Sed의 특별한 경우에 해당했다. Sed가 사용하는 명령어는 표준 **ed** 텍스트 편집기에 있는 편집 명령어와 동일하다. Sed는 요즘도 셸 스크립트에서 흔히 사용되는데, 데이터 스트림을 일정한 방식으로 변형할 때 사용된다. 문자를 교체하거나, 공백을 추가하거나, 원하지 않는 공백을 제거하거나, 불필요한 뭔가를 지우는 등의 용도로 쓰인다.

리는 남다른 이력의 소유자였다. 하버드 대학교에서 심리학 박사 학위를 받고, 예수회 신학교에서 사제직을 준비하며 시간을 보내다가 (더 평범한 진로

인) 컴퓨터 과학자로 방향을 바꿨다. 그는 유닉스 개발팀에서 처음으로 대규모 텍스트 처리에 관해 생각한 사람으로, 당시는 주기억장치 용량이 텍스트를 대량으로 저장하기에는 너무 작았던 시절이었다. 여기서 '대량'이라는 표현이 상대적이라는 점을 덧붙여야겠다. 1970년대 초반에 리가 특별히 관심을 가졌던 문서는 「Federalist Paper(연방주의자 논집)」이었는데, 통틀어 겨우 1MB가 조금 넘는 정도였다.

Awk

나는 숫자와 텍스트를 똑같이 잘 처리할 수 있는 도구에 관심이 있었다. grep이나 Sed 둘 다 숫자형 데이터를 처리하거나 산술연산을 할 수는 없었고, grep은 여러 행으로 된 텍스트를 검색할 수 없었다. 그런 작업을 처리하려면 여전히 C 프로그램이 필요했다. 그래서 나는 어떻게든 일반화할 방안을 찾고 있었다. 그때 앨프리드 에이호(그림 5-14)는 grep이 지원하는 것보다 더 풍부한 종류의 정규 표현식을 가지고 시험하다가 egrep(확장된 grep)을 작성했다. 마지막으로, 얼마 후 1127 센터로 전입해서 앨프리드와 내 중간 사무실로 이사 온 피터 와인버거는 데이터베이스에 관심이 있었다.

그림 5-14 앨프리드 에이호, 1984년경(제라드 홀즈먼 제공)

1977년 가을 우리 셋은 이 아이디어들을 어떻게 결합할지 논의했는데, IBM에서 만든 강력하지만 난해한 보고서 프로그램 생성기인 RPG에서 일부 영감을 받고 (다음 장에 설명할) 마크 로카인드의 깔끔한 아이디어에서도 영향을 받았다. 결국 우리는 Awk라는 언어를 설계했다. Awk 언어 자체에 관해 설명한 문서에서도 이야기했지만, 개발자의 이름을 따서(Aho, Weinberger, Kernighan) 언어 이름을 지은 것은 어느 정도 상상력이 부족함을 나타낸다. 지금은 우리가 'awkward'와 연관된 어원에 대해 생각했었는지, Awk라는 이름이 냉소적인 어감을 줘서 어울린다고 생각했는지 잘 기억이 나지 않지만, 어쨌든 그 이름으로 굳어졌다. 피터는 Awk의 첫 번째 버전을 아주 빨리, 겨우 며칠 만에 Yacc, Lex와 앨프리드의 egrep 정규 표현식 코드를 이용해서 작성했다.

Awk 프로그램은 일련의 패턴과 동작으로 구성된다. 프로그램은 입력의 각 행을 각 패턴에 대해 검사하고, 입력이 패턴과 일치하면 그 패턴에 해당하는 동작을 수행한다. 패턴은 정규 표현식이거나, 숫자형이나 문자열을 포함한 관계식이 될 수 있다. 동작은 C 문법을 변형한 형태로 작성된다. 패턴이 생략되면 입력의 모든 행과 일치하게 되고, 동작이 생략되면 패턴과 일치하는 행을 출력한다.

아래 예는 80문자보다 긴 모든 입력 행을 출력한다. 패턴만 있고 동작이 생략된 경우다.

```
awk 'length > 80'
```

Awk는 숫자나 문자열 값을 갖는 변수와 더불어 연관 배열을 지원한다. 연관 배열의 첨자는 숫자나 임의의 문자로 이루어진 문자열이 될 수 있다. 변수는 타입에 따라 0이나 빈 문자열로 초기화되므로 보통은 초깃값을 설정할 필요가 없다.

Awk는 자동으로 각 입력 파일의 각 행을 읽고 각 입력 행을 필드로 나눈다. 그러므로 명시적으로 입력을 읽거나 개별 행을 구문 분석하기 위한 코드가 거의 불필요하다. 또한 현재 입력 행의 번호와 현재 행에 있는 필드 개수를 포함하는 내장 변수들이 있어서 그 값들을 계산할 필요가 없다. 이런 기본 동작 덕분에 상용구 코드boilerplate code가 제거되므로 많은 Awk 프로그램은 한두 줄에 불과하다.

예를 들어 아래 프로그램은 각 행의 앞에 그 행 번호를 붙여준다.

```
awk '{print NR, $0}'
```

NR은 현재 입력 행의 번호이고, $0은 입력 행 그 자체이다.

다음의 고전적인 예는 입력에서 각 단어가 나타나는 횟수를 세고, 전체 단어와 각각의 횟수를 마지막에 출력한다.

```
    { for (i = 1; i <= NF; i++) wd[$i]++ }
END { for (w in wd) print w, wd[w] }
```

첫 번째 행은 패턴이 생략되고 동작만 있기 때문에 각 입력 행에 대해 평가가 이루어진다. 내장 변수인 NF는 현재 입력 행에 있는 필드의 개수로, 자동으로 계산된다. 변수 $i는 i번째 필드로, 이 또한 자동으로 계산된다.

wd[$i]++ 문은 입력된 단어에 해당하는 $i 값을 wd 배열의 첨자로 이용하여 배열에서 그 요소의 값을 1 증가시킨다. 특수 패턴인 END는 마지막 입력 행을 읽은 다음에 일치되고 해당하는 동작이 일어난다. 각 행에 나타난 두 for 루프가 서로 다른 종류임을 주목하기 바란다. 첫 번째 행에 나온 형태는 C에서 그대로 빌려온 것이다. 두 번째 행에 나온 형태는 배열의 요소들을 차례로 처리한다. 따라서 이 코드는 원래 입력에서 구별되는 각 단어를 그 단어가 나타난 횟수와 함께 행 단위로 출력한다.

많은 응용 분야에서 펄[Perl]과 파이썬이 자리 잡기는 했지만, Awk는 지금도 널리 이용된다. Awk는 핵심 도구고, 아널드 로빈스의 Gawk와 마이클 브레넌[Michael Brennan]의 Mawk를 비롯해 최소 4~5개의 독립적인 구현이 있다. Awk에는 확실히 미심쩍은 설계 결정 사항과 잘 처리하지 못하는 코너 케이스가 있지만, 내 생각에 Awk는 프로그래밍 언어 중에서 가성비가 최고다. 누구라도 Awk 문법 대부분을 5~10분 만에 배울 수 있고, 일반적인 Awk 프로그램은 몇 줄밖에 되지 않는다. 대형 프로그램으로 확장하기가 어렵지만, 그래도 사람들은 수천 줄짜리 Awk 프로그램을 작성하곤 한다.

Sed도 아직 인기 있고, 셸 파이프라인에서 흔히 사용되는 구성요소다. 나는 다음 문구가 적힌 자동차 범퍼 스티커도 있다.

"Sed와 Awk: 함께라면 우리는 무엇이든 바꿀 수 있죠."

주목할 점은 Sed, Awk, Make, Yacc, Lex 모두 **패턴-동작 패러다임**을 일정한 방식으로 구현한다는 것이다. 이들 언어로 작성된 프로그램은 일련의 패턴과 동작으로 구성된다. 프로그램은 기본적으로 입력을 각 패턴에 대해 검사하고 입력이 패턴과 일치하면 해당하는 동작을 수행한다. 패턴과 동작은 이따금 생략될 수도 있고, 이 경우 기본값으로 정의된 동작이 일어난다.

예를 들면 grep, Sed, Awk는 모두 단일 정규 표현식과 일치하도록 사용할 수 있다. 다음 세 가지 명령어는 특정 정규 표현식(re)이 세 도구 모두에 대해 유효하다면 동등하다.

```
grep re
sed -n /re/p
awk /re/
```

패턴–동작 패러다임은 일련의 조건 검사와 동작 위주로 구성되는 컴퓨터 작업에 대해 생각하는 자연스러운 방식이다.

그림 5-15 대중 문화에 나타난 Awk

다른 언어들

한편 다른 언어의 설계와 구현도 이루어졌다. 이는 기술 면에서 유닉스 프로그래밍 환경, 언어 개발용 도구, 풍부한 응용 영역이 뒷받침했고, 인력 면에서 컴파일러부터 언어 이론과 알고리즘에 이르기까지 모든 분야의 전문가가 갖춰졌던 덕분이다. 언어 각각에 대해 자세히 들여다보지는 않겠지만, 그중 일부를 간략히 설명하겠다.

이어지는 사례에 딸려 나오는 세부 사항까지 이해할 필요는 없다. 진짜 교훈은 폭넓은 관심사와 언어에 대한 전문 지식, Yacc와 Lex 같은 도구에 힘입어 1127 센터의 구성원들이 새로운 응용 분야에 필요한 새 언어를 비교적 쉽게 만들 수 있었다는 점이다. 이러한 요인들이 합쳐지지 않았다면 훨씬 어려운 일이었을 테고, 내 생각에 이 요인들 중 하나라도 빠졌다면 흥미로운 언어들 중 다수가 아예 존재하지 못했을 거라고 본다.

가장 의미 있는 예는 C++다. C++는 비야네 스트롭스트룹이 케임브리지 대학교에서 박사 학위를 막 받고 1127 센터에 합류했던 1979년에 시작됐다. 비야네는 시뮬레이션과 운영체제에 관심이 있었지만 기존 언어는 그의 요구사항을 제대로 충족시키지 못했다. 그래서 그는 가장 근접한 대상인 시뮬라Simula에서 몇몇 좋은 아이디어를 가져와서 C와 합쳤다. 객체 지향 프로그래밍의 아이디어를 C의 효율성 및 표현력과 조합해서 만든 결과물은 '클래스가 있는 C C with classes'라고 불렸고, 1980년에 완성됐다.

이 시도는 좋은 조합으로 밝혀졌고 언어는 인기를 얻었다. 1983년에는 C++라는 이름이 붙었는데, 릭 마시티Rick Mascitti가 C의 ++ 증가 연산자로 말장난을 하다가 만들어진 이름이었다. 오늘날 C++는 가장 널리 사용되는 프로그래밍 언어 중 하나다. 마이크로소프트 오피스 구현 코드의 중심에 있고, 구글의 인프라, 웹 브라우저(종류와 무관하게), 수많은 비디오 게임, 다른 많은 배후에서 작동하는 소프트웨어에서 큰 부분을 차지한다.

비야네는 약 15년간 내 부서에서 일했고, 앞서 이야기한 것처럼 자주 내 방에 들러서 언어 설계 결정에 대해 깊은 논의를 나눴기에, 나는 C++의 진화 과정을 처음부터 지켜볼 수 있었다. 적어도 초반에는 나도 C++를 이해했지만, 지금은 C++가 훨씬 더 규모가 큰 언어가 됐고 나는 간신히 읽고 쓸 줄 아는 정도다.

C++는 언어 자체의 크기와 복잡성 때문에 자주 비판을 받고, 가끔은 C에서 물려받은 구문 규칙 중 일부에 대해 비판을 받는다. 나는 수년간의 대화를 통해 비야네가 충분한 이유 없이 C++에 반영한 부분은 하나도 없다는 것을 알고 있다. 또한 C++를 C의 상위 집합으로 만든 것은(비록 C의 구문 규칙 및 의미 체계 면에서 거친 부분 중 다수를 그대로 포함해야 하기는 했지만) 엔지니어링 및 마케팅 관점에서 타당한 결정이었다. 비야네가 C 언어와의 호환성을 목표로 삼지 않았다면 C++는 훨씬 덜 성공적이었을 것이다. 새 언어를 확립시키기는 어렵다. C++를 소스 레벨(문화적 익숙함을 위해)과 오브젝트 레벨(기존 C 라이브러리 사용이 가능하도록) 둘 다에서 C와 호환되도록 하는 것은 중대한 일이었고, 당시에는 C만큼 효율적으로 만드는 것도 매우 중요했다.

지금까지 언급하지 않은 몇몇 다른 중요한 언어도 1127 센터에서 만들어졌다.

스튜어트 펠드먼과 피터 와인버거는 첫 번째 포트란 77 컴파일러인 f77을 작성했다. 언어로서 포트란 77은 내가 랫포라는 미봉책으로 가렸던 포트란 66보다 약간 나았지만, 여전히 합리적인 제어 흐름문을 제공하지는 않았다. 여하튼 f77은 개발하기 어려웠지만 그만한 가치가 있었는데, 1127 센터의 수치 분석가들이 PDP-11과 VAX에서 f77을 아주 많이 사용했기 때문이다.

관련된 활동으로 스튜어트와 데이비드 게이는 f2c를 작성했는데, 포트란을 C로 번역해주는 도구였다. f2c는 포트란 컴파일러를 이용할 수 없는 시스템이나 포트란 컴파일러를 값비싼 상용 제품으로만 구할 수 있는 환경에서 포트란을 이용할 수 있게 해주었다.

제라드 홀즈먼(그림 5-16)은 네덜란드 델프트 공과대학교를 졸업하고 1127 센터에 합류했다. 그는 항상 사진에 관심이 있었다. 1980년대 초에 그는 알고리즘을 활용해서 디지털 이미지 파일을 변형하기 위한 프로그래밍 언어에 대한 아이디어를 떠올렸다. 그는 그 언어를 Pico라고 불렀다.

그림 5-16 제라드 홀즈먼, 1984년경(제라드 홀즈먼 제공)

"원래 그 이름은 크기를 나타내는 것이었지만,* 나중에는 '사진 구성picture composition'의 약어로 더 많이 받아들여졌습니다."

Pico는 패턴-동작 언어의 또 다른 예다. Pico는 원본 이미지의 모든 픽셀에 대해 한 번씩 사용자 정의 표현을 평가함으로써 새로운 이미지를 나타낸다. 표현은 값, 좌표, 다양한 함수, 다른 이미지의 일부분을 지칭할 수 있다. 그러한 표현을 이용해서 재미있는 변형을 할 수 있었는데, 그중 많은 것들이 제라드가 Pico를 설명하고 사용 예를 보여주기 위해 출간한 책 『Beyond Photography』(Prentice Hall, 1988)에 등장한다([그림 5-17]이 한 예다). 예상할 수 있듯이 Pico도 Yacc 구문 분석기를 이용해서 C 언어로 구현됐다.

그림 5-17 제라드 홀즈먼, Pico로 변형된 사진

또한 제라드는 다른 전문화된 언어 기반 도구인 Spin을 만들었다. Spin은 독립적으로 통신하는 프로세스들로 구성된 소프트웨어 시스템의 정확성을 분석하고 검사하기 위한 도구다. Spin은 특정 시스템이 더는 진전되지 않

---

* **옮긴이_** Pico(피코)는 10^{-12}을 나타내는 접두어이다.

는 교착 상태[deadlock] ('먼저 가시죠', '아닙니다, 먼저 가세요') 같은 결함 없이 논리적으로 정확한지 검증하는 데 사용된다. Spin은 시간 흐름에 따라 개별 프로세스 간에 일어나는 상호작용을 표현하는 방법에 대한 1127 센터의 연구 성과를 보여주는 탁월한 예다. 또한 사용하기 쉽고 실제로 유용할 만큼 빨리 실행되는 시스템을 만들기 위한 최고 수준의 소프트웨어 공학 기법을 보여준 사례다. Spin 모델은 다른 특수 목적 언어인 Promela (프로토콜 메타언어[protocol metalanguage])로 작성되는데, 이 또한 Yacc로 구현됐다.

Spin은 수천 개의 시스템에 설치됐고 계속 널리 사용된다. 연례 콘퍼런스도 열린다. Spin은 하드웨어 설계부터 철도 신호 프로토콜에 이르기까지 아주 많은 시스템을 검증하기 위해 사용됐다.

로버트 포러, 데이비드 게이와 나는 선형 계획법[linear programming] 같은 최적화 문제를 명세하기 위한 언어인 AMPL을 설계하고 구현했다. 로버트는 노스웨스턴 대학교에서 경영 과학[management science]과 운용 과학[operations research]과 교수였고, 사람들이 수학적 최적화 모델을 만드는 데 도움을 주는 일에 오랫동안 관심이 많았다. AMPL에 대한 우리의 연구는 로버트가 1984년에 벨 연구소에서 안식년을 보내면서 시작됐다.

AMPL 언어는 특정 최적화 문제를 기술하는 모델을 정의하기 쉽게 해준다. 예를 들어 운송비, 상점의 예상 판매량, 공장의 생산 능력 등에 대한 데이터가 주어졌을 때, 상품을 공장에서 상점까지 운송할 최선의 방법을 찾는 모델링을 할 수 있다. 최적화 문제는 충족돼야 하는 제약 시스템[systems of constraints]에 대한 대수 표기법과 최대화되거나 최소화되어야 하는 목적 함수[objective function]로 나타낸다.

이러한 최적화 문제는 많은 산업 분야의 중심에 등장한다. 항공 승무원 근무 편성, 제조, 운송 및 유통, 재고 관리, 광고 캠페인, 이외에도 엄청나게 다양한 응용 영역이 있다.

나는 최초의 AMPL 구현 코드를 C++로 작성했고, 문법 부분에는 Yacc를, 어휘 분석에는 (내 기억에) Lex를 사용했다. AMPL은 내가 처음으로 진지하게 작성한 C++ 프로그램이었지만, 얼마 지나지 않아 데이비드 게이에게 코드를 넘겨주었다.

AMPL은 1127 센터에서 생겨나서 널리 사용되는 언어 중에 아마도 유일하게 소유권이 있는 언어일 것이다(AMPL 언어 자체는 저작권으로 보호받을 수 없지만, 지금 이 시점에 오픈 소스 구현은 없는 것으로 알고 있다). AT&T는 AMPL이 만들어진 몇 년 뒤부터 다른 회사에 AMPL 라이선스를 발급하기 시작했다. 데이브와 내가 벨 연구소에서 퇴직했을 때 우리 셋은 AMPL의 개발과 마케팅을 계속하려고 AMPL Optimization이라는 작은 회사를 세웠다. 우리는 자력으로 사업을 진행하고자 벨 연구소에서 AMPL에 대한 권리를 사들였다. 회사 규모는 작지만, 틈새시장에서는 영향력 있는 업체다.

1980년대 초에 롭 파이크(그림 5-18)와 루카 카르델리Luca Cardelli는 동시성concurrency을 처리하기 위한 언어로 실험을 했는데, 특히 마우스와 키보드 같은 입력 장치와의 상호작용을 시험하기 위한 언어였다. 이 결과 Squeak*와 Newsqueak라는 언어가 탄생했다. Newsqueak에서 나온 아이디어는 궁

----

* 옮긴이_ Squeak는 영어로 쥐가 찍찍거리는 소리에 해당하므로 마우스와 언어 간 연관성을 암시한다. 이후 1996년에 스몰토크(Smalltalk) 언어의 변종으로 만들어진 Squeak와 이름만 같다.

극적으로 플랜 9에 사용된 동시성 언어인 Limbo와 Alef에 적용됐고, 10여 년 후에는 Go 언어에 녹아들었는데, Go는 2008년에 구글에서 일하던 롭 파이크, 켄 톰프슨, 로버트 그리즈머가 만든 것이다.

그림 5-18 롭 파이크, 1984년경(제라드 홀즈먼 제공)

다른 기여들

지금까지 강조한 내용은 대부분 시스템 소프트웨어였고, 특히 내가 가장 잘 아는 언어 부분을 집중적으로 다뤘다. 이제 여기에서는 과학 컴퓨팅, 통신, 보안과 하드웨어 영역에서 이루어진 중요한 활동을 언급하려 한다. 이 영역들에서의 기여도 상당히 영향력 있었고, 모두 상당한 비중의 소프트웨어 컴포넌트를 포함했다. 시기적으로 모두 유닉스 제7판과 깔끔하게 맞아떨어지지는 않는다.

과학 컴퓨팅

벨 연구소는 과학 연구 기관답게 물리계와 물리 작용을 모델링하고 시뮬레이션하는 컴퓨터 사용 활동에 일찍부터 관여했다. 이러한 모델링과 시뮬레이션은 수학 연구를 자연스럽게 확장한 것이다. 또한 컴퓨팅이 실험실을 대체할 것이라는 리처드 해밍의 예측을 입증하는 것이었다. 집중적인 연구 분야는 수치 선형대수학과 미적분 방정식, 함수 근사법[function approximation], 잘 알려진 수학적 기법을 널리 이용할 수 있게 하는 수학 라이브러리 등이었다.

필리스 폭스는 이런 종류의 수치 처리 컴퓨팅 분야에서 선구자였고, 포트란 프로그래머를 위한 PORT[highly portable numerics library] 라이브러리에 주요하게 기여했다. PORT는 수의 범위처럼 컴퓨터마다 다를 수 있는 값을 위해 컴퓨터 기종별로 특정한 상수를 정의했다. 이를 통해 PORT 라이브러리는 다양한 컴퓨터에 걸쳐 포트란 코드의 이식성을 보장했다.

PORT 라이브러리는 규모가 컸고, 나중에는 1500개 프로그램에 포함된 13만 행의 포트란 코드와 많은 문서로 이루어졌다. 바바라 라이더[Barbara Ryder]와 스튜어트 펠드먼은 PFORT라는 포트란 컴파일러를 개발했다. PFORT는 포트란 코드가 표준 포트란의 이식성 있는 부분집합으로 작성됐는지 검사했다. 놈 슈라이어[Norm Schryer]는 컴퓨터의 산술연산을 검사하는 프로그램을 작성했는데, 컴퓨터마다 부동소수점 연산을 수행하는 방식에 크게 차이가 났기 때문에 이런 프로그램이 필요했다. 이 작업이 특별히 중요했던 이유는 아직 부동소수점 처리에 대한 표준이 개발되기 전이었기 때문이다.

에릭 그로세[Eric Grosse]와 빌 코프런[Bill Coughran]은 반도체 모델링과 시뮬레이션, 회로 분석, 시각화(특히 반도체 설계 및 제조 용도)를 위한 알고리즘을 개발했다. 벨 연구소에서 개발된 수치 처리용 소프트웨어 중 대부분은 Netlib

수학용 소프트웨어 저장소를 통해 전 세계로 배포됐는데, Netlib은 아직도 과학 컴퓨팅 커뮤니티에서 널리 이용된다. Netlib과 다른 커뮤니티에 중요하게 기여한 수치 분석가로는 데이비드 게이, 린다 코프먼^{Linda Kaufman}, 마거릿 라이트^{Margaret Wright}가 있다.

AT&T의 800 번호 목록

에릭 그로세가 Netlib과 관련해서 소프트웨어 배포를 다룬 경험은 또 다른 재미있는 프로젝트에 큰 도움이 됐다. 1994년에 에릭, 로린다 체리와 나는 AT&T의 800 번호* 목록을 당시 막 대중화되던 인터넷에 올렸다. 우리는 AT&T가 진짜 인터넷 서비스를 제공하는(또한 인터넷 그 자체에 대한) 경험을 얻게 하고, 사람들이 800 번호로 전화를 더 많이 걸게 하여, 나중에는 표시 광고 같은 향상된 서비스로 업체에 수익을 제공할 수 있지 않을까 하는 생각에서 이 일을 추진했다. 또한 당시에 쏟아지던 인터넷 관련 서비스들같이 그럴듯한 소리만 하는 대신, 실제로 가치 있는 무엇인가를 제공함으로써 얻는 약간의 홍보 효과도 기대했다.

1994년 8월에 우리는 800 번호 레코드 15만 7천 개를 담은 22MB가량의 데이터베이스 스냅숏을 구했고 몇 시간 만에 검색 및 탐색이 가능한 웹사이트로 만들어서 로컬 컴퓨터에서 구동했다. 하지만 이 웹사이트를 공개하도록 AT&T 경영진을 설득하는 데는 훨씬 더 시간이 걸렸다. 타성에 젖어 마음 내켜 하지 않던 경영진은 많은 숙고를 거친 후 경쟁 업체인 MCI가 어떤 인터넷 서비스를 제공하려고 한다는 소문에 굴복했다. 800 번호 목록은 1994년 10월 19일에 공개됐다. 이것이 AT&T의 첫 번째 웹 서비스였다.

----

* 옮긴이_ 북아메리카 지역의 수신자 요금부담 무료전화 서비스 번호이다. 대한민국의 080 서비스에 해당한다.

정치적인 이유로 지연된 것은 다소 맥 빠지는 일이었지만, 데이터에 대한 이야기는 교훈을 준다. 데이터베이스에는 오류가 넘쳐났고, 아무도 이 방대한 목록을 한 번이라도 세세하게 들여다보지 않은 것이 분명했다. 예를 들어 신시내티는 9가지 다른 철자로 표기돼 있었다(정규 표현식을 활용하기 좋은 사례가 될 것이다).

이런 결함에도 800 번호 안내 서비스는 홍보 효과를 조금 봤는데, 야후의 WWW 가이드에서 '유용한 링크'에 한동안 자리 잡고 있었다(야후는 1994년 초에 설립됐고, 검색 엔진 인덱싱을 완전히 수동으로 처리했다). MCI가 조금 늦게 서비스를 출시하면서 AT&T는 유용한 인터넷 서비스를 처음으로 제공한 업체라는 작은 승리를 거뒀다. 이로써 대중들에게 AT&T가 인터넷 사업에 참여하고 있다는 인상을 줬고, 그 결과 미래 서비스를 준비하자는 내부 논의와 계획이 많이 이루어졌다. 적어도 이 경험은 인터넷이 얼마나 빠른 속도로 성장하고 변하고 있는지 뼈저리게 느끼게 해줬다. 당시 내가 비공식적으로 작성한 보고서에 쓴 의견처럼 말이다. "우리가 인터넷 사업에 조금이라도 발을 담그려면 이 영역에서 재빨리 행동하는 법을 배워야 합니다."

UUCP

1970년대 중반에 마이크 레스크는 UUCP^Unix-to-Unix Copy 프로토콜을 작성했다. UUCP는 한 유닉스 시스템에서 다른 유닉스 시스템으로 주로 일반 전화선을 통해 파일을 보내는 데 사용됐다. 전화선은 속도가 느렸고 이용료가 비싼 경우도 있었지만, 어디에나 설치돼 있었고 당시 유닉스 시스템 대부분에는 다이얼업^dial-up 액세스 기능이 있었다(다이얼아웃^dial-out 기능이 제공되는 시스템은 많지 않았는데, 통화가 유료였기 때문이다).

UUCP는 주로 소프트웨어 배포용으로 사용됐지만, 인터넷이 널리 이용되기 훨씬 전에 원격 명령어 실행, 메일 전송과 뉴스그룹의 기반이 되기도 했다. 최초의 전 세계 정보 배포 시스템인 유즈넷Usenet이 UUCP 기반으로 구현됐다.

첫 번째 UUCP 코드는 유닉스 제7판에 포함돼서 배포됐다. 이후 몇 년간 UUCP는 개선되고 다른 운영체제로 이식됐으며 오픈 소스로 공개됐다. 그렇지만 인터넷이 표준 통신 네트워크가 되고 인터넷 기반 프로토콜이 지배적인 위치를 차지함에 따라 UUCP는 마침내 자취를 감췄다.

보안

유닉스 커뮤니티 구성원들은 아주 초창기부터 보안에 관심이 많았는데, 이런 경향은 멀틱스를 개발한 경험과 암호 기법을 다룬 경험에서 비롯됐다.

보안 관심사 중 하나는 파일 시스템 사용자의 파일에 대한 접근을 제어하는 것이었다. 유닉스 파일 시스템은 파일 접근 유형을 제어하기 위해 각 파일에 비트 9개를 사용했다. 우선 파일 소유자용으로 3개 비트를 할당하고, 이 비트들은 각각 읽기, 쓰기, 실행 권한을 제어했다. 일반 텍스트 파일이라면 보통은 소유자에게 읽기와 쓰기가 허용되고 실행은 허용되지 않았다. 파일이 실행 프로그램이거나 셸 스크립트인 경우는 예외였다. 다음으로 소유자의 그룹을 위한 비트 3개가 있었는데, 이 그룹은 부서나 프로젝트를 구분하거나 교수와 학생 간의 구분을 위해 사용됐다. 마지막 비트 3개는 다른 모든 사용자에게 적용됐다.

이 메커니즘은 멀틱스가 제공했던 방식보다 훨씬 간단했지만, 오랫동안 제 기능을 하고 있다. 예를 들어 편집기, 컴파일러, 셸 등의 표준 명령어는 특권 계정privileged account에 소유권이 있는데, 주로 루트 유저에 해당한다. 루트 유저는 표준 명령어를 마음대로 읽고 쓰고 실행할 수 있지만, 일반 사용자는 실행만 할 수 있고(어쩌면 읽기도 가능) 쓰기는 할 수 없다. 프로그램 내용을 읽을 수 없는 상태에서 실행은 가능하다는 점을 주목하기 바란다. 이렇게 해서 프로그램은 보호된 정보를 안전하게 포함할 수 있다.

접근 제어와 관련해서 초기에 개선된 기능은 10번째 권한 비트로, 각 파일에 부여되는 **setuid**(사용자 ID 설정set user ID) 비트였다. 이 비트가 설정된 파일이 프로그램으로 실행되면, 프로그램을 실행하는 사람이 아닌 파일의 소유자가 권한 검사 대상이 된다. 이 비트가 설정돼 있으면 일반 사용자는 프로그램 소유자의 특권을 가지고 프로그램을 실행할 수 있다. setuid는 디렉터리를 생성하거나, 파일 이름을 바꾸는 등 파일 시스템을 조작하는 프로그램에서 사용한다. 특권이 있는 시스템 호출을 실행하는 프로그램은 무제한 접근이 가능한 슈퍼유저가 소유한다. 당연히 setuid 프로그램은 신중하게 작성하고 관리해야 한다. 그렇지 않으면 시스템 보안에 큰 취약점을 노출할 가능성이 있다. setuid는 데니스 리치가 발명했고, 그는 1979년에 이 기술로 특허를 받았다.

앞서 언급한 것처럼, 패스워드라는 아이디어는 CTSS에서 처음 시작됐고 멀틱스에서도 차용된 다음 유닉스로 이어졌다. 유닉스에서는 /etc/passwd라는 텍스트 파일에 사용자별로 한 행씩 로그인 이름, 사용자 ID 번호, 패스워드, 다른 필드 몇 개가 담겨 있다. 아주 일찍부터 패스워드는 평문 형태가 아닌 해싱hashing된 형태로 저장됐다. 해싱은 원본을 변환하는 기법으로, 원본을 재생성하려면 실질적으로 가능한 모든 패스워드를 입력해봐야만 한다. 이는 누구나 패스워드 파일을 읽을 수는 있지만 다른 사람으로 로그인하기 위해 해싱된 패스워드를 이용할 수는 없음을 의미했다.

이론상으로는 그렇다. 하지만 해싱이 미흡하거나 사용자가 취약한 패스워드를 선택하면 해독이 가능할 수도 있다. 켄과 로버트 모리스는 다양한 유닉스 시스템에서 패스워드 파일을 수집해서 사전 공격dictionary attack으로 실험을 했다. 그들은 그럴듯한 패스워드로 로그인 시도를 하면서, 입력한 값이 패스워드 파일에 저장된 값으로 해싱되는지 확인해보았다. 1970년대 중반에 이루어진 이 연구 결과에 따르면 패스워드의 10~30%를 이 방식으로 획득할 수 있는 것으로 나타났다.

모든 측면에서 보안 기술이 더 정교해지기는 했지만, 사전 공격은 아직도 효과가 있다. 요즘 사용자들이 약한 패스워드의 위험성에 대해 예전보다 더 잘 의식할 것이라고 여기는 사람이 많겠지만, 최근에 자주 사용되는 패스워드 목록을 보면 그렇지 않다는 점이 드러난다(여담으로, 1988년에 발생한 모리스 웜Morris Worm★도 사전 공격을 이용했다. 모리스 웜은 로버트 모리스의 아들인 로버트 태펀 모리스Robert Tappan Morris가 인터넷상의 유닉스 시스템에 로그인을 시도하고 자신을 전파하려고 시도하는 프로그램을 부주의하게 배포하면서 벌어진 일이다. 모리스 웜의 메커니즘 중 하나는 'password'나 '12345'처럼 사용될 가능성이 있는 패스워드의 사전을 이용하는 것이었다).

로버트 모리스는 유닉스 crypt 명령어를 처음으로 작성한 사람이었다. 그는 1986년에 벨 연구소에서 퇴직하고 미국 국가안보국National Security Agency의 수석 과학자가 됐는데, 그가 컴퓨터 보안과 암호 기법에 대해 상당히 잘 알고 있었음을 방증한다. 그는 2011년에 78세의 나이로 세상을 떠났다.

★ 옮긴이_ 많은 주목을 받았던 최초의 컴퓨터 웜이다. 1988년 11월 2일에 배포되었고 당시 인터넷에 연결된 수많은 컴퓨터들을 빠른 속도로 감염시켰다.

암호 기법은 로버트, 켄, 데니스, 피터 와인버거와 프레드 그램프(그림 5-19)를 포함한 몇몇 1127 센터 구성원의 꾸준한 관심사였다(데니스의 웹 페이지에 가보면 몇 가지 흥미로운 비화가 있다). 오늘날 모든 암호화는 소프트웨어로 처리되지만, 제2차 세계대전 때는 기계식 장치로 암호화를 수행했다. 독일군은 이를 위해 에니그마^{Enigma} 기계를 이용했는데, 어찌 된 일인지 프레드가 에니그마를 한 대 갖고 있었다. 일설에 따르면 오픈 마켓에서 구했다고도 하며, 미군이었던 그의 아버지가 전쟁이 끝나고 독일에서 가져왔다는 설도 있다. 프레드는 에니그마를 벨 연구소에 보관했고 세상을 떠나면서 켄 톰프슨에게 맡겼는데, 켄은 에니그마를 내 사무실 맞은편에 있는 자신의 파일 캐비닛 아래 서랍에 뒀다.

그림 5-19 프레드 그램프, 1984년경(제라드 홀즈먼 제공)

어느 날 나는 프린스턴 대학교 암호 기법 강의에서 에니그마를 사용하려고 빌렸다. 학생들에게 에니그마를 본 사람이 있냐고 물었는데, 아무도 없었다. 나는 교탁 아래에서 에니그마를 꺼냈다. 이전이나 이후로 학생들이 그렇게 흥미를 보이는 것을 본 적은 없었다. 어떤 학생은 에니그마를 제대로 보려고 그야말로 책상 위에 서 있기까지 했다. 나중에 켄은 에니그마를 박물관에 기증했다.

켄과 데니스가 1983년에 튜링상을 받을 당시 켄은 'Reflections on Trusting Trust(신뢰를 신뢰하는 것에 대한 고찰)'라는 강연을 하며 선견지명을 보여줬다. 이 발표에서 그는 컴파일러에 일련의 수정을 가해서 시스템 로그인 프로그램에 트로이 목마[Trojan horse]를 설치할 수 있다고 설명했다.

> "처음부터 끝까지 스스로 만든 코드가 아니라면 신뢰해서는 안 됩니다(특히 저 같은 사람을 채용하는 회사에서 나온 코드라면요). 소스 레벨 검증이나 정밀 검토를 아무리 한다고 해도 신뢰할 수 없는 코드를 이용하는 것을 막지 못합니다."

켄이 언급한 것처럼 같은 종류의 공격 기법이 하드웨어에도 적용될 수 있고, 이러면 찾기가 훨씬 더 어렵다. 그동안 사정은 나아지지 않았고 이 발표의 내용은 오늘날에도 여전히 매우 의미가 있다.

하드웨어

1127 센터의 주 활동 무대는 소프트웨어였지만, 연구 과정을 보면 하드웨어에 대한 관심도 잘 나타난다. 초기에는 PDP-11에 특이한 장치를 연결하기 위한 하드웨어 전문 지식이 자주 필요했는데, 장치의 예로는 Votrax 음성 합성기, 전화 장비, 조판기, 다양한 네트워크 장치 등이 있었다. 이후 수년간 더 발전해서 각종 컴퓨터 이용 설계(캐드)[computer-aided design](CAD) 도구 개발까지 이어졌다. 개발에 관여한 사람으로는 조 콘던, 리 맥마흔, 바트 로컨시[Bart Locanthi], 알렉산더 프레이저, 앤드루 흄[Andrew Hume] 이외에 몇 명 더 있었다.

바트는 1980년대 초에 비트맵 터미널을 설계하고 구축하기 위해 캐드 도구를 이용했다. 당시 터미널은 대부분 고정폭 80열에 24행으로 고정 높이 아스키 문자만 표시힐 수 있었다. 이와는 달리 비트맵 터미널은 훨씬 낳은 픽셀을 표시했고 각 픽셀은 개별적으로 값을 설정할 수 있었다. 이 방식은 요즘의 노트북이나 휴대폰 화면과 유사하지만, 처음 사용된 비트맵 디스플레이는 단색이었다. 바트는 그가 개발한 비트맵 터미널을 원래는 Jerq라고 불렀는데, 피츠버그에 있는 스리 리버스Three Rivers라는 회사에서 제공한 Perq라는 약간 비슷한 장치의 이름을 삐딱하게 따온 것이었다.

Jerq는 처음에 모토로라 68000 프로세서를 이용해서 개발됐는데, 이 프로세서는 당시에 인기가 있었고 워크스테이션용으로 종종 쓰였다. 하지만 Jerq는 이름뿐만 아니라 구현에서도 사내 정치의 희생양이 됐다. Jerq는 결국 Blit(화면 내용을 재빨리 업데이트하기 위한 bit blit 연산을 따라 만든 이름)로 이름이 바뀌었지만, 소량만 생산됐다. AT&T 제조 부문이었던 웨스턴 일렉트릭Western Electric은 이 터미널을 벨맥Bellmac 32000 프로세서(벨 연구소가 설계하고 웨스턴 일렉트릭이 제조했다)를 사용하도록 재설계했다. Blit는 더 귀에 꽂히는 이름인 DMD-5620으로 바뀌었다. 재설계에는 꼬박 1년이 소요됐고, AT&T는 성장하는 워크스테이션 시장의 경쟁에서 여러 번의 기회를 잃고 말았다.

롭 파이크가 Blit와 DMD-5620용 운영체제 코드 대부분을 작성했다. 이 운영체제의 가장 새로운 점은 중첩된 창 여러 개에서 컴퓨터 작업을 계속 진행할 수 있는 점이었다. 이전에도 중첩된 창은 있었지만, 활성화는 창 하나만 할 수 있었다. 롭은 이 개선된 기술로 특허를 받았다.

DMD-5620은 무겁고 부피가 크기는 했어도 훌륭한 그래픽 터미널이었다. 나는 이 터미널을 Troff 미리 보기 도구 같은 그래픽 기반 프로그램을 작성하는 데 사용하곤 했다. 롭 파이크는 DMD-5620 환경에서 마우스 기반 텍스트 편집기도 여러 개 개발했다. 그중 하나는 내가 오늘날까지도 즐겨 사용하는 프로그램 샘Sam이다. 이 책도 샘으로 작성했다.

우리는 집적회로와 VLSIVery Large Scale Integration(초고밀도 집적회로)에도 계속 관심을 두었다. 1980년에는 1127 센터에서 캘리포니아 공대의 카버 미드가 가르치는 집적회로 설계에 관한 3주 단기 특강을 제공했다. 카버 미드는 린 콘웨이와 함께 집적회로 칩을 설계하고 구현하는 방법에 관한 책인 『Introduction to VLSI Systems』를 썼고, 몇 개 대학교에서 이미 강의도 진행하는 상태였다. 카버는 수업을 독특하게 이끌어가는 재능이 있었다. 그는 먼저 회로가 어떻게 작동하는지에 대해 세심하게 조정한 거짓 정보를 이야기했다. 가장 간단한 예로는 '여기 회로도에 보이는 붉은 선이 녹색 선을 넘어가면 트랜지스터가 되지요' 같은 식이었다. 이후 이 뻔하고 지나치게 단순화된 거짓 정보를 타파하는 사실을 밝혀주고, 그 다음에는 더 정교한 거짓 정보를 이야기한 다음, 다시 조금씩 더 진실을 밝혀주는 식으로 정제해나갔다.

훌륭한 교수법 덕분에 카버의 수업을 들은 모든 이들은 몇 주 후 실험용 칩을 설계하고 구축할 수 있게 됐다. 칩은 펜실베이니아 앨런타운에 있는 벨 연구소 공장에서 제조됐고 실험을 위해 연구소로 보내졌다. 벨 연구소는 당시 최신 기술인 3.5마이크론(10^{-6}m) 공정을 사용하고 있었다. 요즘은 보통 7~10나노미터(10^{-9}m)를 사용하므로 그때보다 회로 선폭이 최소한 300배 개선된 것이며, 같은 면적에 약 10만 배 많은 소자가 들어 있는 셈이다.

내가 만든 칩은 간단한 체스 대국용 시계였는데, 전혀 작동하지 않았다. 이제 돌이켜보니 안타깝게도 명백한 논리적 오류 때문이었다. 몇 사람은 자신의 칩뿐만 아니라 지원용 도구도 개발했다. 나는 칩상의 배선 경로 지정을 돕는 프로그램을 개발했고, 칩 설계가 실패했음에도 몇 주간 생산적인 시간을 보냈다.

수년간 내 부서에 있는 최소 대여섯 명의 연구원은 VLSI 관련 연구를 어떤 형태로든 수행했다. 회로 배치를 검사하는 알고리즘, 시뮬레이터, 리버스 엔지니어링, 다른 이론적 연구도 이루어졌다. 나는 카버의 강의를 들은 덕분에 이들이 하는 일을 가까스로 이해할 수 있었다.

VLSI에 대한 1127 센터의 관심은 오랫동안 지속됐고, 마침내 데이브 디첼과 레이 매클렐런이 CRISP^{C-language Reduced Instruction Set Processor} 마이크로프로세서를 개발하게 됐다. CRISP는 가장 초기에 개발된 RISC 프로세서 중 하나였다. RISC는 Reduced Instruction Set Computer의 약어로, VAX-11/780 같은 CISC^{Complex Instruction Set Computer} 방식보다 단순하고 규칙성 있는 프로세서 아키텍처를 설계하는 방법이다.

CRISP는 C 컴파일러가 생성하는 코드에 최적화된 명령어 집합을 목표로 삼았다. CRISP를 설계하기 위해 데이브는 스티븐 존슨과 밀접하게 일했다. 가능한 아키텍처 특징을 논의한 후 스티븐이 PCC(이식성 있는 C 컴파일러)를 수정하고, 이러한 특징이 성능에 어떤 영향을 주는지 확인하는 벤치마크를 수행했다. 이는 하드웨어와 소프트웨어 공동 설계를 보여주는 뛰어난 사례다.

AT&T는 결국 CRISP의 한 버전을 호빗^{Hobbit}이라는 이름으로 판매했다. 호빗은 첫 번째 개인용 정보 단말기$^{\text{personal digital assistant}}$(PDA)인 애플 뉴턴$^{\text{Apple Newton}}$에 사용됐지만, 뉴턴도 호빗도 상업적으로 성공하지 못했다. 데이브는 1995년에 벨 연구소를 떠나 썬 마이크로시스템즈$^{\text{Sun Microsystems}}$로 갔다가 나중에 트랜스메타^{Transmeta}를 설립했는데, 저전력 프로세서 개발에 집중하는 회사였다.

CRISP 자체는 상업적으로 성공을 거두지 못했지만, 유닉스와 C는 1980년대와 1990년대에 컴퓨팅 하드웨어에 큰 영향을 미쳤다. 대부분의 성공적인 명령어 집합 아키텍처$^{\text{instruction set architecture}}$(ISA)는 C와 유닉스에 적합하게 만들어졌다. 유닉스와 C의 이식성 덕분에 회사나 대학교에서 새로운 아키텍처를 만들고 소프트웨어를 신속하게 이식할 수 있었을 뿐만 아니라, 명령어 집합이 C 코드를 실행하기 좋게 하면서 C 프로그램으로 컴파일하기 어려운 아키텍처 특성은 제거하는 경향이 있었다. 스티븐과 데이브가 사용한 것과 같은 CPU 설계 방법론은 프로그램의 통계적 분석을 이용했기에, C 코드 통계는 C 코드 실행을 빠르게 만드는 특성을 선호하는 경향을 보였다. 1980년대와 1990년대에는 CPU 설계가 유닉스와 C를 중심으로 이루어질 수밖에 없을 정도로 유닉스와 C의 영향력은 대단했다. 누구도 다른 언어에 맞춰진 CPU를 성공적으로 만들어내지 못했다.

연구소를 넘어서

"현재 유닉스 운영체제는 전 세계 1400개 대학교에서 사용되고 있습니다. 미니 컴퓨터부터 슈퍼컴퓨터에 이르기까지 70종에 달하는 컴퓨터가 유닉스를 기반으로 구동됩니다. 약 10만 개의 유닉스 시스템이 운영되며, 100여 개의 회사가 유닉스 기반으로 애플리케이션을 개발하고 있습니다."

- R. L. 마틴^{R. L. Martin}, 『Unix System Readings and Applications, Vol. 2』(1984)

유닉스는 1127 센터 실험실에서 몇 년을 보낸 후 벨 연구소 안팎으로 퍼져 나가기 시작했다. 연구소 밖에서는 주로 대학교를 통해 확산됐는데, 대학교에서는 영업 비밀 보호 협약을 맺으면 명목상의 매체 수수료^{media fee}만 내고 전체 시스템의 소스 코드를 받을 수 있었다. 확실히 '오픈 소스' 방식은 아니었다. 유닉스는 교육 목적으로만 사용할 수 있었고, 라이선스를 취득한 사용자는 라이선스를 보유한 다른 사용자에게만 자신들의 경험과 유닉스를 가지고 하는 일에 관해 이야기할 수 있었다. 그럼에도 미국 내 사용자 커뮤니티가 급속히 늘어났고, 세계 전역에서도 사용자 그룹이 생겨나며 주요한 기술 혁신이 일어났다. 예를 들어 유닉스를 다른 종류의 하드웨어로 이식하는 것이 가능해졌고, 유닉스에서 인터넷에 접속하기 위한 새로운 메커니즘이 만들어졌다.

이 장에서 설명하는 많은 활동이 5장에서 소개한 내용과 동시에 진행됐거나, 그보다 수년 전에 일어나기도 했다. 이 때문에 사건을 연대순으로 파악하기 조금 어려울 수도 있다.

프로그래머 워크벤치

벨 연구소의 특허 부서가 연구 부문 밖에서 유닉스의 첫 번째 '고객'이었는데, 곧 다른 부서도 유닉스가 유용하다는 사실을 알게 됐다. 그러면서 유닉스는 일찍부터 벨 연구소 개발 그룹과 AT&T의 계열사 내부에서 확산되기 시작했다.

AT&T는 직원이 백만 명이 넘는 매우 큰 기업이었고, 전화 서비스를 뒷받침하는 데이터 및 운영 활동을 관리하는 컴퓨터 시스템이 많이 있었다. 이 시스템들은 장비와 고객 현황을 파악하고, 현장에 설치된 시스템을 모니터링하고, 각종 이벤트와 고장 수리 내역 등을 기록하기 위한 기술자용 업무 인터페이스와 AT&T를 위한 지원 서비스를 제공했다. 이 시스템들을 통틀어 '운영 지원 시스템'이라고 불렀다.

연구 부문 이외에 처음으로 유닉스를 비중 있게 사용한 곳은 뉴저지 피스카타웨이(머리 힐에서 25km 정도 떨어져 있다)에 있는 개발 그룹이었다. 이 그룹은 1973년에 대규모 상용 소프트웨어를 개발하는 프로그래머를 위한 도구들을 개발하기 시작했다. 이 도구 모음은 프로그래머 워크벤치Programmer's Workbench(PWB)라는 이름으로 세상에 알려졌다.

AT&T의 운영 지원 시스템은 대부분 IBM과 유니박^{UNIVAC}에서 제조한 대형 메인프레임 컴퓨터에서 작동했고, 메인프레임 컴퓨터 제조 업체는 IBM OS/360 같은 자신들만의 독점 운영체제를 갖고 있었다. PWB는 메인프레임 컴퓨터에서 작동하는 소프트웨어를 만들고 관리하는 기능을 제공했다. 사실상 PWB 유닉스는 유닉스를 사용하지 않는 다양한 대형 컴퓨터 시스템을 위한 균일한 프런트엔드 역할을 했다. 즉 PWB는 메인프레임 컴퓨터가 주변 장치인 것처럼 처리했다.

PWB가 제공한 주요 서비스 중 하나는 원격 작업 입력^{remote job entry}으로, 대상 시스템에 작업을 보내고 결과를 돌려받기 위한 일련의 명령어를 제공했다. 작업 대기열 관리, 상태 보고, 이벤트 알림, 로그 기록과 오류 복구 등의 기능을 명령어로 지원했다. 원격 작업 입력은 서로 다양한 방식으로 연결되고, 비전문가도 편리하게 사용하도록 셸 스크립트로 감쌀 수 있는 작은 도구들을 사용하는 유닉스식 접근법과 잘 어울렸다.

이러한 종류의 프로그래밍을 지원하기 위해서 존 매시(그림 6-1)는 제6판 셸을 개선해서 프로그래밍하기 훨씬 나은 PWB 셸을 만들었다. PWB 셸은 의사 결정을 내리기 위한 if-then-else 문과 반복 처리를 위한 while 문, 텍스트를 저장하기 위한 셸 변수를 지원했다. 또한 그는 검색 경로^{search path} 메커니즘도 발명했다. 검색 경로 메커니즘은 특정 셸 변수를 설정함으로써 어떤 사용자든 명령어를 검색할 일련의 디렉터리를 지정하게 해주었다. 검색 경로를 이용하면 여러 그룹의 사용자가 권한조차 없을지도 모르는 시스템 디렉터리에 명령어를 설치하지 않고도 프로젝트 디렉터리에 있는 프로그램을 가져와서 쉽게 이용할 수 있었다. 존의 설명을 들어보자.

그림 6-1 존 매시, 2011년경(트위터 제공)

"PWB의 많은(1천 명 이상의) 사용자 중에서 C 프로그래머는 드물었고, 그들은 공유된 환경에서 그룹 단위로 일했습니다. 그들은 연구소, 부서, 그룹 단위로 그들만의 명령어 집합을 공유하고 싶어했습니다. 그들은 종종 다른 그룹과 시스템을 공유했고 누구도 슈퍼유저가 될 수는 없었습니다."

또한 존은 파일이 실행 가능하다고 표시된 경우, 스크립트라면 셸로 전달하고 그렇지 않으면 일반 명령어처럼 실행하는 메커니즘을 추가했다. 이 모든 기능이 1975년 초에 사용 가능해졌고, PWB 셸 사용자가 점점 늘어나면서 이후 수년간 개선됐다. 존은 논문 「Using a Command Language as a High-Level Programming Language(명령 언어를 고수준 프로그래밍 언어로 이용하기)」에서 1700개가 넘는 셸 스크립트를 다룬 경험을 알려준다.

"PWB 사용자들은 셸을 프로그래밍 언어로 이용함으로써 대형 프로젝트에 자주 필요했던 고역스러운 프로그래밍 노동을 대폭 줄일 수 있었습니다. 많은 수동 절차가 빠르고 저렴하고 편리하게 자동화됐습니다. 셸 스크립트를 만들고 사용하기가 워낙 쉬워서, 프로젝트마다 자신들의 요구 사항, 조직 구조, 내부 용어에 맞춰 전반적인 PWB 환경을 맞춤형으로 수정해서 사용하곤 했습니다."

5장에서 언급한 것처럼, 존이 개선한 기능들은 곧 스티븐 본이 작성한 본 셸에도 차용됐다.

PWB가 낳은 또 다른 중요한 산물은 소스 코드 제어 시스템Source Code Control System(SCCS)으로, 1972년에 마크 로카인드가 작성했다. SCCS는 여러 명의 프로그래머가 동시에 작업하는 대단위 코드베이스codebase를 관리하기 위한 일련의 프로그램 중 첫 번째였다.

SCCS의 기본 아이디어는 프로그래머가 코드베이스에서 자신이 작업할 부분을 체크아웃하도록 하는 것이었다. 체크아웃하면 그 부분은 잠긴 상태가 되고 잠근 사람이 해제하기 전까지는 다른 프로그래머가 그 부분을 바꿀 수 없었다. 이 방식으로 여러 프로그래머가 동시에 같은 코드 부분을 일관성 없이 변경하는 것을 방지할 수 있었다. 물론 여전히 고려할 문제가 있었다. 예를 들어 프로그래머가 부주의하거나 시스템 충돌이 일어난 경우, 아무도 작업하지 않는 부분이 계속 잠긴 상태로 유지될 가능성이 있었고, 잠긴 영역의 범위가 너무 크면 코드를 동시에 변경하는 작업이 둔화됐다. 하지만 이 아이디어는 여러 명이 같은 코드베이스로 작업하는 소프트웨어 개발에서는 무척 중요했다. 요즘처럼 더 큰 코드베이스가 지리적으로 더 분산된 훨씬 큰 개발자 커뮤니티에 퍼져 있는 상황에서는 더욱더 중요하다. SCCS를 시작으로 RCS, CVS, 서브버전Subversion(SVN)을 거쳐 오늘날 표준 버전 제어 시스템인 깃Git에 이르기까지 기술이 진화하는 양상이 뚜렷하게 드러난다.

마크 로카인드는 정규 표현식 집합을 변환해서 패턴 기반으로 작동하는 C 프로그램을 생성하는 도구도 만들었다. 생성된 C 프로그램은 로그에서 패턴이 나타나는 부분을 조사하고, 패턴이 발견되면 메시지를 출력했다. 이 아이디어가 워낙 깔끔했기에 앨프리드 에이호, 피터 와인버거와 내가 이 아이디어를 훔쳐고 조정하고 일반화해 Awk에 사용된 패턴-동작 모델을 만드는 데 이용했다.

PWB에는 사람들이 글을 더 잘 쓸 수 있도록 돕는 라이터 워크벤치Writer's Workbench(WWB)라는 도구 모음도 있었다. 존 매시와 데일 스미스Dale Smith는 테드 돌로타Ted Dolotta의 독려와 함께 메모랜덤 매크로Memorandum Macro 또는 mm 패키지를 만들었는데, AT&T 안팎에서 문서를 만드는 데 널리 이용하던 포괄적인 Troff 명령어 여러 개로 구성된 패키지였다.

이에 덧붙여 WWB는 철자법 검사기와 더불어 구두점 실수, 분리 부정사,* 중복된 단어(흔히 편집 오류로 생긴다)를 찾는 프로그램을 제공했다. 문법과 문체를 검사하거나 가독성을 평가하는 도구도 있었다. WWB의 핵심 컴포넌트는 로린다 채리기 개발한 parts라는 프로그램이었다. parts는 텍스드에 포함된 단어에 품사를 부여했고, 완벽하지는 않아도 형용사, 중문 등이 나타나는 빈도에 대한 통계를 계산했다. WWB는 1970년대 후반에 개발됐는데, 마침 작가들이 점점 더 컴퓨터를 많이 이용하던 시기였다. WWB는 매스컴에서 호평을 받았고, 이를 개발한 로린다와 니나 맥도널드Nina McDonald가 NBC 방송국의 투데이 쇼 전미 방송에 출연한 적도 있었다.

세월이 흐르면서 컴퓨팅 하드웨어가 얼마나 저렴해지고 성능이 높아졌는지 보여주는 사례가 있다. 1978년에 테드 돌로타와 존 매시가 쓴 PWB에 대한 논문은 천 명이 넘는 사용자를 지원했던 개발 환경을 묘사한다. "어떤 면에서 보더라도 이것은 전 세계에서 알려진 것 중에 가장 규모가 큰 유닉스

----

* 옮긴이_ 영어에서 'She seems to really like it.'처럼 to 부정사의 to와 동사 사이에 부사가 들어간 형태를 말한다.

운영 환경입니다." PWB는 7대의 PDP-11로 이루어진 네트워크에서 작동했는데, 전체 주기억장치가 3.3MB, 디스크 용량이 2GB였다. 이는 요즘 흔히 사용되는 노트북의 1/1000 정도에 지나지 않는다. 그렇다고 요즘 노트북이 사용자 백만 명을 지원하지는 않을 것이다.

대학교용 라이선스

1973년에 AT&T는 명목상의 수수료만 받고 대학교에 유닉스 라이선스를 주기 시작했다. 라이선스 대부분은 1975년에 이용 가능해진 제6판용으로 부여됐다. 제6판에는 상업용 라이선스도 있었는데, 사용료가 2만 달러에 달했다(지금으로 치면 10만 달러에 가깝다). 라이선스 적용 범위에는 모든 소스 코드도 포함돼 있었지만, 어떠한 형태의 지원도 제공하지 않았다.

라이선스를 취득한 단체 중 가장 적극적으로 활동한 곳은 캘리포니아 대학교 버클리(이하, UC 버클리)였다. UC 버클리에서는 여러 명의 대학원생이 시스템 코드에 중요하게 이바지했고, 결국 버클리 소프트웨어 배포판Berkeley Software Distribution (BSD)이 만들어졌다. BSD는 원조 연구용 유닉스Research Unix★에서 발전한 두 가지 주요 갈래 중 하나다.

켄 톰프슨은 1975년과 1976년에 UC 버클리에서 안식년을 보내면서 운영 체제에 관한 과목을 가르쳤다. 당시에 대학원생이었던 빌 조이(그림 6-2)는 UC 버클리에서 사용하던 유닉스를 수정해서 그만의 프로그램 몇 개를 추가했다. 그중에는 아직도 가장 인기 있는 유닉스 편집기 중 하나인 vi 텍

★ 옮긴이_ 벨 연구소에서 개발된 유닉스 제1판부터 제10판까지와 더불어 플랜 9도 포함한다. 출처: en.wikipedia.org/wiki/Research_Unix

스트 편집기와 C 셸인 csh가 있었다. 빌은 나중에 유닉스용 TCP/IP 네트워킹 인터페이스를 설계했는데, 이 인터페이스는 지금도 이용된다. 그가 만든 socket 인터페이스는 파일과 디바이스 입출력에 이용되던 read와 write 시스템 호출을 가지고 네트워크 연결에 읽고 쓰는 것을 가능하게 했다. 덕분에 네트워킹 기능을 쉽게 추가할 수 있었다.

그림 6-2 빌 조이, 1980년경(빌 조이 제공)

빌은 1970년대 중후반에 가끔 벨 연구소를 방문했다. 나는 어느 날 저녁 그가 자신이 작업하던 새로운 텍스트 편집기를 보여준 것을 기억한다. 그때쯤엔 비디오 디스플레이 터미널이 텔레타이프 같은 인쇄 터미널을 대체했고, 이전보다 훨씬 더 대화식으로 편집할 수 있게 됐다.

당시 사용되던 ed와 다른 편집기에서는 명령어를 입력하면 편집 중인 텍스트가 수정되기는 했지만, 수정된 텍스트를 계속 표시해주지는 않았다. 그 대신 편집 명령어가 어떤 텍스트를 변경하면 새로운 행을 명시적으로 출력해줘야만 했다. 예를 들어 ed에서 현재 행에 있는 this를 that으로 바꾸고 결과를 출력하려면 아래와 같이 명령어를 입력하는 식이었다.

```
s/this/that/p
```

ed에서도 다른 명령어를 이용하면 여러 행에서 단어를 바꾸거나, 특정 행을 검색하거나, 일정 범위의 행을 표시할 수 있었다. 전문가가 사용하기에 ed 는 매우 효율적이었지만, 초보자에게는 직관적이지 않았다.

빌이 만든 편집기는 텍스트가 편집되는 동안 화면을 갱신하기 위해 커서로 위치를 지정하는 방식을 사용했다. 이것은 기존의 '한 번에 한 행씩' 모델에 비하면 큰 변화였다. 사용자는 this로 커서를 옮기고(어쩌면 정규 표현식을 사용해서), cw(change word) 같은 명령어를 입력한 다음, that을 입력하면 원본 텍스트가 바로 바뀌었다.

나는 당시에 편집기 자체에 대해서 뭐라고 했는지는(vi는 오늘날 내가 가장 자주 사용하는 편집기 둘 중 하나지만) 생각나지 않는다. 하지만 빌에게 편집 기 개발로 시간을 보내지 말고 박사 과정을 마쳐야 한다고 말했던 것은 확 실히 기억한다. 그는 내 조언을 듣지 않는데, 자기 자신과 많은 사람에게 다행스러운 일이었다. 몇 년 후 그는 대학원을 그만두고 썬 마이크로시스템 즈를 공동 창업했다. 썬 마이크로시스템즈는 최초의 워크스테이션 제조사 중 하나로, 운영체제, 네트워킹, 도구(vi 편집기를 포함해서)에 대한 그의 핵심 작업을 포함해 BSD에 기반을 둔 소프트웨어를 사용했다. 나는 학생 들이 진로에 관한 조언을 구할 때면 종종 이 이야기를 언급한다. 나이가 많 다고 항상 더 지혜로운 것은 아니다.

사용자 그룹과 유즈닉스

AT&T가 유닉스 라이선스 사용자에게 기술 지원을 전혀 제공하지 않았으므로 사용자들은 서로 돕기 위해 어쩔 수 없이 뭉쳐야만 했다. 이는 결국 기술적인 주제에 대해 발표하고, 소프트웨어를 교환하고, 친목을 위해 어울리는 정기 모임이 되었다. 이 아이디어가 유닉스에서 시작된 것은 아니다. 일례로 IBM 시스템을 위한 SHARE 사용자 그룹은 1955년에 만들어졌고 여전히 활발히 활동 중이며, 다른 하드웨어 제조사별 사용자 그룹도 있었다.

첫 번째 유닉스 사용자 그룹 모임은 1974년에 뉴욕에서 열렸고, 이후 세계 도처에서 사용자 그룹이 점차 생겨나기 시작했다. 1979년에 켄과 나는 영국의 유닉스 사용자 그룹인 UKUUG^{UK's Unix and Open Systems User Group} 첫 모임에 참석했는데, 캔터베리에 있는 켄트 대학교에서 열렸다. 나로서는 영국을 처음으로 방문하는 거라서 매우 기억에 남는 경험이었다. 켄과 나는 저가 대서양 횡단 항공편을 제공하던 레이커 항공을 이용해서 개트윅 공항에 도착했다. 우리는 솔즈베리로 차를 몰고 가서 솔즈베리 대성당과 스톤헨지를 구경한 다음, 캔터베리로 이동해서 모임에 참석했다(캔터베리 대성당도 구경했다). 행사가 끝난 뒤 나는 런던에서 눈이 휘둥그레진 관광객으로 며칠을 보냈다.

나는 이후 유닉스 사용자 그룹 모임을 핑계 삼아 몇몇 다른 나라를 방문했는데, 덕분에 아주 멋진 사람들을 만날 수 있었다. 가장 기억에 남는 것은 1984년에 호주를 방문한 일로, 이때도 켄과 함께였고 모임은 시드니 오페라 하우스에서 열렸다. 나는 첫째 날 아침에 강연한 다음 그 주의 나머지를 회의실 창문으로 시드니 항구를 내다보면서 보냈다. 그 풍경에 온통 빠져들었기에 다른 발표 내용은 전혀 기억나지 않는다.

사용자 그룹들은 '유닉스 사용자 그룹Unix User Groups'이라는 통솔 기구로 발전했고, AT&T가 유닉스 상표 남용에 대해 항의한 후에 이름이 유즈닉스 USENIX로 바뀌었다. 이제 유즈닉스는 광범위한 전문가 콘퍼런스를 운영하고 『;login:』이라는 이름의 기술 저널을 출간한다. 유즈닉스는 많은 주제에 관한 콘퍼런스 발표와 튜토리얼을 제공함으로써 유닉스를 확산하는 데 실로 중요한 역할을 했다. 또한 유즈닉스는 UUCP를 배포하고 유즈넷Usenet 뉴스 시스템을 운영하기도 했다.

존 라이언스의 해설서

호주 시드니 뉴사우스웨일스 대학교University of New South Wales(UNSW)의 컴퓨터 과학과 교수였던 존 라이언스(그림 6-3)는 유닉스를 일찍부터 즐겨 쓴 얼리 어답터였다. 그는 자신이 강의하는 운영체제 과목에서 유닉스를 폭넓게 활용했을 뿐만 아니라 UNSW의 전반적인 교육 및 연구 지원용으로도 사용했다.

1977년에 존은 제6판 소스 코드를 행별로 설명하는 해설서를 썼다. 소스 코드의 모든 부분을 상세히 설명한 이 해설서를 읽어보면 유닉스 코드가 어떻게 작동하는지, 왜 그런 식으로 구현됐는지, 어떻게 다르게 작성될 수 있었는지 알 수 있다. 그는 뛰어난 인재도 여럿 배출했는데 그중 몇 명은 이후 벨 연구소에서 근무하기도 했다.

그림 6-3 존 라이언스(UNSW 제공)

최초 인쇄본에서 이 해설서는 두 권으로 구분돼 있었고 한 권에는 코드가, 다른 한 권에는 세부 해설이 있어서 서로 나란히 두고 읽게 돼 있었다. 하지만 1996년에 마침내 등장한 공인된 버전(그림 6-4)은 한 권으로 나왔다.

이 해설서는 유닉스 라이선스 사용자들 간에는 공유할 수 있었지만, AT&T의 독점 소스 코드를 담고 있었으므로, 엄밀히 따지면 영업 비밀에 해당했다. 책의 유통과 배포는 적어도 원칙적으로는 조심스럽게 통제됐고, 나는 번호가 붙은(#135) 나만의 인쇄본을 아직도 갖고 있다. 하지만 이 책은 초기에 널리 복제됐는데, [그림 6-4]의 지하 출판물 같은 표지를 보면 비밀리에 복제가 이루어졌음을 짐작할 수 있다. 수년 후에 AT&T를 비롯한 이해관계자들은 현실을 인정했고 존의 해설서는 시장에 출간됐다.

그림 6-4 유닉스 제6판에 대한 존 라이언스의 해설서

존은 1978년에 머리 힐 벨 연구소에서 안식년을 보냈고 내 바로 맞은편 사무실을 썼다(나중에는 이 방을 데니스 리치가 사용했다). 존은 1998년에 62세의 나이로 세상을 떠났다. 그의 공로는 UNSW 컴퓨터 과학과 학과장 자리에 붙이는 이름(존 라이언스 컴퓨터 과학과 학과장John Lions Chair in Computer Science)으로 기리고 있다. 이 이름에 대한 자금 지원은 학과 동창들과 친구들의 기부로 이루어졌으며, 테드 돌로타가 자신의 캘리포니아주 'UNIX' 자동차 번호판을 1998년에 경매로 내놓아서 존 매시가 사들인 것도 포함된다.

해설서 덕분에 유닉스 제6판 소스 코드에 있는 주석 한 줄이 유명해졌다. 2238행은 다음과 같다.

```
/* You are not expected to understand this. */ (당신이 이것을
이해할 거라고 예상하지 않습니다)
```

앞서 언급한 것처럼, 데니스는 2011년 10월에 세상을 떠났다. 나는 이듬해

벨 연구소에서 열린 추도 모임에서 이 주석을 데니스에게 바치는 헌사의 중심 문구로 썼다.

유닉스 커널 코드는 데니스와 켄 톰프슨이 함께 작성했다. 내가 아는 한, 켄은 '좋은 코드에는 많은 주석이 필요하지 않다'는 아이디어를 항상 지지했다. 좀 넓혀서 추정하자면 그가 생각하는 훌륭한 코드란 주석이 필요 없는 코드라고 볼 수 있다. 따라서 내 생각에 유닉스 커널에 달린 주석은 대부분 데니스가 작성한 것 같다. 문제의 2238행 주석은 건조한 재치로 유명하고, 수년 동안 티셔츠나 다른 곳에 찍힌 문구로 널리 사용됐다. 데니스의 말을 들어보자.

> "이 주석은 벨 연구소에서 개발한 연구용 유닉스 코드에 주석이 적고 설명이 불충분하다는 점을 비방하려고 종종 인용됩니다. 유감스럽게도 전반적인 주석 상태에 대해서는 부당한 의견이 아닌 것 같지만, 이 주석의 경우에는 정당한 해석이 아닙니다."

다시 돌아가서 코드를 보면, 이 주석은 두 프로세스 간에 제어권을 교환하는 컨텍스트 스위칭 메커니즘을 설명하는 훨씬 더 긴 주석 바로 뒤에 나오고, 실제로 어려운 내용을 설명하려고 한다는 것을 알 수 있다.* 데니스는 다음과 같이 해명한다.

> "'You are not expected to understand this'는 무례한 도전이라기보다는 '이건 시험에 안 나올 겁니다'라는 맥락으로 의도한 말이었습니다."

----

* 옮긴이_ 관련 위키백과 페이지 내 "You are not expected to understand this" 섹션에서 주석을 포함한 해당 코드를 볼 수 있다(en.wikipedia.org/wiki/Lions%27_Commentary_on_UNIX_6th_Edition,_with_Source_Code).

나는 Nroff와 Troff가 숙달하기 어려운 도구였다고 앞서 언급한 바 있다. 해설서의 감사의 글 마지막 단락을 보면 존도 이 점에 동의한다는 것을 알 수 있다.

> "Nroff 프로그램이 도움이 됐다는 점도 언급해야겠습니다. Nroff가 없었다면 이 해설서는 이러한 형태로는 결코 만들어질 수 없었을 것입니다. 한편으로는 Nroff의 불가사의한 비밀을 알아내기가 너무나 까다로웠기에 고마움과 여러 다른 감정이 섞여 있다고 하는 편이 맞겠습니다. 확실히 Nroff 도구 자체는 프로그램을 문서화하는 기술을 향후에 실제로 써야 하는 사람에게 많은 일거리를 제공해줄 것이라 믿어 의심치 않습니다."

이식성

유닉스 제6판은 대부분 C로 작성됐고, 레지스터나 메모리 매핑을 설정하는 것처럼 어셈블리어로만 이용 가능한 하드웨어 기능에 접근하고자 제한적으로 어셈블리어를 지원했다. 비슷한 시기에 스티븐 존슨은 '이식성 있는' C 컴파일러Portable C Compiler(PCC)를 만들었는데, PDP-11 이외의 아키텍처용 어셈블리어를 생성하도록 컴파일러를 간단히 재설정할 수 있다는 의미에서 '이식성 있다'는 것이었다. PCC를 이용하면 C 프로그램을 단지 재컴파일함으로써 다른 종류의 컴퓨터로 옮길 수 있었다. 이식하기에 가장 흥미로운 프로그램은 명백히 운영체제 그 자체였다. 운영체제를 이식하는 것이 가능했을까?

유닉스의 첫 번째 이식은 호주 뉴사우스웨일스주에 있는 울런공 대학교University of Wollongong에서 리처드 밀러Richard Miller가 했고, 이식 대상이 된 컴퓨터는 인터데이터 7/32였다. 리처드 밀러는 PCC를 이용하지 않고 데니스 리치가 작성한 C 컴파일러 원본의 코드 생성기를 수정함으로써 자력으로 인터데이터로 코드 이식을 완료했다. 그가 이식한 유닉스 버전은 1977년 4월 무렵에는 외부 지원 없이 잘 작동했다.

스티븐 존슨과 데니스 리치는 리처드 밀러의 작업을 모른 채 독자적으로, 리처드 밀러가 이식한 것과 유사한 기종인 인터데이터 8/32로 유닉스를 이식했다. 이들의 목표는 약간 달랐는데, 유닉스 원본 코드를 그대로 단일 기종으로 이식하기보다는 이식성이 더 높은 유닉스 버전을 만드는 것이었다. 이들이 만든 버전은 1977년 후반에 개발이 완료돼서 작동했다. 스티븐은 이 작업의 배경을 다음과 같이 회상한다.

> "유닉스를 이식성 있게 만들어야 할 또 다른 압력이 있었습니다. DEC의 경쟁 업체 몇 군데에서 '정부의 규제를 받고 있는 AT&T가 DEC와 너무 친밀한 관계인 것 같다'고 불평하기 시작했습니다. 우리는 시장에 PDP-11만한 컴퓨터가 없다고 지적했지만, 이 주장은 힘을 잃어갔죠. 데니스는 다음 한 문장으로 이식성 있는 유닉스 개발에 저를 끌어들였습니다. '내 생각에 애플리케이션이 다른 운영체제에서 실행되도록 재작성하는 것보다는 유닉스를 다른 하드웨어 기종으로 옮기는 편이 더 쉬울 것 같아.' 그때부터 저는 이 작업에 매진했습니다."

이식성을 확보한 것은 엄청난 발전이었다. 이 시점까지 운영체제는 대부분 어셈블리어로 작성됐고, 고수준 언어로 작성됐다 하더라도 특정 아키텍처에 어느 정도 종속돼 있었다. 하지만 리처드 밀러나 스티븐과 데니스가 수행한 프로젝트 이후에, 유닉스를 다른 종류의 컴퓨터로 이식하는 것은 사소한 일은 아니어도 근본적으로 복잡하지 않은 일이 됐다. 이 점은 당시 생겨나던 워크스테이션 시장에 중요한 의미로 다가왔는데, 기존 또는 신생 워크스테이션 제조사에서 PDP-11이나 인터데이터 같은 미니컴퓨터보다 더 작고 저렴하며 다른 프로세서를 사용하는 컴퓨터를 만들고 있었기 때문이다.

워크스테이션은 과학자와 공학자를 위한 개인용 컴퓨터로, 성능이 높으면서 주로 공유되지 않은 컴퓨팅 환경을 제공하려고 만들어졌다. 워크스테이션의 예는 많지만 그중 썬 마이크로시스템즈에서 나온 제품들이 상업적으로 가장 큰 성공을 거뒀다. 다른 제조사로는 실리콘 그래픽스^{Silicon Graphics}, DEC, 휴렛 팩커드^{Hewlett-Packard}, NeXT가 있었고 IBM도 참여했다. 1980년대 초에 나온 첫 제품들은 1MB의 주기억장치, 1메가픽셀 디스플레이, 1메가플롭스(초당 백만 번의 부동소수점 연산)의 속도를 목표로 해서 이른바 '3M' 컴퓨터라고 불렸다. 요즘과 비교하면, 연식이 오래된 내 맥북은 메모리가 8GB, 속도는 최소 1기가플롭스다. 디스플레이는 1메가픽셀이 조금 넘지만, 픽셀이 단색이 아닌 24비트 컬러다.

당시 워크스테이션 시장이 발달했던 이유는 기술이 개선된 덕분에 높은 컴퓨팅 성능을 작은 물리적 패키지에 채워넣고 적정한 가격으로 팔 수 있게 되었기 때문이다. 운영체제를 포함한 소프트웨어가 이미 이용 가능한 형태로 준비돼 있었다는 점이 전체 시스템을 적정가로 유지하는 데 한몫했다. 다시 말하자면 시장에 새로 뛰어든 제조사가 새 운영체제를 만들 필요가 없었다. 유닉스와 거기에 딸려 오는 프로그램을 워크스테이션이 사용하는 프로세서에 맞춰 이식하는 것으로 충분했다. 따라서 유닉스를 이용할 수 있었던 시대적 상황이 워크스테이션 시장의 발달에 큰 도움을 줬다.

그러던 중 IBM PC^{Personal Computer}가 1981년에 처음으로 등장했다. PC와 많은 유사 제품은 일반적으로 워크스테이션의 1/5~1/10 가격이었다. 처음에는 워크스테이션과 성능 면에서 전혀 경쟁이 되지 않았지만, 점차 향상됐고

1990년대 후반 무렵에는 넘어서지는 못하더라도 엇비슷해졌다. 그리하여 결국 워크스테이션과 PC 간의 구분이 모호해졌다. 오늘날 이런 종류의 컴퓨터는 응용 분야에 따라 윈도우, 맥OS, 또는 유닉스나 유닉스 계열 시스템 기반으로 작동한다.

UNIX

7

사업화

"유닉스가 학계로 확산되면서, 기업들은 대학교에서 유닉스를 사용했던 신입 프로그래머를 통해 결국 유닉스에 대해 알게 됐다."

- 루슨트 웹 사이트(2002)

"유닉스와 C는 궁극적인 컴퓨터 바이러스다."

- 리처드 게이브리엘Richard Gabriel, 「Worse is Better」(1991)

AT&T가 유닉스를 상업적으로 판매해서는 안 된다고 주장하는 목소리가 있었다. 정부의 규제를 받는 공공 독점 업체인 AT&T가 유닉스를 판매하면, 전화 서비스로 벌어들인 수익을 유닉스 개발 비용으로 이용하면서 다른 운영체제 공급 업체와 경쟁하는 셈이 된다는 것이었다. 이때까지 사업화에 그나마 근접했던 시도는 기업 고객에게 유닉스 라이선스를 2만 달러에 발급한 것이었다(교육 기관으로부터는 명목상의 매체 수수료만 받은 것과 대조적이다). 하지만 적은 수량만 발급했고 어떤 지원도 제공하지 않았다. 그 정도 대응으로 정부의 규제 조사를 피해가기에 충분했다.

기업 분할

1980년 전후로 AT&T의 독점적 지위는 규제 여부와 무관하게 공격을 받고 있었다. 1974년에 이미 미국 법무부가 AT&T를 상대로 반독점 소송을 시작했다. 소송의 근거는 AT&T가 미국 내 대부분의 전화 서비스뿐만 아니라 산하에 있는 전화 회사들이 사용하는 장비까지 통제하고, 따라서 AT&T가 국가 전체의 통신을 통제한다는 이유에서였다. 법무부는 AT&T가 장비를 생산하는 제조 부문 계열사인 웨스턴 일렉트릭을 분리할 것을 제안했다.

AT&T는 이 방안 대신에 장거리 전화를 제공할 한 부분(이름은 AT&T)과 각 지방에서 전화 서비스를 제공할 일곱 개의 지역별 운영 회사(베이비 벨 Baby Bells)로 기업을 분할해서 상황에 대처하겠다고 제안했다. 이 제안대로면 AT&T가 웨스턴 일렉트릭을 유지하지만, 운영 회사들은 더는 웨스턴 일렉트릭에서 장비를 사지 않아도 됐다. 또한 AT&T가 벨 연구소를 그대로 유지하는 내용도 포함돼 있었다.

AT&T가 운영 회사를 분할한다는 내용의 동의 판결은 1982년 초에 확정됐고 1984년 1월 1일에 시행됐다.

기업 분할은 엄청난 격동을 몰고왔고 결국 AT&T의 불행으로 이어졌다. 이후 20년간 경영진의 잘못된 판단과 그릇된 사업 선택이 계속되면서, 벨 연구소는 임무가 뚜렷하면서 자금 지원이 충분하고 안정적으로 이루어졌던 시절의 그림자에 머물게 됐다.

1984년에는 벨 연구소의 일부가 베이비 벨을 위한 연구 서비스를 제공할 연구 조직인 벨코어(벨 통신 연구Bell Communications Research)로 분리됐다. 벨코어가 분리되면서 벨 연구소 연구 부문에서 상당수의 인력이 이동했다. 주로 통신 영역에서 많이 옮겨갔지만, 1127 센터에서도 몇몇 동료가 옮겨갔고 그중에 마이크 레스크와 스튜어트 펠드먼도 있었다. 어느 시점엔가 베이비 벨이 벨코어가 제공하는 종류의 연구가 필요하지 않다고 결정하면서, 벨코어는 SAIC라는 다른 회사에 매각됐다가, 이름이 텔코디아[Telcordia]로 바뀌었고, 결국에는 스웨덴 통신 회사인 에릭슨[Ericsson]의 소유가 됐다.

또한 1984년은 '벨 연구소'가 'AT&T 벨 연구소[AT&T Bell Laboratories]'가 된 해였다. 동의 판결에 'AT&T'가 앞에 붙은 이 특별한 명칭를 제외하면 AT&T가 '벨[Bell]'이라는 이름을 사용할 수 없다는 내용이 있었기 때문이다. 회사는 직원들에게 항상 전체 이름을 쓸 것을 강력히 권고했다.

USL과 SVR4

유닉스를 팔 능력이 부족했거나 최소한 주저했던 AT&T는 기업 분할 이후에 달라졌고, 연구 부문과는 완전히 동떨어진 조직에서 사업 활동을 적극적으로 추진했다. 이 조직은 물리적으로도 약간 떨어져 있었는데, 뉴저지주 서밋 근처 빌딩에 있었다(서밋 시는 교통량이 많은 고속도로로 둘러싸여 있어서 '고속도로 섬'으로도 알려져 있었다). 그 조직은 원래는 유닉스 지원 그룹[Unix Support Group](USG)이라고 불리다가 나중에 유닉스 시스템 연구소[Unix System Laboratories](USL)가 됐다. 첫 번째 USG는 운영 지원 시스템에 집중할 목적으로 1973년에 버크 태그[Berk Tague]가 만들었다. 시간이 지나면서 USG는 활동 반경을 넓혀서 외부 판매와 마케팅도 담당했다.

유닉스를 위한 시장이 분명히 존재했다. 혹자는 AT&T가 유닉스를 대학생들에게 나눠주면서 우연히 시장을 창조했다고 말할지도 모른다. 대학생들이 현업에 뛰어들었을 때도 유닉스를 사용하기를 원했고 그들이 일한 회사는 현금을 지불할 형편이 됐기 때문이다. 1984년부터 USL은 유닉스 마케팅을 공격적으로 진행했고 전문가용 상업 세품으로 만들고자 애썼다. 이 노력의 정점은 시스템 V 릴리스 4$^{System\ V\ Release\ 4}$(SVR4)였다. AT&T는 이 버전을 표준으로 만들려고 상당한 자원을 투자했고, 레퍼런스 구현을 제공하고 소스 코드 호환성 및 오브젝트 코드 호환성을 세심히 정의했다. 나는 이처럼 표준화와 상호운용성에 주목한 점은 중요하다고 생각한다.

다음 10년간 SVR4가 어떻게 진화했고 AT&T가 어떻게 협력 업체나 경쟁 업체와 상호작용했는지에 관한 자초지종은 복잡하고 흥미롭지 않은 부분이다. 그 부분은 더 이야기하지 않을 텐데, 결과적으로 중요하지 않게 됐기 때문이다. 그동안 산업계의 중심이 거의 완전히 리눅스로 넘어갔으니 말이다. 시스템 V에 대한 위키백과 페이지에 그 상황을 요약하고 있는데, 거의 정확해 보인다.

> "일반적으로 산업 분석가들은 소유권이 있는^{proprietary} 유닉스가 진행 속도는 느려도 영구적인 쇠퇴기에 접어들었다고 묘사하고 있다."

물론 여기서 중요한 단어는 '소유권이 있는'이다. 다음 장에 설명하는 BSD 제품군 같은 오픈 소스 버전은 아직 건재하다.

AT&T의 제품 라인은 운영체제와 다양한 지원용 소프트웨어로 구성됐고, 후자에는 C, C++, 포트란, 에이다^{Ada}, 심지어 파스칼 등 여러 언어용 컴파일러가 포함됐는데 대부분 스티븐 존슨의 이식성 있는 C 컴파일러를 기반으로 만들어졌다. 또한 소스 코드와 바이너리 포맷(라이브러리로 제공되는 형태)의 호환성을 보장하기 위한 주요 표준화 활동이 이루어졌다.

이때 나는 비야네 스트롭스트룹의 부서장이었고, 이 말은 C++의 발전에 관해 USL과 자주 교류해야 했음을 뜻한다. 대부분은 우호적인 관계였지만, 연구와 제품 관리 간의 우선순위 차이가 드러날 때가 있었다. 1988년에 USL 관리자와 벌인 설전은 대략 다음과 같았다.

> USL 관리자: C++ 컴파일러에 있는 버그를 모두 고쳐야 하지만, 컴파일러의 동작을 어떤 식으로든 바꿔서는 안 됩니다.
>
> 나: 그건 가능하지 않아요. 당연히 버그를 고치면 동작은 달라질 수밖에 없어요.
>
> USL 관리자: 브라이언, 이해를 못 하는군요. 버그를 고쳐야 하지만 컴파일러의 동작은 바뀌면 안 된다니까요.

세세한 것을 따지자면 내가 옳았지만, 실제로 USL 관리자가 무슨 의미로 말한 것인지 나도 이해한다. 변경이 너무 많이 또는 너무 빨리 일어나는 것은 새 언어와 도구를 이용해서 소프트웨어를 개발하는 개발자에게는 심각한 문제다.

USL은 일본에 유닉스 퍼시픽Unix Pacific이라는 자회사를 세웠는데, 관리자인 래리 크룸Larry Crume은 예전 벨 연구소 동료였고 연구 그룹에 있는 많은 이에게 잘 알려진 사람이었다. 덕분에 기술 협력이 진행됐고 나는 회삿돈으로 일본을 두 번 방문할 기회가 있었다. 그중 한 번은 일본의 주요 전화 회사인 NTT와 가졌던 일종의 의례적인 우호 교류였는데, 눈에 띄게 명백한 서열 구조를 경험할 수 있었다. 이사는 NTT 이사와 골프를, 센터장은 NTT 센터장과 테니스를 쳤다. 나처럼 낮은 부서장은 도쿄에서 쇼핑하는 것을 제안받았지만, 고맙다는 말과 함께 사양했다.

AT&T가 유닉스를 사업화하려는 노력이 항상 성공적이지는 않았어도 유닉스의 표준화는 전체 커뮤니티에 매우 가치 있는 일이었다. 연구 부문과 USL의 활동 간에 때때로 갈등을 빚기도 했지만, 전반적으로 보면 USL에는 유닉스 및 관련된 소프트웨어 시스템에 크게 이바지한 재능 있는 동료가 많이 있었다.

UNIX™

유닉스를 개발하고 얼마 지나지 않아 벨 연구소의 법정 대리인들은 유닉스라는 이름이 보호받아야 하는 귀중한 상표라고 결론지었다. 이는 확실히 사업적으로 맞는 결정이었다. 그들은 유닉스라는 이름이 아스피린(미국 한정, 다른 나라도 다 그런 것은 아니다), 에스컬레이터, 지퍼, 앱 스토어(훨씬 최근의 사례)처럼 누구나 쓸 수 있는 일반 용어가 되는 상황을 막으려고 했다.

하지만 그 결과 벨 연구소 내부 사람들도 이름을 정확하게 사용하도록 요구받았다. 특히 유닉스는 독립적인 명사로 사용할 수는 없었다('Unix는 운영체제입니다'처럼). 상표로 식별돼야 할 뿐만 아니라 모두 대문자로 된 형용사로만 사용해야 했고(UNIX™ 운영체제) 그 탓에 'UNIX™ 운영체제는 운영체제입니다'처럼 어색한 문장이 만들어졌다. 롭 파이크와 나는 1984년에 함께 쓴 『The Unix Programming Environment(유닉스 프로그래밍 환경)』의 제목을 놓고 회사 측과 싸워야만 했는데, 회사 방침대로 하면 제목이 'The UNIX™ Operating System Programming Environment(유닉스 운영체제 프로그래밍 환경)'이 될 판이었다. 결국 나온 절충안은 책 표지에는 각주나 상표 식별자를 쓰지 않지만, 제목이 나오는 속표지에는 거의 보이지 않는 별표와 각주를 넣는 것이었다.

이 투박한 표현 규칙은 골칫거리였고, 자신이 쓴 저작물을 진지하게 여겼던 사람들에게는 특히 더 그랬다. 그래서 이 문제를 회피하려는 임시방편이나 다른 시도가 종종 나타났다. 예를 들면 표준 Troff 매크로 패키지인 ms에 마이크 레스크는 'Unix'라는 단어가 사용될 때마다 'UNIX'로 바꾸고 이 단어가 나타나는 첫 페이지에 각주를 자동으로 생성하는 포매팅 명령어를 추가했다(물론 각주에도 대문자로 된 이름이 들어갔다). 보통은 각주에 다음과 같이 나왔다.

† UNIX is a trademark of Bell Laboratories(UNIX는 벨 연구소의 상표입니다).

하지만 명령어를 다른 문서화되지 않은 매개변수와 함께 사용하면 다음과 같이 출력됐다.

† UNIX is a footnote of Bell Laboratories(UNIX는 벨 연구소의 각주입니다).

우리가 이 숨은 기능을 가끔 써먹을 때 아무도 눈치채지 못한 것 같은데, 어쨌든 이 코드는 표준 매크로 패키지에 그대로 남아 있다.

다른 상품이나 서비스에 Unix라는 단어가 사용된 것은 운영체제와 관련이 없다. [그림 7-1]의 펜, [그림 7-2]의 책꽂이, [그림 7-3]의 소화기가 그 예다. 모두 미국이 아닌 다른 나라에서 생산된 것으로 보이므로 미국 상표법이 적용되지 않는다. 심지어 책꽂이는 1941년에 만들어졌는데, 켄과 데니스가 태어나기도 전이다. 드라이퍼Dryper라는 회사에서 나온 Unix 아기 기저귀도 있는데, unisex(남녀 공용)를 줄여서 Unix로 만들었다고 한다.

그림 7-1 UNIX 펜(아널드 로빈스 제공)

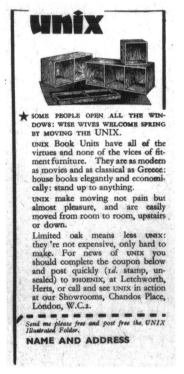

그림 7-2 UNIX 조립식 책꽂이, 1941년
(이언 어팅(Ian Utting) 제공)

그림 7-3 UNIX 소화기

홍보 활동

벨 연구소에는 항상 방문객이 꾸준히 밀려왔고, 1970년대 중반부터 1980년대 후반까지 유닉스 프레젠테이션은 관람객이 자주 들르는 곳이었다. 회의실에 소수의 방문객이 앉아 있고, 1127 센터 구성원 중 하나가 유닉스가 무엇이고 왜 AT&T와 세상에 중요한지 간략히 설명했다. 마이크 레스크와 나는 다른 사람들 모두 합친 것보다 시연을 더 많이 했을 것이다. 이는 우리 성격상의 특징이 반영된 것일 수도 있는데, 둘 다 불평하면서도 실제로는 발표를 즐겼기 때문이다.

방문객들은 일반인부터 '특별한' 사람들까지 다양했다. '특별한'은 '영향력 있는', 'AT&T 입장에서 깊은 인상을 줄 필요가 있는', '유명한'과 동의어였다. 예를 들면 1980년에 나는 TV 가이드의 창립자인 월터 애넌버그^{Walter Annenberg}에게 유닉스 시연을 한 적이 있다(그는 한때 주영 미국 대사였는데, 사업으로 번 돈이 대사직을 갖는 데 도움이 되지 않았나 싶다. 내가 유닉스의 경이로움을 보여줬을 때 그는 대사직에서 물러난 상태였다). 그가 중요한 인물인 만큼 연구소장이었던 윌리엄 베이커가 동행했다.

내가 주로 썼던 레퍼토리는 파이프를 이용한 시연으로, 급하게 해야 할 일을 즉석에서 처리하기 위해 프로그램을 유동적으로 결합하는 방법을 보여줬다. 나는 문서에서 철자법 오류를 발견하기 위한 셸 스크립트를 이용했는데, 긴 파이프라인의 깔끔한 예시였고 기존 프로그램을 어떻게 새로운 방식으로 결합할 수 있는지 강조하는 데 도움이 됐기 때문이다.

시연에 사용했던 spell 스크립트는 스티븐 존슨이 작성했다. 스크립트의 기본 아이디어는 문서에 나오는 단어를 사전에 있는 단어와 비교하는 것이었다. 문서에 나오는데 사전에 없는 단어는 잠재적으로 철자법 오류라고 봤다. 이 스크립트는 대략 다음처럼 생겼다.

```
cat document |
tr A-Z a-z |                # 소문자로 변환
tr -d ',.:;()?!' |          # 구두점 제거 등 전처리
tr ' ' '\n' |               # 단어를 행 단위로 분리
sort |                      # 문서의 단어를 정렬
uniq |                      # 중복되는 단어를 제거
comm -23 - dict             # 입력에 있지만 사전에는 없는 행 출력
```

이 프로그램들은 모두 기존에 있던 것이다. 그중 가장 특이한 comm은 두 개의 정렬된 입력 파일에 대해 공통으로 나타나거나 한쪽에만 나타나는 행을 찾는 것 같은 용도로 사용됐다. 여기서 '사전'은 /usr/dict/web2로, 『Webster's Second International』 사전에 있는 단어가 행당 하나씩 담겨 있는 파일이다(4장의 'grep'에서 이미 본 바 있다).

그림 7-4 유닉스 블록, 1980년경(벨 연구소 제공)

어느 날 나는 당시 CIA 국장이었던 윌리엄 콜비^{William Colby}에게 시연을 하기로 했고, 그는 명백히 중요한 인물이었다. 이번에도 윌리엄 베이커가 동행할 예정이었는데, 미 대통령 정보 자문위원회 회장이었던 그 또한 국가 정보기관 고위직이었다.

이 시연에서 나는 유닉스가 어떻게 특정 종류의 프로그래밍을 쉽게 해주는지 보여주고 싶었지만, spell 스크립트는 실행 속도가 그리 빠르지 않았고 나는 시연이 너무 오래 끌기를 바라지 않았다. 그래서 스크립트를 미리 실행해서 출력을 파일에 캡처한 다음, 2초 동안 멈추기만 했다가 그 전날 이미 계산된 결과를 출력하는 새 스크립트를 작성했다.

```
sleep 2
cat 이전에.계산된.결과
```

이런 식의 시연 기법은 잘 통했다. 콜비 씨가 조금이라도 이해했다면 철자법 검사가 굉장히 빨리 실행된다고 생각했을 것이 분명하다. 물론 여기에는 시연을 처음부터 끝까지 본 경험이 있는 모두를 위한 교훈이 있다. '보이는 것을 다 믿지 말라!'

홍보 활동의 일환으로 벨 연구소의 놀라운 업적에 관해 이야기하는 홍보용 영상도 제작됐는데, 유닉스가 등장하는 편도 있었다. 유튜브 덕분에 오래된 친구들과 내가 젊고 머리숱이 많던 시절의 모습을 볼 수 있다.

짧게나마 유닉스 인쇄 광고물을 만들려는 소동도 있었다. [그림 7-4]의 어린이용 블록(반응이 어떻든 간에) 광고가 내 아이디어였던 것 같다. 사진으로는 잘 안 보이지만, 배경에 깔린 건 내가 제공했던 Troff 문서다.

UNIX

8

후손

—

"... 그토록 단순한 시작에서 가장 아름답고 가장 놀라운 형태들이 끊임없이 진화했고, 계속 진화하고 있다."

- 찰스 다윈, 『On The Origin of Species』(1859), 14장

유닉스는 1969년에 벨 연구소 컴퓨팅 과학 연구 센터에서 시작됐다. 프로그래머 워크벤치 도구를 지원한 PWB 같은 AT&T 내부용 버전이 물론 있었지만, 1975년부터는 외부용 버전도 생겨났다. 외부용 버전은 처음에는 제6판 기반으로 만들어졌다가 나중에는 1979년에 나온 제7판에 기반을 두고 만들어졌다.

제7판은 유닉스 연구용 버전 중에서 외부로 발표되고 널리 사용된 마지막 버전이었다. 세 개의 버전이 더 개발됐고 연구소 내부에서 사용됐지만(예상할 수 있듯이 제8판, 제9판, 제10판), 1989년 말 제10판이 다 만들어졌을 때쯤에는 유닉스 개발 활동의 중심이 다른 곳으로 옮겨간 것이 분명해졌다.

제7판에서 발전해나온 큰 두 갈래가 있다. 하나는 빌 조이와 그의 동료들의 작업에 바탕을 둔 버클리 유닉스이고, 다른 하나는 AT&T가 유닉스 전문성

과 소유권을 통해 수익성 있는 사업을 하려고 노력하면서 만든 버전이다. [그림 8-1]의 연대표는 간략화된 것으로, 무수한 시스템이 생략돼 있다. 현실은 훨씬 복잡했는데 특히 여러 버전 간에 상호작용한 방식은 매우 복잡했다.

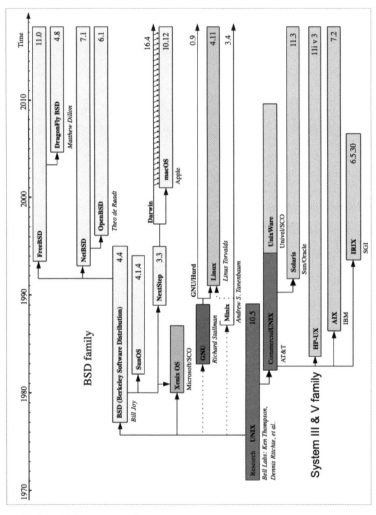

그림 8-1 유닉스 연대표(위키백과)*

BSD

1978년에 DEC은 VAX-11/780**이라는 새로운 컴퓨터를 소개했다. VAX는 PDP-11과 문화적으로 호환성을 유지하면서도 그보다 메모리 용량과 컴퓨팅 성능이 상당히 더 높은 32비트 컴퓨터였다. 16비트 컴퓨터는 메모리 주소에 16비트를 사용하는 반면, 32비트 컴퓨터는 메모리 주소에 32비트를 사용하므로 훨씬 많은 양의 주기억장치를 다룰 수 있다. VAX-11/780이 처음 등장했을 때 뉴저지 홈델에 있는 벨 연구소 연구 그룹에서 일하던 존 라이저[John Reiser]와 톰 런던[Tom London]이 유닉스 제7판을 VAX-11/780으로 이식했지만, 그들이 만든 버전인 32/V는 VAX 아키텍처가 제공하는 가상 메모리 기능을 사용하지 않았고, 따라서 VAX의 잠재된 성능을 완전히 활용하지 못했다.

캘리포니아 대학교 버클리의 컴퓨터 시스템 연구 그룹[Computer Systems Research Group]에 있던 빌 조이와 그의 동료들은 32/V에 가상 메모리를 사용하기 위한 코드를 추가한 버전을 만들었다. 이 버전은 곧 32/V를 대체했고, 사용자들이 PDP-11에 흥미를 잃으면서 VAX는 사용자 대부분이 사용하는 주된 유닉스 컴퓨터가 됐다. 버클리에서 개발한 버전은 버클리 소프트웨어 배포판(BSD)이라는 이름의 패키지로 출하됐고, 유닉스 라이선스 사용자에게 배포됐다. BSD에서 유래한 운영체제는 아직 활발히 이용되는데, FreeBSD, OpenBSD, NetBSD 같은 변종이 계속 개발되고 있다. 맥OS의 핵심인 애플의 다윈[Darwin] 개발에 사용된 NeXTSTEP도 BSD에서 파생된

---

* 옮긴이_ 더 자세한 연대표는 en.wikipedia.org/wiki/Unix#/media/File:Unix_history-simple.svg 에서 확인할 수 있다.
** 옮긴이_ VAX 아키텍처를 구현한 첫 번째 컴퓨터이며, VAX는 virtual address extension(가상 주소 확장)의 약어이다.

운영체제다.

초기 버클리 배포판 중 하나는 SunOS의 기반이 됐다. SunOS는 빌 조이가 공동 창립한 썬 마이크로시스템즈에서 만든 컴퓨터에 사용된 운영체제다. 다른 버클리 배포판들은 몇 년 후에 위에 언급한 다른 BSD 변종으로 진화해나갔다. 이 운영체제들은 결국 모두 같은 기능을 제공했지만 완전히 새로운 코드로 만들어진 재구현이었다. 코드가 재작성된 운영체제들은 AT&T 코드를 벗어난 것이기 때문에 AT&T의 지식재산권을 침해하지 않았다.

또 다른 파생 버전은 스티브 잡스가 1985년에 설립한 NeXT를 위해 만들어졌다. NeXT 워크스테이션은 다양한 혁신적인 기능을 포함했다. 그리고 이는 애플 사용자들에게 친숙한 우아하고 세련된 산업 디자인의 초창기 사례다. 나는 1990년 12월 11일에 잡스가 벨 연구소에서 NeXT 워크스테이션 시연을 했던 자리에 참석했다. 아주 멋진 컴퓨터였고, 내 기억에 기술 기기를 보고 '나도 저거 갖고 싶다'고 생각했던 것은 그때가 유일했다. 나도 그 유명한 잡스의 '현실왜곡장reality distortion field'에 빠져들었던 것이 분명하다. 3년 후에 잡스가 벨 연구소에서 다른 프레젠테이션을 했을 때는 그런 효과가 없었고, 나는 그가 무엇을 자랑하고 있었는지조차 기억나지 않는다.

NeXT 컴퓨터 자체는 상업적으로 성공하지 못했지만, 1997년에 NeXT는 애플에 인수됐고, 잡스는 애플로 돌아가서 1년 이내에 CEO가 됐다. 오브젝티브-C 프로그램에 아직 남아 있는 **NSObject**나 **NSString** 같은 이름에서 NeXTSTEP 운영체제의 유산을 찾아볼 수 있다.

연대표를 보면 별로 알려지지 않은 또 다른 사실이 드러난다. 바로 1980년대에 마이크로소프트가 제닉스Xenix라는 이름의 유닉스 버전을 배포했던 것이다. [그림 8-2]는 당시 제닉스 광고의 일부다. 마이크로소프트가 자체 개발한 운영체제인 MS-DOS 대신 제닉스 사업화를 더 강하게 추진하고, AT&T가 실제로 그랬던 것보다 협상하기 더 쉬운 상대였다면 세상이 어떻게 달라졌을지 궁금해할 사람도 있을 것이다. 유닉스 헤리티지 소사이어티 The Unix Heritage Society에 따르면 산타 크루즈 오퍼레이션Santa Cruz Operation이 나중에 제닉스를 사들였다고 한다. 또한, 1980년대 중후반에는 제닉스가 (설치된 컴퓨터 수 기준으로) 가장 많이 사용된 유닉스 변종이었다고 한다.

그림 8-2 제닉스. 마이크로소프트가 만든 유닉스 버전이다.

유닉스 전쟁

1980년대 후반에는 유닉스 시스템 공급업체가 무수히 많았고, 모두 상표권이 붙은 이름인 '유닉스'를 사용하면서 벨 연구소에서 만든 유닉스 제7판을 바탕으로 개발된 소프트웨어를 공급했다. 그러나 서로 호환성이 없었고, AT&T의 시스템 V와 버클리 배포판 사이에는 호환성 문제가 특히 심했다. 양측 모두 공동 표준이 필요하다는 데에는 동의했지만, 무엇을 표준으로 삼을지에 대해서는 당연히 서로 의견이 맞지 않았다.

1984년에 산업계 컨소시엄인 X/Open이 생겼다. X/Open은 어떤 유닉스 시스템에서도 프로그램이 수정되지 않고 컴파일될 수 있도록 하는 표준 소스 코드 환경을 만들기 위해 설립됐다.

AT&T와 몇몇 동맹 업체는 그들만의 단체인 유닉스 인터내셔널^{Unix International}을 만들어 자체 표준을 널리 알리는 활동을 했고, 다른 표준을 내세운 개방 소프트웨어 재단^{Open Software Foundation}이라는 그룹과 경쟁했다. 결과는 어떻게 됐을까? 경쟁적이고 서로 다른 '개방' 표준이 두 개 만들어졌다. 결국 갑자기 평화가 찾아오면서 기본 라이브러리 함수에 대한 'POSIX^{Portable Operating System Interface}'라는 표준과 X/Open이 관리하는 '단일 유닉스 규격^{Single Unix Specification}'이 양립했고, 그 사이에 표준화된 라이브러리, 시스템 호출, 다수의 공통 명령어(셸, Awk, ed, vi 등)가 존재했다.

1992년에 USL과 AT&T는 유닉스에 대한 지식재산권을 두고 버클리 측에 소송을 제기했다. 버클리 측이 허가를 받지 않고 AT&T 코드를 사용한다는 주장이었다. 버클리 측에서는 AT&T 코드를 많이 변경했고 매우 값진 새로운 기능들을 추가했는데, 그중에는 인터넷 접근을 가능하게 한 TCP/IP 코드도 포함됐다.

버클리 측은 AT&T에서 유래한 코드를 계속 제거하고 새로 작성했으며, 1991년에는 (그들이 생각하기에) AT&T의 독점 코드가 전혀 없는 유닉스 버전을 발표했다. 그렇지만 AT&T와 USL은 납득하지 못했고 이는 소송으로 이어졌다. 많은 전략적 움직임이 벌어진 후 뉴저지 법원에서 공판이 열렸고 버클리가 승소했다. 판결 근거 중 일부는 AT&T가 배포한 코드에 저작권 공고를 제대로 넣지 못했다는 것이었다. 맞소송이 뒤따랐다.

이 모든 이야기가 극히 복잡하고 지루하게 느껴진다면, 제대로 본 것이다. 하지만 당시에는 큰 이슈였고 양측 모두 많은 시간과 돈을 낭비했다. 1991년에 AT&T는 USL 지분을 11개 회사에 팔았고, 1993년에는 노벨^{Novell}이 USL과 유닉스에 대한 권리를 사들였다. 노벨의 CEO인 레이 노르다^{Ray Noorda}는 남은 소송에서 모두 합의하기로 했는데, 아마도 관련 당사자들이 앞으로 유닉스를 판매해서 회복할 수 있는 것보다 더 많은 돈을 변호사 비용으로 쓰고 있다는 사실을 깨달아서였을 것이다.

돌이켜보면 이상의 모든 법적 논쟁은 AT&T가 초기에 우연한 결정으로 유닉스를 대학교에서 사용할 수 있게 한 것의 부산물이라고 할 수도 있다. 무료 사용이 가능했던 대학교에서 사용 비용을 낼 의향이 있는 기업으로 유닉스가 확산되었고, 이는 유닉스가 적어도 사업적으로 성공할 가능성이 있었음을 의미한다. 하지만 효과적으로 사업을 보호하기에는 너무 늦은 상태였다. AT&T의 소스 코드 사용에 제한이 있었다고 해도 시스템 호출 인터페이스는 사실상 공공 영역에 있었고, AT&T 라이선스에서 자유로운 버전을 만드는 일이 일상화될 정도로 커뮤니티에 전문가들이 넘쳐났다. 컴파일러, 편집기, 나머지 모든 도구 같은 애플리케이션 소프트웨어도 마찬가지였다. AT&T는 황금 알을 낳는 닭이 닭장을 나간 뒤에야 문단속을 하려는 꼴이었다.

미닉스와 리눅스

AT&T가 유닉스로 돈을 벌려고 애쓸수록 AT&T의 유닉스 라이선싱은 제한적으로 변했다. 대학교에서 유닉스를 사용할 수 있는 범위에도 제약이 생겼고, 이 점은 그런 제약이 없던 BSD에는 이득으로 작용했다. 동시에 AT&T와 BSD 간에 진행되던 전쟁은 다른 이들이 자신만의 유닉스 계열 시스템을 만들어보도록 부추겼다. 독립적으로 개발된 버전은 상업적 제한에 얽매이지 않았는데, 시스템 호출 인터페이스만 사용하고 다른 사람이 개발한 코드는 사용하지 않았기 때문이다.

1987년에 암스테르담 자유 대학교^{Vrije Universiteit Amsterdam}에서 앤드루 타넨바움이 미닉스를 만들었다. 미닉스는 유닉스와 유사한 운영체제로, 시스템 호출 레벨에서는 유닉스와 호환되지만 다른 커널 구조로 완전히 새로 작성된 시스템이었다.

미닉스는 크기가 비교적 작았고, 앤드루는 시스템 확산에 도움이 되도록 미닉스에 대한 교재를 썼다. 이 교재는 비유하자면 10년 전에 나왔던 존 라이언스의 유닉스 해설서와 유사한 것이었다. 미닉스 소스 코드는 무료로 이용 가능했다. 이 책의 판 중 하나에는 열 장 남짓 되는 플로피 디스크가 들어 있었고, IBM PC에 플로피 디스크를 넣고 시스템을 작동하면 미닉스 운영체제가 실행됐다. 나는 아직도 초판본을 갖고 있고, 어쩌면 미닉스 플로피 디스크도 갖고 있을지도 모른다.

미닉스는 오늘날에도 건재하고, 운영체제 교육과 실험용으로 사용된다.

AT&T의 제한적인 라이선싱과 미닉스를 지침으로 이용할 수 있던 상황이 결합해서 시스템 호출 레벨에서 호환되는 또 다른 유닉스 계열 시스템이 개발됐다. 당시 겨우 21세 핀란드 대학생이던 리누스 토르발스가 독자적으로 만들었다. 토르발스는 1991년 8월 25일에 유즈넷 뉴스그룹인 comp.os.minix에 리눅스에 관한 글을 올렸다(그림 8-3).

```
Hello everybody out there using minix -

I'm doing a (free) operating system (just a hobby, won't be
big and professional like gnu) for 386(486) AT clones.  This
has been brewing since april, and is starting to get ready.
I'd like any feedback on things people like/dislike in
minix, as my OS resembles it somewhat (same physical layout
of the file-system (due to practical reasons) among other
things).

I've currently ported bash(1.08) and gcc(1.40), and things
seem to work.  This implies that I'll get something
practical within a few months, and I'd like to know what
features most people would want.  Any suggestions are
welcome, but I won't promise I'll implement them :-)

             Linus (torv...@kruuna.helsinki.fi)

PS.  Yes - it's free of any minix code, and it has a
multi-threaded fs.  It is NOT protable (uses 386 task
switching etc), and it probably never will support anything
other than AT-harddisks, as that's all I have :-(.
```

그림 8-3 리누스 토르발스의 리눅스 발표, 1991년 8월

미닉스를 이용 중인 여러분, 안녕하세요.

386(486) AT 클론용 (무료) 운영체제를 개발하고 있습니다(그냥 취미로 하는 거라 GNU처럼 크고 전문적인 시스템이 되진 않을 거예요). 4월부터 천천히 진행해왔고 이제 공개할 준비를 시작하고 있습니다. 미닉스에서 여러분이 좋아하고 싫어하는 부분에 대한 의견을 주면 좋겠습니다. 제 운영체제는 미닉스와 약간 비슷하거든요(다른 것보다 (실용적인 이유로) 파일 시스템의 물리적 레이아웃이 특히 그렇습니다).

지금까지 bash(1.08)와 GCC(1.40)를 이식했고, 둘 다 잘 작동하는 것으로 보입니다. 이 말은 몇 달 내로 뭔가 실질적인 결과물을 볼 거라는 뜻이고, 그래서

사람들이 가장 원하는 기능이 무엇인지 알고 싶습니다. 어떤 제안도 환영하지만 구현할 거라는 약속은 못 합니다. :-)

리누스 (torv...@kruuna.helsinki.fi)

PS. 맞습니다. 미닉스 코드는 포함하지 않고, 멀티스레드 파일 시스템을 지원합니다. 이식은 불가능하며(386 방식 태스크 전환을 사용하는 등의 이유로) AT 하드디스크 외에 다른 것들은 영영 지원하지 못할 수도 있습니다. 제가 가진 것이 그게 전부거든요. :-(

켄과 데니스가 유닉스의 성공을 예측하지 못한 것처럼, 토르발스는 그가 취미로 만든 시스템의 놀라운 미래를 예측하지 못했다. 몇천 행짜리 코드로 시작한 것이 지금은 2천만 행이 훨씬 넘는 대규모 시스템이 됐다. 토르발스(그림 8-4)는 리눅스를 유지 보수하고 개선하는 전 세계 개발자 커뮤니티의 주 개발자이자 프로젝트 조정자다. 토르발스는 소프트웨어 시스템의 코드 변경을 추적하기 위해 사용되는 버전 제어 시스템 중 가장 널리 사용되는 깃Git을 만들기도 했다. 물론 깃은 리눅스의 코드 변경도 관리한다.

그림 8-4 리누스 토르발스, 2014년(위키백과)

현재 리눅스는 어떤 종류의 컴퓨터에서든 작동할 수 있는 원자재 운영체제다. 리눅스는 말 그대로 수십억 개의 장치(일례로 모든 안드로이드 휴대폰)에서 작동한다. 리눅스는 인터넷 인프라의 상당 부분을 구동하는데, 구글, 페이스북, 아마존 등 주요 기업의 서비스를 위한 서버가 포함된다. 리눅스는 많은 사물인터넷(IoT) 장치에도 들어 있다. 내 자동차는 리눅스 기반으로 작동하고, 내 TV, 여러분의 알렉사와 킨들, 네스트Nest 온도 조절 장치도 마찬가지다. 한편 고성능 컴퓨팅이 필요한 분야에서도 전 세계 상위 500대 슈퍼컴퓨터가 모두 리눅스를 운영체제로 사용한다. 그렇지만 노트북과 데스크톱 컴퓨터 시장에서는 리눅스의 비중이 크지 않고 윈도우가 대부분을 차지하며, 맥OS가 뒤를 잇는다.

더 최근의 일로 화제를 돌려보자. 오라클Oracle과 구글 간에 끝이 없어 보이는 미국 내 소송전이 펼쳐지고 있는데, 그 중심 사안은 C 표준 라이브러리 또는 운영체제의 시스템 호출 같은 프로그래밍 인터페이스를 저작권으로 보호할 수 있는지의 여부다. 오라클은 2010년에 썬 마이크로시스템즈를 인수하면서 자바 프로그래밍 언어의 소유권을 갖게 됐고, 같은 해에 구글에 소송을 제기했다. 오라클은 저작권으로 보호받는 자바 인터페이스를 구글이 허가 받지 않고 안드로이드 휴대폰에 사용한다고 주장하면서 몇몇 특허도 함께 주장했다. 판사가 특허 주장은 무효이고 자바 API는 저작권으로 보호받을 수 없다고 판결하면서 이 소송에서는 구글이 이겼다.

오라클은 항소했고 결국 새로운 재판이 열렸다. 구글이 다시 승리했지만, 오라클은 또 다시 항소를 제기했고 이번에는 항소 법원에서 오라클에 유리하게 판결을 내렸다. 구글은 연방 대법원에서 사건을 변론할 수 있는 권리를 달라고 상고했다. 구글은 API(구현이 아니라!)를 저작권으로 보호할 수 있는지, 따라서 다른 회사에서 비슷한 시스템을 만들기 위해 인터페이스 규격을 사용하는 것을 막는 네 이 저작권이 사용될 수 있는지에 대한 문제를 해결하기를 바랐다.

여기서 하나 밝혀두자면, 나는 이 사건에서 구글 측의 입장을 지지하는 법정조언자 의견서[amicus brief]에 몇 차례 동의하는 서명을 했다. API를 저작권으로 보호할 수 있다고 생각하지 않기 때문이다. API를 저작권으로 보호할 수 있었다면 리눅스를 포함해서 그 어떤 유닉스 유사 시스템도 개발되지 못했을 것이다. 모두 유닉스 시스템 호출 인터페이스의 독립적 구현에 바탕을 두고 있으니 말이다. 또한 시그윈[Cygwin] 같은 패키지도 나오지 못했을 가능성이 있다(시그윈은 유닉스 유틸리티를 윈도우 버전으로 구현한 것으로, 윈도우 사용자에게 유닉스와 유사한 명령줄 인터페이스를 제공한다). 실제로, 소유권을 주장하는 회사가 인터페이스 사용을 제한할 수 있다면 우리는 어떤 인터페이스에 대해서도 지금처럼 많은 독립적인 구현을 갖지 못할 가능성이 크다.

이 책을 쓰는 시점에 연방 대법원은 공판을 열지 결정하지 않았다.* 이는 두고 지켜볼 일이다. (미 의회에서 법을 명확한 방향으로 바꾸지 않는 이상) 연방 대법원이 결정하면 그것으로 결론이 확정되기 때문이다. 물론 다른 나라에서 무슨 일이 일어날지는 아무도 모른다.

....

* 옮긴이_ 2019년 중후반 기준 내용이다. 이후 2020년 3월에 진행될 예정이었던 연방 대법원 공판이 COVID-19로 연기됐다. 출처: en.wikipedia.org/wiki/Google_v._Oracle_America

플랜 9

1980년대 중후반 무렵에 1127 센터의 유닉스 연구는 둔화되고 있었다. 널리 배포되고 외부용 버전 대부분의 기반이 된 제7판은 1979년에 발표됐다. 제8판은 6년 후인 1985년에, 제9판은 1986년에 나왔고, 마지막 연구용 버전인 제10판은 1989년에 개발이 완료됐지만, 외부로 배포되지 않았다.

당시 유닉스는 이미 성숙한 상업적 시스템이고 더는 운영체제 연구에 적합한 수단은 아니라는 인식이 있었다. 그래서 켄 톰프슨, 롭 파이크, 데이브 프레스토Dave Presotto, 하워드 트리키까지 적은 인원이 뭉쳐서 새로운 운영체제를 개발하기 시작했고, 이 운영체제를 '벨 연구소에서 온 플랜 9Plan 9 from Bell Labs'이라고 불렀다. 이 이름은 〈외계로부터의 9호 계획〉(1959)에서 따온 것이다(이 영화는 역대 최악의 영화로 명성을 얻었다. 어떤 영화광들은 이 영화가 너무 엉망이라서 역설적으로 좋은 영화라고 봤다).

플랜 9 운영체제는 유닉스에서 좋은 아이디어를 가져와서 더 발전시키려는 시도이기도 했다. 예를 들어 유닉스에서 디바이스는 파일 시스템상에 있는 파일이었다. 플랜 9에서는 더 많은 데이터 송수신 개체도 파일로 취급됐는데, 프로세스, 네트워크 연결, 윈도우 시스템 화면, 셸 환경이 여기에 포함됐다. 또한 플랜 9은 처음부터 이식성을 겨냥했고, 운영체제에서 지원하는 모든 아키텍처용으로 컴파일될 수 있는 단일 소스 코드로 구성됐다. 플랜 9의 또 다른 중요한 특징은 분산 시스템distributed system 지원이다. 서로 다른 아키텍처로 된, 직접 관련되지 않은 시스템상에 있는 프로세스와 파일이 마치 같은 시스템에 있는 것처럼 함께 작동할 수 있었다.

플랜 9은 1992년에 대학교에서 이용할 수 있게 제공됐고 몇 년 후 상업적인 용도로 공식 발표됐다. 하지만 소수의 애호가 커뮤니티를 제외하면 요즘은 별로 사용되지 않는다. 주원인은 아마도 유닉스, 특히 리눅스의 사용자가 급격한 추세로 늘어났고, 사람들 대부분이 운영체제를 바꾸기에는 충분히 매력적인 이유가 없었기 때문일 것이다. 플랜 9이 인기를 얻지 못한 다른 이유는 다소 획일적인 태도를 보였기 때문일 수 있다. 많은 경우 플랜 9의 메커니즘은 유닉스보다 나았고, 호환성을 제공하려는 시도가 별로 이루어지지 않았다. 예를 들어 플랜 9은 처음에 C 표준 입출력 라이브러리인 stdio를 제공하지 않았고 bio라는 새로운 라이브러리를 사용했다. bio는 stdio보다 깔끔하고 규칙성이 있었다. 하지만 표준 라이브러리 없이는 프로그램을 유닉스와 플랜 9 둘 다에서 실행되도록 하는 데 상당한 일이 필요했다. 비슷하게 Make의 새 버전인 Mk가 있었다. 많은 면에서 Make보다 우월했지만, 호환성이 없었고 기존 makefile을 재작성해야만 했다.

플랜 9에 맞게 코드를 변환하기 위한 메커니즘이 존재했고, 하워드 트리키 (그림 8-5)가 stdio 같은 여러 개의 주요 라이브러리를 이식하기도 했다. 그렇지만 적어도 나를 포함한 잠재적인 사용자에게 이런 변환 작업은 너무 큰 노력이 들었다. 따라서 플랜 9은 많은 훌륭한 유닉스 소프트웨어에서 직접적인 이득을 얻지 못했고, 개발자들이 플랜 9 기반으로 만든 혁신적인 소프트웨어를 유닉스가 대세인 세상에 내보내기가 더 어려웠다.

그림 8-5 하워드 트리키, 1984년경(제라드 홀즈먼 제공)

하지만 플랜 9은 시대를 뛰어넘은 중요한 한 가지 기술을 세상에 기여했다. 바로 유니코드^{Unicode}의 UTF-8 인코딩이다.

유니코드는 인류가 지금까지 사용한 무수한 문자를 일관성 있게 표현하는 방식을 제공하기 위한 표준으로, 지금도 개발이 진행되고 있다. 유니코드로 표현 가능한 문자에는 서양 언어 대부분에서 사용하는 알파벳, 중국 문자 같은 표의 문자, 쐐기 문자 같은 고대 문자, 특수 문자와 모든 유형의 기호, 최근에 만들어진 이모티콘까지 포함된다. 유니코드에는 현재 14만 개에 가까운 문자가 있고, 그 수는 꾸준히 늘고 있다.

원래 유니코드는 16비트 문자 집합이었고, 모든 알파벳 문자와 약 3만 개의 중국 문자, 일본 문자를 담을 수 있었다. 하지만 대부분의 컴퓨터 텍스트가 7비트 문자 집합인 아스키 포맷인 상태에서 온 세상의 텍스트를 16비트 문자 집합으로 변환하는 것은 실현 가능한 일이 아니었다.

켄 톰프슨과 롭 파이크는 플랜 9 개발 과정에서 이 문제를 해결하려고 애썼다. 플랜 9에서 아스키가 아닌 유니코드를 운영체제 코드 전반에 걸쳐 사용하기로 결심했기 때문이다. 1992년 8월에 그들은 UTF-8이라는 기발한 유니코드의 가변 길이 인코딩 방식을 만들어냈다. UTF-8은 공간과 처리 시산 면에서 효율적이다. UTF-8은 각 아스키 문자를 1바이트로 표현하고, 다른 문자 대부분은 문자 한 개에 2바이트나 3바이트만 사용하며, 최대 4바이트를 사용한다. 인코딩된 데이터의 크기는 작고, 아스키 문자는 그 자체로 유효한 UTF-8 인코딩이 된다. UTF-8로 된 데이터는 읽으면서 바로 디코딩할 수 있는데, 어떤 유효한 문자도 다른 문자의 앞에 붙어나오지 않고, 다른 문자 또는 문자 시퀀스의 일부가 되지 않기 때문이다. 오늘날 인터넷상에 있는 대부분의 텍스트는 UTF-8로 인코딩된다. 다시 말해 UTF-8은 모든 곳에서 모든 사람이 사용한다.

해산

1996년에 AT&T는 다시금 분할했고, 이번에는 자발적으로 세 부분으로 기업 분할을 단행했다. 따라서 이 과정을 설명하려면 '삼각 분할'이라는 용어가 필요하다. 첫 번째 부분은 AT&T라는 이름을 유지했고 장거리 전화와 통신 사업에 집중했다. 두 번째 부분은 루슨트 테크놀로지Lucent Technologies로, 사실상 웨스턴 일렉트릭의 후속 회사였고 통신 장비 생산을 담당했다 (루슨트의 슬로건 중 하나는 "우리는 통신이 작동하게 하는 것들을 만듭니다"였다). 세 번째 자투리는 AT&T가 컴퓨터 사업에 뛰어들려고 하다가 1991년에 NCR이라는 회사를 무분별하게 인수했던 일을 원상태로 되돌리면서 생겼다.

당시 벨 연구소 직원들은 삼각 분할에 대해 대체로 회의적이었다. 새로운 회사 이름과 로고를 쓴 억지 광고는 웃음거리가 됐다. [그림 8-6]은 1996년에 대대적인 축하를 받으면서 발표된, 타는 듯한 빨간색 루슨트 로고다(이 로고에 사람들이 붙인 이름들을 여기에 옮기는 것은 적절하지 않을 것 같다). [그림 8-7]은 곧이어 나온 아주 적절한 딜버트^{Dilbert} 만화다.

그림 8-6 루슨트 테크놀로지 로고

그림 8-7 딜버트의 루슨트 로고에 대한 생각? DILBERT © 1996 Scott Adams. Used by permission of ANDREWS MCMEEL SYNDICATION. All rights reserved.

부장: 독버트 컨설팅 회사에서 새로운 로고 디자인을 도와줄 겁니다.

독버트: 꿀떡 꿀떡 꿀떡

부장: 언제 시작할 거니?

독버트: 방금 끝냈어요. 품질의 황색 고리라고 부를게요.

삼각 분할은 벨 연구소의 연구 부문을 조직 기능별로 분할했다. 연구직 중약 1/3을 AT&T로 보내서 AT&T 연구소(이후 AT&T 섀넌 연구소AT&T Shannon Labs)를 구성하고, 나머지는 남아서 루슨트의 일부인 '벨 연구소'로 남는 것이계획이었다. 사람들은 대부분 지시받은 곳으로 갔지만, 경영진의 명령에 저항하는 역사를 갖고 있던 1127 센터의 구성원들은 센터를 강제로 분리한다는 사실에 매우 분개했다. 우리는 강경 노선을 취했고, 경영진은 마지 못해우리가 모두 어디로 갈지 스스로 선택하는 데 동의했다. 매 순간 긴장되는과정을 거쳐서 한 사람씩 AT&T로 갈지 루슨트에 남을지를 결정했다. 결국에는 계획과 마찬가지로 약 1/3, 2/3로 인원이 나뉘었지만, 적어도 단기적으로는 각자 자신의 운명을 결정할 수 있었다.

결과적으로는 모든 당사자가 불운한 처지가 됐다. AT&T는 결국 베이비벨 중 하나였던 사우스웨스턴 벨Southwestern Bell(이후 SBC 커뮤니케이션즈SBC Communications)에 인수됐다. SBC는 나중에 AT&T의 이름과 로고, 심지어 1901년부터 사용된 상장 코드인 'T'를 쓰는 것으로 회사 브랜드를 쇄신했다.

루슨트는 호황을 맞았다가 불황에 빠졌고, 그 과정에서 미심쩍은 사업 관행을 드러내기도 했다. 루슨트는 살아남으려고 몸부림치면서 2000년에 기업통신 서비스 사업을 어바이어Avaya라는 회사로 분할했고, 2002년에는 집적회로 사업을 에이기어Agere라는 회사로 분할했다. 분할이 일어날 때마다 벨연구소 출신 사람들은 더 적어졌고, 그 탓에 연구 활동의 폭은 좁아지고 장기적 연구를 뒷받침할 재정적 기반은 당연히 줄어들었다. 에이기어는 LSI로직LSI Logic으로 결국 흡수됐다. 어바이어는 파산을 포함해서 몇 번의 격심한 부침을 겪은 후 아직 독립적인 회사로 영업 중이다.

2006년에는 루슨트가 프랑스 통신 회사인 알카텔^{Alcatel}과 합병해서 알카텔-루슨트^{Alcatel-Lucent}가 만들어졌고, 이 회사는 다시 2016년에 노키아에 인수됐다. 벨 연구소는 인수 및 합병의 파도에 휩쓸렸고, 그 과정에서 유닉스 및 1127 센터와 관련된 사람들 대부분은 다른 곳으로 흩어졌다. 1127이라는 숫자도 2005년에 있었던 조직 개편 이후 사라졌다.

제라드 홀즈먼이 1127 센터 출신 멤버들과 그들이 어디 있는지 보여주는 목록을 관리하고 있다(www.spinroot.com/gerard/1127_alumni.html). 애석하게도 너무 많은 이들이 세상을 떠났다. 남은 사람들이 가장 많이 옮겨간 곳은 구글이다. 다른 이들은 다른 회사에서 일하거나, 학교에서 학생들을 가르치거나, 은퇴했다. 정말 몇 안 되는 사람만 벨 연구소에 남아 있다.

유산

"유닉스는 이전에 사용되던 것들보다 개선된 운영체제였을 뿐만 아니라 이후에 나온 운영체제 대부분보다도 더 나았습니다."

- 더그 매클로이, 데니스 리치의 일본 정보 통신상 수상 축하 행사에서 한 발언 (2011년 5월), 토니 호어Tony Hoare가 알골에 대해 한 말을 바꿔 표현함

유닉스는 엄청나게 성공적이었다. 유닉스는 그 자체로, 또는 리눅스, 맥OS 나 다른 변종으로 수십억 대의 컴퓨터에서 실행되면서 수십억 명에게 끊임 없이 서비스를 제공한다. 유닉스 기반으로 제품을 만들어서 수십억 달러를 번 사람도 많다(창시자들은 그렇지 못했지만). 이후에 만들어진 운영체제는 유닉스를 개발하면서 이루어진 여러 가지 결정에 강한 영향을 받았다.

유닉스를 위해 벨 연구소에서 처음으로 개발한 언어와 도구는 도처에서 찾 아볼 수 있다. 프로그래밍 언어로는 오늘날 시스템 프로그래밍의 근간이 되 는 C와 C++이 있고, Awk와 AMPL 같은 더 특화된 언어도 있다. 핵심 도 구로는 셸, diff, grep, Make, Yacc 등이 있다.

GNU('GNU는 유닉스가 아닙니다GNU's not Unix'의 재귀 약어)는 많은 소프트웨어

를 모은 것으로, 누구나 사용할 수 있게 소스 코드 형태로 무료로 제공된다. GNU는 유닉스 모델에 상당 부분 바탕을 두고 있다. GNU는 유닉스에서 만들어진 거의 모든 소프트웨어를 이용할 수 있게 해줄 뿐만 아니라 훨씬 많은 것을 제공한다. 리눅스 운영체제와 결합한 GNU는 유닉스의 무료 버전이나 다름없다. 유닉스 명령어를 GNU에서 구현한 코드는 오픈 소스이므로 개발자가 사용하고 확장할 수 있다. 유일한 제약 사항은 개선한 코드를 배포하려면 모든 사람이 무료로 이용할 수 있게 해야 한다는 것이다. 즉 변경한 코드를 개인 소유로 취급해서는 안 된다. 오늘날 소프트웨어 개발에서 엄청난 양의 코드가 오픈 소스에, 많은 경우 GNU에 기반을 두고 있다.

유닉스는 어떻게 성공할 수 있었을까? 우리가 배워서 다른 환경에 적용할 만한 아이디어나 교훈이 있을까? 대답은 '그렇다'이고, 최소한 두 가지 측면에서 찾아볼 수 있다고 본다. 우선은 기술적인 면이 있고, 조직적인 면에서도 배울 점이 있다.

기술 측면

처음 몇 장에서 유닉스에서 나온 중요한 기술적 아이디어를 설명했는데, 이 부분에서는 그 내용을 짧게 요약한다. 물론 이 모든 기술이 유닉스에서 유래한 것은 아니다. 켄 톰프슨과 데니스 리치의 특별한 재능 중에는 기존의 훌륭한 아이디어를 선별하는 안목과 더불어 소프트웨어 시스템을 단순화하는 보편적 개념이나 통합적 테마를 보는 능력이 있었다. 사람들은 소프트웨어 생산성을 이야기할 때 작성된 코드 행의 수를 기준으로 삼는 경우가 있다. 유닉스 세상에서는 특수한 경우를 제거한 개수나 줄어든 코드 행의 수로 생산성을 판단하곤 했다.

계층적 파일 시스템은 기존 기술을 대폭 단순화한 것이었다. 지나고 나서 보니 아주 명백한 방식이지만 말이다(다른 대안을 찾을 수 있겠는가). 운영체제가 직접 속성을 관리하는 다양한 파일 유형을 정의하거나, 중첩될 수 있는 디렉터리 깊이에 임의로 제한을 거는 대신, 유닉스 파일 시스템은 사용자에게 쉬운 관점을 제공한다. 루트 디렉터리에서 시작해서 각 디렉터리는 하위 파일 및 디렉터리에 대한 정보를 담고, 하위 디렉터리는 또 그 하위의 파일 및 디렉터리에 대한 정보를 담는다. 파일명은 단순히 루트 디렉터리에서부터의 경로로, 파일명을 구성하는 각 요소는 슬래시로 구분한다.

파일은 해석되지 않은 바이트를 담는다. 운영체제 자체는 그 바이트가 무엇인지 신경 쓰지 않고, 그 바이트의 의미에 대해 아무것도 모른다.

대여섯 개의 간단한 시스템 호출을 이용해서 파일을 생성하고, 읽고, 쓰고, 삭제한다. 몇 개 안 되는 비트가 대부분의 용도에 적합한 접근 제어를 정의한다. 탈착 가능한 디스크 같은 저장 장치 전체가 파일 시스템에 탑재될 수 있고, 그때부터 저장 장치의 내용은 논리적으로 파일 시스템의 일부가 된다.

고르지 못한 부분도 당연히 존재한다. 디바이스가 파일 시스템상에 나타나는데, 이것은 단순화한 것이다. 하지만 디바이스에 수행되는 동작에는(특히 터미널의 경우) 특수한 경우와 아직도 정돈되지 않은 인터페이스가 있다.

여기에 내가 설명한 내용은 파일 시스템의 논리적 구조다. 이 모델을 구현하는 데는 많은 방법이 있고, 사실 최신 운영체제는 매우 다양한 구현 방식을 지원한다. 운영체제 모두 같은 인터페이스를 제공하지만 계층적 파일 시스템이 작동하게 하기 위한 구현 코드와 내부 데이터 구조는 다르다. 여러분이 사용하는 컴퓨터를 보면 이 모델을 사용하는 여러 개의 장치를 볼 수 있다. 하드디스크 드라이브, USB 메모리, SD 카드, 카메라, 휴대 전화 등등. 유닉스가 탁월했던 점은 추상화를 선택했던 방식에 있는데, 이는 놀랍도록 유용하면서도 성능 면에서 비용이 많이 들지 않을 정도로 보편적이었다.

고수준 구현 언어는 사용자 프로그램을 만드는 데 물론 사용됐지만, 운영체제 자체에도 사용됐다. 이 아이디어는 새로운 것이 아니다. 멀틱스와 몇몇 이전 운영체제에서도 시도했지만, 시대적으로 기술과 언어가 아직 준비되지 않은 상태였다. C는 이전의 프로그래밍 언어보다 운영체제 작성에 훨씬 적합했고, 운영체제가 다른 아키텍처로 이식될 수 있게 이끌었다. 하드웨어 제조사에서 나온(흔히 그들만의 독점 언어로 작성된) 독점 운영체제만 있던 때를 벗어나, 유닉스는 개방적이고 널리 이해된 표준이 된 다음에 원자재가 됐다. 즉 유닉스는 약간의 수정만으로 모든 컴퓨터에서 이용될 수 있었다. 고객은 더는 특정 하드웨어에 갇혀 있지 않아도 됐고, 하드웨어 제조사는 그들만의 운영체제나 언어를 더는 개발할 필요가 없었다.

사용자 레벨의 프로그래밍 가능한 셸은 제어 흐름문과 쉬운 입출력 리디렉션을 이용해서 프로그램들을 조립 블록처럼 이용해 프로그래밍할 수 있게 해주었다. 셸의 프로그래밍 기능이 발전하면서 셸은 프로그래머들에게 또 다른 고수준 언어로 다가왔다. 또한 셸이 운영체제의 일부가 아닌 사용자 레벨 프로그램이었기 때문에 누구든 더 나은 아이디어가 있다면 개선하고 새로 개발한 셸로 대체할 수 있었다. 최초의 유닉스 셸부터 PWB 셸, 본 셸, 빌 조이가 만든 csh로 발전해서 오늘날 다양한 셸이 넘쳐나는 현상을 보면 혜택뿐만 아니라 단점도 드러난다. 호환되지 않는 버전으로 증식하기가 너무 쉽다는 점이다.

파이프는 유닉스 발명의 정수이자, 프로그램을 임시로 연결해서 사용하는 우아하고 효율적인 방법이다. 데이터를 일련의 처리 단계로 흐르게 한다는 개념은 자연스럽고 직관적이다. 구문 규칙은 특히 간단하며, 파이프 메커니즘은 작은 도구의 모음과 아주 잘 어울린다. 물론 파이프가 모든 프로그램의 연결 문제를 해결해주지는 않는다. 하지만 더글러스 매클로이가 처음에 생각했던 완전히 일반화된 비선형 연결이라는 개념은 실제로는 잘 나타나지 않으므로 선형 파이프라인이면 거의 항상 충분히 유용하다.

도구로서의 프로그램이라는 개념과 프로그램들을 함께 연결해서 사용하는 것은 유닉스의 특징이다. 많은 일을 하려고 노력하는 한 덩어리의 큰 프로그램을 작성하는 대신, 각각 한 가지 일을 잘하는 작은 프로그램들을 작성하는 것에는 많은 이점이 있다. 한 덩어리의 큰 프로그램이 적절할 때도 분명히 있지만, 일반 사용자가 새로운 방식으로 결합할 수 있는 여러 개의 자그마한 프로그램을 사용하는 방식에는 큰 장점이 있다.

사실상 이 접근법은 전체 프로그램 레벨에서 모듈화하는 것으로, 프로그램 내부 함수 레벨에서 모듈화하는 것과 유사하다. 두 경우 모두 이 접근법은 일종의 분할 정복 전략에 해당한다. 개별 구성 요소가 더 작아지고 서로 상호작용하지 않기 때문이다. 또한 이 접근법을 이용하면 단일 패키지로 너무 다양한 일을 시도하는 대형 프로그램으로는 하기 어려운 기능을 짜 맞출 수 있다.

일반 텍스트가 표준 데이터 포맷이다. 운영체제 구석구석에서 텍스트를 사용하는 것은 훌륭한 단순화인 것으로 드러났다. 프로그램은 바이트를 읽는다. 만약 프로그램이 텍스트를 처리하기로 돼 있다면 그 바이트들은 표준 표현 방식(일반적으로 가변 길이 행으로 이루어지고 각 행은 개행 문자로 끝나는 형태)으로 돼 있을 것이다. 모든 경우에 적용되는 것은 아니지만, 대부분의 데이터가 공간적, 시간적 손실이 거의 없이 표준 표현을 사용할 수 있다. 결과적으로 작은 도구들 모두가 개별적으로 또는 서로 결합해서 어떤 데이터에 대해서든 작업을 수행할 수 있다.

유닉스가 텔레타이프 대신 천공카드를 이용하는 세상에서 개발됐다면 어떻게 달라졌을지 추측해보는 것도 흥미로운 일이다. 천공카드의 특성상 우리는 모든 것이 80개 문자 덩어리 단위로 입력되고 그 덩어리 내 고정된 필드에 정보가 들어있는 세계관에서 벗어나지 못했을 것이다.

프로그램을 작성하는 프로그램은 강력한 아이디어다. 우리가 컴퓨팅에서 이룬 진보 중 많은 부분은 기계화를 통해서 이루어졌다. 즉 컴퓨터가 우리를 위해서 더 많은 일을 하게 만드는 것이다. 프로그램을 손수 작성하는 일은 어렵기 때문에 어떤 프로그램이 우리 대신에 프로그램을 작성하게 만들 수 있다면 대단히 이득이 된다. 그렇게 하면 훨씬 일이 수월해질 뿐만 아니라 생성된 프로그램은 더 정확할 가능성도 크다.

물론 컴파일러가 오래된 사례지만, 더 높은 레벨에서는 Yacc과 Lex가 프로그래밍 언어를 만들기 위한 코드를 생성하는 훌륭한 예다. 셸 스크립트와 makefile 같은 자동화와 기계화를 위한 도구도 사실상 프로그램을 만드는 프로그램이다. 이러한 도구들은 요즘도 폭넓게 이용되며, 가끔은 파이썬 같은 언어나 GCC 같은 컴파일러의 소스 코드 배포판에 딸려오는 대량의 설정 스크립트와 makefile 생성기 형태로 나타난다.

특화된 언어는 요즘은 흔히 작은 언어, 도메인 특화 언어, 응용 특화 언어라고 불린다. 우리는 언어를 이용해서 컴퓨터에게 무슨 일을 할지 명령한다. 프로그래머 대부분에게 언어란 C 같은 범용 언어를 의미하겠지만, 더 좁은 도메인에 집중하는 특화된 언어가 많다.

셸이 좋은 사례다. 셸은 프로그램을 실행하는 것이 주용도고 그 목적을 아주 훌륭히 수행하지만, 누구도 셸을 이용해서 브라우저나 비디오 게임을 작성하기를 원하지는 않을 것이다. 언어의 특화는 물론 오래된 아이디어다. 가장 초기에 나온 고수준 언어는 특정 응용 분야를 목표로 삼았다. 예를 들어 포트란은 과학과 공학용 연산에, 코볼은 사무용 데이터 처리에 초점을 맞췄다. 너무 일찍 너무 넓은 범위에 응용할 목적으로 개발한 언어들은 때때로 좌초됐는데, PL/I가 그중 하나다.

유닉스는 특수 목적 언어와 관련해서는 오랜 전통을 갖고 있고, 그 범위는 셸에 국한되지 않는다. 내가 소중히 여기는 문서 생성용 도구가 좋은 예고, 이외에도 계산기, 회로 설계 언어, 스크립팅 언어, 어디서나 사용되는 정규 표현식도 여기에 속한다. 그토록 많은 특수 목적 언어가 있었던 이유는 비전문가가 언어를 만들 수 있도록 해준 도구가 개발됐기 때문이다. Yacc와 Lex가 주된 예고, 이 둘 자체도 특화된 언어다.

유용한 언어를 만들려고 반드시 첨단 기술을 동원할 필요는 없다. 스티븐 존슨은 하루 저녁 만에 at 명령어의 첫 번째 버전을 작성했다.

> "유닉스에는 시간이 오래 걸리는 작업이 다른 사람의 일을 방해하지 않도록(유닉스 컴퓨터를 열 명 안팎이 공유했다는 점을 기억하자) 작업이 '시간 외에' 실행되도록 스케줄링하는 방식이 있었습니다. 작업이 나중에 실행되도록 하려면 시스템 파일을 편집해서 다소 모호한 형식으로 된 표에 정보를 채워넣어야 했습니다. 어느 날 이 까다로운 기능을 이용하려고 시도하다가 '새벽 2시에 이 작업이 실행됐으면 좋겠는데'라고 중얼거리는 제 자신을 발견했습니다. 갑자기, 저는 할 일에 대한 정보를 간단한 구문으로 담아낼 수 있다는 것을 깨달았습니다. 'at 2AM run_this_command(새벽 2시에 이 작업을 실행해)'처럼 말이죠. 저는 몇 시간 만에 첫 버전을 만들어냈고 다음 날 아침에 '오늘의 메시지' 파일로 알렸습니다."

at 명령어는 40년 넘게 지난 지금도 이용되고, 많이 바뀌지도 않았다. 다른 여러 언어들처럼 이 명령어의 구문 규칙은 우리가 소리 내어 읽는 방식에 바탕을 둔 일종의 형식화된 영어로 돼 있다.

프로그래밍 스타일이자 컴퓨팅 과제에 접근하는 방법에 대한 스타일인 **유닉스 철학**The Unix philosophy은 더글러스 매클로이가 『Bell System Technical Journal』의 유닉스 특별호(1978년 7월) 머리말에서 요약한 내용으로 다음과 같다.

(1) 각 프로그램이 한 가지 일을 잘 하게 만들라. 새로운 일을 하려면 오래된 프로그램에 새로운 '기능'을 추가함으로써 복잡하게 만드는 대신 프로그램을 새로 만들라.

(2) 모든 프로그램의 출력이 다른(아직 알려지지 않은) 프로그램의 입력이 될 것을 예상하라. 프로그램의 출력에 관련 없는 정보를 집어넣지 말라. 엄격히 열로 구분되거나 바이너리 형식으로 된 입력을 피하라. 대화식 입력 방식을 고집하지 말라.

(3) 소프트웨어를(심지어 운영체제라도) 일찍, 이상적으로는 수주 이내에 사용해볼 수 있게 설계하고 구축하라. 어설픈 부분을 버리고 다시 구축하는 것을 망설이지 말라.

(4) 프로그래밍 과제의 부담을 덜고자 할 때 비숙련자의 도움보다는 도구를 우선적으로 사용하라. 도구를 구축하기 위해 시간이 더 걸리고 도구를 사용한 다음에 일부는 버려야 할 것으로 예상하더라도 그렇게 하라.

이상은 프로그래밍할 때 마음에 새겨야 할 좌우명으로, 항상 지켜지지는 않는다. 한 가지 예로 3장에서 언급한 cat 명령어를 보자. 이 명령어는 한 가지 일, 즉 입력 파일이나 표준 입력의 내용을 표준 출력으로 그대로 옮겨 쓰는 일을 했다. 오늘날 cat의 GNU 버전에는 12개의 옵션이 있는데(꾸며내는 것이 아니다) 행에 번호를 붙이거나, 비인쇄 문자를 표시하거나, 중복된 빈 행을 제거하는 등의 용도로 사용한다. 이 모든 옵션의 기능은 기존 프로그램들로 쉽게 처리할 수 있고, 어느 것도 바이트를 옮겨 쓰는 핵심 기능과 아무런 관련이 없다. 게다가 핵심 도구를 복잡하게 만드는 것은 역효과를 낳는 것처럼 보인다.

물론 유닉스 철학이 프로그래밍에서 모든 문제를 해결해주지는 않는다. 하지만 시스템 설계와 구현에 접근하는 데 유용한 지침을 제공해준다.

조직 측면

유닉스의 성공에 영향을 준 또 다른 큰 요소는 비기술적인 요인이다. 벨 연구소의 관리 체계 및 조직 구조, 1127 센터의 사회직 환경, 우애 넘치는 환경에서 다양한 문제를 연구하는 재능 있는 구성원 간에 이루어진 아이디어의 흐름 등을 포함한다. 이것들은 기술적 개념보다 객관적으로 평가하기 어려우므로 어쩔 수 없이 더 주관적이다. 기술 측면에서와 마찬가지로, 이 부분의 내용도 대부분은 앞서 언급한 바 있다.

안정적인 환경은 아주 중요하다. 자금, 자원, 사명, 구조, 관리, 문화가 모두 일관성 있고 예측 가능해야 한다. 1장에서 묘사한 것처럼 벨 연구소 연구 부문은 긴 역사와 확실한 사명(범용적인 서비스)을 가진 대규모 회사 내부의 큰 개발 조직에서 큰 업무 부문이었다. 전화 서비스를 계속해서 개선한다는 벨 연구소의 장기 목표는 곧 연구원들이 중요하다고 생각하는 아이디어를 장기간, 심지어 몇 년씩(몇 달마다 그들의 노력을 정당화할 필요 없이) 탐구할 수 있음을 의미했다. 물론 업무 감독이 이루어졌고, 몇 년간 아무런 결실 없이 같은 프로젝트를 진행하는 사람에게는 뭔가 바꿔볼 것을 권장했다. 가끔은 누군가 연구 부문에서, 또는 회사에서 완전히 물러나도록 하는 일도 있었지만, 내가 관리자로 일했던 15년간은 몇 번 없었던 일이다.

자금 지원은 보장됐고, 실무 연구자들은 돈에 신경 쓸 필요가 없었다. 내가 부서장으로 있을 때조차 돈 걱정을 할 일은 없었다. 물론 어떤 직급에서는 누군가 그런 사안에 대해 신경 썼겠지만, 연구하는 사람들은 아니었다. 연구 제안서가 없었고, 분기 진행 보고서도 없었으며, 뭔가 착수하기 전에 경영진의 허가를 구할 필요가 없었다. 내가 부서장이 되고 한참 지난 다음에 부서 내 활동에 대한 반기 보고서를 만들어야 해서 각 부서원에게 한 단락씩 써달라고 요청하기는 했다. 하지만 이것들은 정보를 공유할 목적으로만 취합했고 성과를 평가할 목적은 아니었다. 이따금 출장에 대해서 더 면밀히 조사하던 때도 있었다. 아마도 1년에 콘퍼런스 참석은 한두 번만 하는 것으로 제한됐을 것이다. 그러나 대부분은 장비를 사거나 출장을 가야 할 때 별다른 문제 없이 예산을 쓸 수 있었다.

문제가 풍부한 환경. 리처드 해밍이 말한 것처럼 중요한 문제를 놓고 일하지 않는다면 중요한 일을 하고 있지 않을 가능성이 있다. 하지만 거의 어떤 주제라도 중요하게 부각되고 AT&T의 통신에 대한 사명과 연관될 가능성이 있었다. 컴퓨터 과학은 새로운 분야였고, 이론과 실제 두 측면 모두에서 탐구할 아이디어가 많았다. 물론 이론과 실제 간의 상호작용은 특히 풍부한 결실을 맺었다. 언어 도구와 정규 표현식이 좋은 예다.

AT&T 내에서 컴퓨터의 사용은 폭발적으로 증가했고 유닉스가 큰 부분을 차지했다. 특히 프로그래머 워크벤치에서 볼 수 있듯이 운영 지원을 위한 시스템에서 그랬다. 주류인 전화 사업도 바뀌고 있었는데, 전기 기계식인 전화 스위치가 컴퓨터로 제어되는 전자 스위칭 방식에 자리를 내주고 있었다. 이런 변화도 흥미로운 데이터와 프로젝트의 원천이 됐고, 직접 연구하거나 간접적으로 기여할 수도 있었다. 한 가지 안 좋았던 점이라면 대부분의 스위칭 관련 업무가 인디언 힐(일리노이주 네이퍼빌)에 있는 대규모 개발 부문에서 수행됐기 때문에, 협업하려면 시카고로 출장을 가야 했다는 것이다. 먼 거리는 극복하기 힘들고 요즘에도 문제가 된다. 훌륭한 화상 회의 시스템이 있다 한들 바로 옆에 협업할 사람들이 있고 근처에 전문가 집단이 있는 것과는 비교할 수 없다.

벨 연구소 과학자들은 학술 연구 커뮤니티에도 참여해야 했다. 이는 연구할 문제와 통찰력의 또 다른 원천이 됐고, 제록스^{Xerox} 팰로앨토 연구소^{Palo Alto Research Center}나 IBM 왓슨 연구소^{Thomas J. Watson Research Center} 같은 다른 산업계 연구소에서 진행 중인 연구와 보조를 맞추는 데 도움이 됐다. 우리는 같은 콘퍼런스에 참석하고, 같은 저널에 글을 게재했으며, 종종 학계 동료와 공동 연구를 진행했다. 연구원이 다른 연구소에서 안식년을 보내는 양방향 교류가 이루어지기도 했다. 일례로 나는 1996년 가을을 하버드 대학교에서 학생들을 가르치면서 보냈는데, 벨 연구소에서 전체 비용을 지원해줬다. 심지어 내 연봉까지 지급해줬으므로 하버드 대학은 무료 서비스를 받은 셈이다. 1999~2000학년도 프린스턴 대학교에서도 마찬가지였다.

많은 동료가 내부 강의 외에도 대학교에서 학생들을 가르쳤다. 근처에 있는 프린스턴 대학교, 뉴욕 대학교, 컬럼비아 대학교, 미 육군사관학교에는 강의할 기회를 쉽게 마련했고, 더 멀리 있는 곳에 장기 방문하는 것도 그보다 아주 어렵지는 않았다. 켄 톰프슨은 캘리포니아 대학교 버클리에서 1년을 보냈고, 롭 파이크는 호주에서 1년을, 더글러스 매클로이는 옥스포드 대학교에서 1년을 보냈다. 외부에 벨 연구소를 드러내는 것은 채용뿐만 아니라 전반적인 연구 분야의 흐름을 따라가는 데 중요했다. 비밀스러운 회사는 재능 있는 인재를 끌어모으는 데 어려움을 겪었는데, 이 점은 현재도 마찬가지인 듯하다.

최고의 인재 채용. 인적 자원은 매우 세심히 관리됐다. 특히 채용 면에서 그랬다. 1127 센터에서 우리는 보통 일 년에 한두 명만 뽑을 수 있었고, 거의 항상 젊은 연구원을 뽑았다. 따라서 채용 결정은 매우 신중하게 이루어졌는데, 어쩌면 지나치게 신중했을 수도 있다. 이는 물론 대학 학과에서도 익숙한 문제다. 특정 분야에서 뛰어난 연구자를 뽑아야 할지, 폭넓게 재능 있는 다른 연구자를 뽑아야 할지 명백하지 않을 때가 있다. 스티븐 존슨이 한때 이야기한 것처럼, 만능 운동선수를 뽑을지 1루수를 뽑을지의 문제라고나 할까. 내가 선호한 기준은 자신의 연구 분야에서 정말로 훌륭한 재능이 있는 사람을 뽑는 것으로, 어떤 특정 분야인지에 대해서는 별로 개의치 않았다.

어쨌든 벨 연구소는 훌륭한 인물을 끌어모으기 위해 애썼다. 연구 부문 채용 담당자가 일 년에 한두 번 대학교 주요 컴퓨터 학과를 방문했고, 박사 학위 후보자를 찾았다. 유망한 사람을 발견하면 그 사람이 벨 연구소를 며칠 동안 방문하도록 초대했고, 보통은 1127 센터뿐만 아니라 다른 몇몇 그룹에서도 면접을 진행했다. 1장에서 언급한, 여성과 소수 집단 출신을 위한 '여성을 위한 대학원 연구 프로그램'이나 '협력 연구 장학금 프로그램'도 큰 도움이 됐다. 프로그램에 참여하면서 대학원 시절에 이미 우리와 함께 상당한 시간을 보낸 우수한 학생들이 정식 채용의 후보자가 됐기 때문이다.

벨 연구소는 채용 전문가가 아닌 연구자들을 채용 담당자로 썼다. 자신만의 연구를 활발히 진행 중인 사람은 교수나 학생들과 기술적인 대화를 나눌 수 있었고, 그 과정에서 항상 뭔가 유용한 것을 배우거나 회사에 대한 긍정적인 인상을 남길 수 있었다.

대학교와의 관계는 장기로 진행되는 편이었다. 나는 적어도 15년간 피츠버그에 있는 카네기 멜런 대학교 채용 담당을 맡았다. 일 년에 두 번 대학교를 방문해 며칠을 보내면서 컴퓨터 과학과 교수들과 그들이 진행하는 연구에 대해 이야기하고, 벨 연구소에서 일하는 데 관심이 있을지 모를 학생들과 이야기를 나눴다. 그들이 비록 연구소에 들어오지 않더라도 이런 시간을 통해 좋은 친구를 사귀었다. 좋은 대학교들이 활발하게 채용을 진행했고 산업계 상위 연구소도 마찬가지였기 때문에 인재 채용은 매우 경쟁적이었다. 그래서 내가 개인적으로 뽑고 싶었지만 빠져나간 사람이 많았다. 그들 대부분에 대한 내 판단은 확실히 옳았다. 이후 그들은 매우 성공적인 연구 성과를 보였다.

기술적 관리. 관리자들은 자신이 관리하는 일을 이해해야 한다. 벨 연구소 연구 부문에서는 일반 관리자부터 연구소장에 이르기까지 모두 기술적인 배경을 지녔기 때문에 자신이 관리하는 조직 내부와 다른 조직에서 진행되는 일을 빈틈없이 이해했다. 부서장은 부서원들이 하는 일을 실제로 상세하게 알아야 했는데, 얼마나 대단한 일인지 주장할 목적이 아니라 다른 사람에게 그 일을 설명하고 서로 연결을 맺는 데 도움을 주기 위해서였다. 적어도 1127 센터에서는 세력 다툼이 없었다. 관리자가 부서원들을 지지하는 협동적이고 비경쟁적인 환경이어서, 협업이 자주 이루어졌고 서로 경쟁하는 일은 전혀 없었다. 이것이 벨 연구소 전체에 보편적인 현상이었는지는 확실하지 않지만, 협력하는 분위기를 만드는 것은 목표로 삼을 가치가 있고 이런 분위기를 잘 유지하는 관리자가 보상을 받는 체계를 마련하는 것이 이상적이다.

벨 연구소 경영진은 모두 기술에 관해 잘 알고 있었지만, AT&T의 상위 경영진은 새로운 기술 흐름에서 동떨어져 있고 변화에 적응하는 데 느린 것처럼 보였다. 일례로 1990년대 초반에 1127 센터장이었던 알렉산더 프레이저가 AT&T 중역들에게 네트워킹 기술이 향상되면 당시 1분에 10센트였던 장거리 통화 가격이 1분에 1센트로 떨어질 수 있다고 이야기했다가 비웃음을 산 일이 있다. 요즘의 장거리 통화 가격은 거의 1분에 0센트에 가깝다. 알렉산더는 너무 보수적으로 잡은 것이었다.

협력하는 환경. 벨 연구소의 조직 크기와 연구 규모는 어떤 기술 영역에든 다수의 전문가가 있고 그들이 종종 각 분야에서 세계를 선도하는 연구자였음을 방증했다. 게다가 연구소의 문화는 매우 협조적이고 서로 돕는 분위기였다. 누군가의 사무실에 걸어 들어가서 도움을 요청하는 것은 지극히 통상적인 절차였다. 거의 대부분의 경우 요청 받은 사람은 발 벗고 나서서 도움을 줬다. 최상급 기술 도서관도 있었는데, 하루 종일 열려 있었고 매우 다양한 저널을 구독했으며 다른 도서관에 원격으로 접근할 수 있었다. 대학교 도서관과 유사하지만 과학과 기술에 초점을 맞춘 도서관이었다.

1127 센터에 있는 많은 이들과 가장 가까이 있는 관련 전문가 집단은 수학 연구 센터Mathematics Research Center인 1121 센터였다. 1121 센터에는 로널드 그레이엄Ronald Graham, 마이클 개리, 데이비드 존슨, 닐 슬론Neil Sloane, 피터 쇼어Peter Shor, 앤드루 오들리스코Andrew Odlyzko 등을 포함한 비범한 수학자들이 많았다. 당시 세계에서 가장 주목할 만한 통계학자로 알려졌던 존 투키John Tukey(그는 '비트'라는 단어를 만들어낸 사람이다)도 복도 바로 건너편에 있었고, 수학과 통신의 거의 모든 연구 영역에 걸쳐 범접하기 어려운 전문가들이 있었다. 예를 들면 현재 프린스턴 대학교에서 나와 동료로 지내는 로버트 타잔Robert Tarjan도 수학 연구 센터에 있었는데, 그는 1986년에 존 홉크로프트와

튜링상을 공동 수상했다.

그들은 항상 도움을 줄 준비가 돼 있었고, 이는 기술적인 문제에 국한되지 않았다. 예를 들어 로널드 그레이엄은 뛰어난 수학자였을 뿐만 아니라 저글링 전문가였고 국제 저글링 협회의 전 회장이었다. 그의 사무실에는 공이 바닥에 떨어지기 전에 받아 낼 그물망도 있었다. 로널드는 누구든 20분 안에 저글링하게 가르칠 수 있다고 말하곤 했다. 내 경우에는 유감스럽게도 그렇지 않았던 것 같지만, 1시간 동안 (그의 사무실에서!) 일대일로 지도를 받은 다음에 어느 정도 감을 잡았던 것 같다. 나는 그가 연습하라고 줬던 라크로스 공을 아직 갖고 있다.

재미. 일을 즐기고 동료와 즐거움을 나누는 것은 중요하다. 1127 센터는 거의 항상 재미있는 공간이었고, 일 때문만이 아니라 놀라운 그룹의 일원이라는 정신이 우리를 하나로 묶어주었다. 주변에 따로 외식할 곳이 없었으므로 점심 시간에는 회사 식당에서 시사 토론과 기술 논의가 벌어졌다. 유닉스 방 단골들은 보통 오후 1시에 점심을 먹었지만, 더 많은 사람이 오전 11시에 시간 맞춰 먹었다. 대화는 작고 큰 기술적인 아이디어부터 정치 이슈까지 가리지 않고 거의 모든 주제를 망라했다. 식사 후에는 종종 벨 연구소 구내를 걸으면서 대화를 이어갔다.

1127 센터 멤버들은 서로 장난을 쳤고, 큰 회사에서 불가피한 관료주의에 저항하면서, 어쩌면 지나칠 정도로 즐거워했다. 앞서 배지 착용 지시를 무시한 이야기를 이미 언급했다. 이외에도 윗선에서 권고한 다양한 관례와 절차 덕분에 저항할 기회가 더 있었다.

예를 들면, 일정한 규칙을 위반하는 차에 보안 담당 직원이 딱지를 붙이게 돼 있었다. 어느 봄날, 마이크 레스크는 빈 딱지를 발견하고는 '4월 1일까지 스키 걸이를 치우지 않음'이라는 위반 사항을 적어서 동료 차의 앞 유리에 붙여두었다. 여기서 이름을 밝히지는 않겠지만 그 동료는 몇 시간 동안 여기에 감쪽같이 속아 넘어갔다.

단연코 가장 공들인 장난은 적어도 열 명이서 (노벨상 수상자인) 아노 펜지어스에게 쳤던 장난으로, 롭 파이크와 데니스 리치가 주도했고 프로 마술사인 펜 & 텔러가 도움을 줬다. 책에 담기에는 너무 길어서, 이 유명한 연구소 사기 행각에 대한 이야기는 데니스가 웹 사이트에 정리한 것으로 대신한다(www.bell-labs.com/usr/dmr/www/labscam.html). 영상은 www.youtube.com/watch?v=if9YpJZacGI에 있다. 나는 참여자 목록 끝 부분에 현장 감독으로 나오는데, 실제로 그 역할을 했고 접착테이프가 많이 필요했다.

벨 연구소에 공짜 음식은 없었지만(요즘 생긴 혜택으로, 예전에 있었다면 내가 감사히 여겼을 것이다), 그래도 공짜 커피는 어떻게든 마련했다. 사실은 경영진에서 조용히 커피 비용을 대줬다.

사람들은 유닉스 방에 공익을 위해 음식을 놓고 가곤 했다. 어떤 사람은 고품질 초콜릿 블록 10kg을 발견해서 사람들이 조금씩 맛볼 수 있도록 놓고 갔다. 하지만 음식이 항상 그 정도 수준이었던 것은 아니다.

"누군가 중국어로 이름이 쓰인 물건 봉지를 가져왔습니다. 우리 모두 그중 하나를 골라서 먹어보고는 포기했죠. 그러고 나서 음식이 사라지고 있음을 알아챘습니다. 아무개(실명 보호 차원에서)가 먹고 있었던 것으로 드러났죠. 봉지가 거의 비어갈 때쯤 중국어를 아는 사람이 와서 포장지에 있는 설명에 '먹기 전 끓는 물에 한 시간 동안 담가두세요'라고 돼 있다고 알려줬어요."

그와 동시에 우리는 요즘 자주 보이는 팀워크 조성 활동 같은 것에는 전혀 열의가 없었고 부정적인 반응을 보이기까지 했다. 우리 대부분은 그런 종류의 활동은 억지스럽고 무의미하고 시간 낭비라고 생각했다.

구성원이 서로 좋아하고 존중하며 서로 함께 있는 것을 즐기는 조직을 만들고 유지하는 데는 노력이 든다. 이런 조직은 경영진의 지시나 외부 컨설팅으로 만들 수 있는 것이 아니다. 좋은 조직은 함께 일하고, 때때로 함께 놀고, 다른 사람이 잘 하는 일을 인정하기를 즐기다 보면 유기적으로 자라난다.

인정과 평가

유닉스와 유닉스의 주 창시자인 켄 톰프슨과 데니스 리치는 그들이 세상에 기여한 바에 대해 공로를 인정받았다. 그들이 1983년에 ACM 튜링상을 받았을 때 수상 선정 위원회는 다음처럼 이야기했다.

> "유닉스 시스템의 성공은 몇 가지 주요 아이디어를 높은 기술적 안목으로 선택하고 우아하게 구현한 데서 비롯됐습니다. 유닉스 시스템 모델은 한 세대 동안 소프트웨어 설계자들이 프로그래밍에 관해 새로운 방식으로 생각하도록 이끌어주었습니다. 유닉스 시스템의 천재성은 프로그래머가 다른 프로그래머의 작업을 기반으로 개발할 수 있게 해주는 그 프레임워크에 있습니다."

또한 그들은 1999년에 미국 기술 메달을 받았다. [그림 9-1]은 빌 클린턴 전 대통령과 찍은 사진으로, 켄이나 데니스가 양복을 입고 넥타이를 맨

보기 드문 사례다. 벨 연구소는 당시 기준으로 보면 매우 격식에 얽매이지 않는 환경이었다. 데니스가 온라인 자서전에서 다음처럼 말한 바 있다. "켄의 보이지 않는 코트 뒷자락*은 깁니다. 나는 켄의 아내인 보니 외에 그가 진짜 코트를 입은(게다가 검은 넥타이까지 맨) 것을 한 번 넘게 본 몇 안 되는 사람 중 하나입니다." 나는 켄이 정장을 차려입은 것을 한 번도 본 적이 없다.

그림 9-1 켄, 데니스, 빌 클린턴 전 대통령, 미국 기술 메달 수상식, 1999

다른 포상으로는 미국 국립 공학 아카데미의 회원이 된 것과 2011년에 일본 정보 통신상을 받은 것이 있다. 일본 정보 통신상 표창장은 유닉스와 그들의 공로를 다음처럼 평가한다.

> "당시 많이 사용되던 다른 운영체제와 비교해서 그들이 만든 새롭고 진보된 운영체제는 더 단순하고 빨랐으며, 사용자 친화적인 계층적 파일 시스템을 제공했습니다. 유닉스는 C 프로그래밍 언어와 함께 개발됐는데, C는 운영체제를 작성

---

* 옮긴이_ 원서에서 사용한 coat-tail은 '선거에서 약한 동료 후보자를 함께 당선시키는 강한 후보자의 힘'이라는 뜻으로도 사용된다. 켄 톰프슨의 덕을 많이 봤다는 중의적 표현으로 해석할 수 있다.

하는 데 아직도 널리 이용되며 유닉스 소스 코드의 가독성과 이식성을 극적으로 개선했습니다. 결과적으로 유닉스는 임베디드 시스템, 개인용 컴퓨터, 슈퍼 컴퓨터를 포함한 다양한 시스템에서 사용하게 되었습니다."

"또한 유닉스는 인터넷 개발 배후의 원동력이었습니다. 캘리포니아 대학교 버클리가 버클리 소프트웨어 배포판(BSD)을 개발했는데, BSD는 인터넷 프로토콜 모음인 TCP/IP를 이용해서 구현된 유닉스의 확장 버전이었습니다. BSD 개발은 벨 연구소가 1975년에 대학교와 연구 기관에 소스 코드와 함께 배포한 유닉스 제6판에 기반을 두었고, 이러한 개발 양상은 '오픈 소스' 문화의 시작으로 이어졌습니다. BSD 유닉스는 인터넷의 실현에 도움을 줬습니다."

다른 인정은 더 격식 없는 곳에서 나타났는데, 유닉스와 C 언어가 대중문화에 들어왔다는 신호였다. 일례로 C 언어가 인기 TV 프로그램 〈제퍼디!〉에 등장한 적이 있다.

> 발신: 데니스 리치(**dmr@cs.bell-labs.com**) 2003년 1월 7일 (화) 02:25:44
> 제목: 혹시 못 본 사람을 위해
> 지난 금요일 밤 <제퍼디!>의 '글자 맞히기'(모든 답이 한 글자였음)라는 코너에서, 2천 달러짜리(가장 어려운) 문제가 다음처럼 나왔습니다.
> "1970년대 초에 개발됐고, 유닉스 운영체제의 주된 프로그래밍 언어입니다."

이외에 컴퓨터 광들에게 가장 흥미로울 만한 대목을 꼽자면, 1993년 영화 〈쥬라기 공원〉의 유명한 한 장면에서 13살짜리 렉스 머피(배우는 아리애나 리처즈)가 "유닉스 운영체제네요! 나 이거 알아요"라고 말한다. 그녀는 파일 시스템을 탐색하여 출입문을 제어하는 부분을 찾고, 출입문을 잠가서 공룡 벨로키랍토르에 잡아먹힐 뻔한 모든 사람들을 구한다(그림 9-2).

1127 센터의 다른 멤버들도 유닉스가 가능하게 해준 풍부한 환경 덕분에

그들의 직업적 공로에 대한 인정을 받았다. 그중에는 켄과 데니스 외에 미국 국립 공학 아카데미의 회원인 1127 센터 출신 여덟 명이 있다.

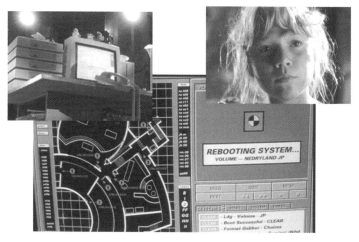

그림 9-2 〈쥬라기 공원〉에 나온 유닉스

역사는 반복될 수 있을까?

또 다른 유닉스가 나올 수 있을까? 새로운 운영체제가 갑자기 나타나서 몇십 년 내에 세상을 지배할 수 있을까? 나는 유닉스에 대해 이야기할 때 이 질문을 자주 받는다. 내 대답은 '아니오'로, 적어도 현재는 그렇다. 혁명은 일어나지 않을 것이다. 더 그럴듯하게 이야기하자면, 운영체제는 계속 진화하겠지만, 유닉스의 유전자는 오래 살아남을 것이다.

하지만 컴퓨팅의 다른 영역에서 비슷한 성공이 일어날 수 있다. 언제든 창조력이 넘치는 사람들이 있고 좋은 관리자도 있게 마련이며, 하드웨어는 매우 저렴하고 훌륭한 소프트웨어는 흔히 무료다. 반면 이제는 규제가 없는 환경이 드물고, 산업계 연구는 50년 전보다 훨씬 줄어든 데다, 제약 하에 단기 목표에 집중하며 학계 연구도 항상 자금 지원에 묶여 있다.

그래도 나는 낙관적이다. 훌륭한 아이디어는 개인에게서 나온다고 믿기 때문이다.

예를 들어 초창기 유닉스에 공헌한 사람의 수는 매우 적었다. 핵심은 켄 톰프슨 한 명이라고 볼 수 있다. 그는 내가 여태까지 만난 사람 중에 최고의 프로그래머이자 비길 데 없이 독창적인 사고방식의 소유자다. 켄과 함께 유닉스의 공동 창시자로 연결되는 데니스 리치는 매우 중요한 기여자였고, 그가 만든 C 프로그래밍 언어는 초창기 유닉스의 발전에 중심 요소이자 여전히 컴퓨팅의 만국 공통어다.

프로그래머들이 매일 사용하는 언어 중 얼마나 많은 것들이 한두 명이 작업한 결과인지 조사해보는 데서 교훈을 얻을 수 있다. 자바(제임스 고슬링James Gosling), C++(비야네 스트롭스트룹), 펄Perl(래리 월Larry Wall), 파이썬(귀도 반 로섬Guido van Rossum), 자바스크립트(브렌던 아이크Brendan Eich)를 포함한 거의 모든 주요 프로그래밍 언어가 여기에 해당한다. 프로그래밍을 더 쉽고 안전하게 해주는 새로운 언어가 계속 나올 거라고 충분히 예상할 수 있다. 또한 그러한 흐름이 단 하나의 언어로 귀결되지는 않을 거라고 보는 것이 타당할 것이다. 모든 목적에 우수한 단일 언어가 만들어지기에는 너무 많은 트레이드오프가 존재하기 때문이다.

스타트업에서 시작해서 조 단위 가치의 기업이 된 구글, 페이스북, 아마존, 트위터, 우버와 다른 많은 회사들은 한두 명의 기발한 아이디어에서 비롯됐다. 이러한 사례는 더 나오겠지만, 새 아이디어가 나오고 새 회사가 나타나면 기존의 큰 회사가 재빨리 낚아챌 가능성도 있다. 기발한 아이디어는 지켜질 것이고, 발명자들은 충분히 보상을 받겠지만, 큰 물고기가 작은 물고기를 꽤 빨리 잡아먹을 것이다.

훌륭한 관리도 또 다른 성공 요소다. 이 점에서는 더글러스 매클로이가 단연 돋보인다. 뛰어난 지적 능력과 비할 데 없는 기술적 판단력, 동료가 개발한 것이라면 뭐든지 처음으로 사용해보는 관리 스타일을 지닌 리더였다. 유닉스 자체와 C, C++ 같은 언어, 많은 유닉스 도구가 모두 더글러스의 훌륭한 안목과 날카로운 비평 덕분에 개선됐다. 사용자 설명서부터 수십 권의 영향력 있는 책까지 유닉스와 관련된 온갖 종류의 문서도 마찬가지다. 나는 이점에 대해 개인적인 경험을 들어 증언할 수 있다. 더글러스는 내가 1968년에 쓴 박사 논문의 외부 검토자였고, 내가 쓴 기술 문서와 책에 예리한 논평을 제공했으며, 50년이 넘게 지난 지금도 내 글에 관심을 갖고 보고 있다.

벨 연구소 관리자들은 기술적으로 유능했고, 특히 1127 센터 관리자들은 더욱 그랬기에 좋은 연구를 평가할 줄 알았다. 또한 간섭하지 않는 방향을 추구했기에 특정 프로젝트를 밀어주거나 특정한 접근법을 강요하지 않았다. 벨 연구소에서 30년 넘게 일하는 동안 나는 무슨 연구를 할지 지시받은 적이 없다. 윌리엄 베이커의 뒤를 이어 벨 연구소 연구 부문 부소장으로 일한 브루스 해네이[N. Bruce Hannay]는 『A History of Engineering and Science in the Bell System』(1983)에서 다음과 같이 이야기했다.

> "연구 과학자에게 선택의 자유는 극도로 중요합니다. 연구란 미지의 영역을 탐구하는 일이고, 여기에는 어떤 길을 택해야 할지 알려주는 로드맵이 없기 때문입니다. 각각의 과학적 발견은 연구의 다음 경로에 영향을 미치며, 누구도 발견을 예측하거나 예정할 수 없습니다. 그래서 벨 연구소 관리자들은 연구자들에게

가능한 최대한의 자유를 제공합니다. 이는 벨 연구소의 목적과 일치합니다. 연구하는 사람들은 그들의 창조적인 능력 때문에 선택됐고, 우리는 그들이 창조력을 최대한 발휘할 것을 장려합니다."

이러한 '거의 절대적인 자유'에 대해 내가 지금까지 봤던 가장 좋은 예는 켄 톰프슨과 조 콘딘이 자신들이 만든 체스 컴퓨터 벨로 했던 연구다. 어느날 벨 연구소 연구소장인 윌리엄 베이커가 유닉스 방으로 특별한 방문객을 데려왔고, 켄은 벨을 자랑했다. 방문객은 왜 벨 연구소가 컴퓨터 체스 연구를 지원하는지 물었다. 전화와 아무 관련이 없어 보였기 때문이다. 윌리엄 베이커가 대신 대답했다. "벨은 특수 목적 컴퓨터를 실험한 것으로, 이는 새로운 회로 설계 및 구현 도구의 개발로 이어졌습니다. 그리고 벨 연구소가 다른 분야에서도 눈에 띄도록 해주었습니다." 켄은 어떤 해명도 할 필요가 없었다.

좋은 연구를 하는 큰 비결은 훌륭한 사람들을 채용하고, 그들이 연구할 흥미로운 주제가 있는지 확인한 다음, 장기적인 안목을 취하고, 방해가 되지 않게 비켜주는 것이다. 물론 완벽하지는 않았지만, 벨 연구소 연구 부문은 이 일을 전반적으로 잘했다.

당시 컴퓨팅은 기술적인 공백 상태에 놓여 있지 않았다. 트랜지스터 발명에서 집적회로 발명으로 이어진 시대상은 50년 동안 컴퓨팅 하드웨어가 계속 기하급수적으로 작아지고 빨라지고 저렴해졌음을 의미한다. 하드웨어가 향상되면서 소프트웨어는 더 쉬워졌고, 우리가 소프트웨어를 어떻게 만들어야 할지 이해하는 방식도 개선됐다. 유닉스는 기술 발전의 물결을 탔고, 다른 많은 운영체제도 마찬가지였다.

서문에서 말한 것처럼 유닉스는 어쩌면 특이점^{singularity}이었을 수 있다. 즉 컴퓨팅 세상을 바꾼 상황들의 유일무이한 조합 말이다. 나는 운영체제 분야에서 우리가 다시 이런 현상을 볼 것 같지는 않다. 하지만 몇몇 재능 있는 사람들이 훌륭한 아이디어와 환경적 지원에 힘입어 그들의 발명으로 세상을 바꾸는 일이 다시 일어나지 말라는 법은 없다.

나에게 벨 연구소와 1127 센터는 놀라운 경험이었다. 무한한 가능성, 그리고 그 가능성을 최대한 활용한 최고 수준의 동료와 함께한 시간과 장소였다. 이 정도의 창조 과정을 공유하는 경험을 할 만큼 운 좋은 사람은 거의 없다. 특히 그 경험을 공유한 친구와 동료를 만날 수 있었던 것은 가장 큰 행운이었다.

> "우리가 지키고자 했던 것은 그저 프로그래밍을 하기에 좋은 환경이 아니라 유대감을 형성할 수 있는 시스템이었습니다. 우리는 경험을 통해 공동 컴퓨팅의 본질이 (…) 단지 천공기 대신에 터미널로 프로그램을 입력하는 것이 아니라 밀접한 소통을 북돋우는 것이라는 점을 알았습니다."
>
> - 데니스 리치, 「The Evolution of the Unix Time-sharing System」, 1984년 10월

참고 자료

"작성자가 명시되지 않은 거의 모든 영역에 데니스 리치와 켄 톰프슨의 이름이
붙는다고 가정해도 무방할 것입니다."

"이야기를 더 하자면 보고서가 아닌 책 한 권이 필요할 거고, 가능하면 유닉스 개
발에 직접 참여했던 사람보다는 감정에 좌우되지 않는 학자가 쓰는 편이 바람직
할 것입니다."

- 더글러스 매클로이, 「A Research Unix Reader」(1986)

많은 유닉스 이야기가 온라인에 존재한다(모두 웹에서 검색 가능한 형태인 것
은 아니다). 약간의 행운과 더불어 유닉스 헤리티지 소사이어티나 컴퓨터
역사 박물관 등 아마추어 및 프로 역사가들의 실로 헌신적인 작업 덕분이
다. 더 상세한 내용은 인터뷰 비디오와 구술 역사 녹음본에서 구할 수 있다.
그중 일부는 AT&T의 홍보물처럼 동시대에 만들어진 것이고, 나머지는 훗
날 회고하는 자료다. 이 참고 자료 목록은 전혀 완벽하거나 포괄적이지 않
지만, 유닉스에 대해 더 파고들고자 하는 독자에게 좋은 시작점이 될 것이
다. 문서 중 다수는 인터넷에서 찾을 수 있다.

『A History of Engineering and Science in the Bell System』은 주로
1970년대와 1980년대에 벨 연구소 기술직 멤버들이 쓴 일곱 권의 책이며
합치면 거의 5천 쪽에 달한다. 그중 한 권은 비교적 최근에 도래한 컴퓨팅
에 대해 다룬다.

벨 연구소는 s3-us-west-2.amazonaws.com/belllabs-microsite-
unixhistory/index.html에 유닉스의 역사에 대한 짧은 페이지를 관리하

고 있다.

1960년대와 1970년대 초에 벨 연구소 음성 및 음향 연구 센터의 일원이었던 A. 마이클 놀은 noll.uscannenberg.org에 그가 연구소에서 보낸 시절에 대한 회고록을 썼고, 연구소장이었던 윌리엄 베이커의 논문에 편집자로 참여했던 이야기도 다뤘다. 그 밖에 다양하고 유익한 정보도 찾아볼 수 있다. 벨 연구소에 대한 기본적인 사실을 파악하고 음성 및 음향 연구 센터의 분위기가 어땠는지 알고자 한다면 아주 흥미롭게 읽을 수 있을 것이다. 벨 연구소의 우애롭고 개방적인 분위기에 대한 마이클의 기억은 전반적으로 나의 기억과 일치한다. 다만 그는 벨 연구소 조직이 내가 생각하는 것보다 훨씬 일찍부터 무너지기 시작했다고 보는 것 같은데, 아마도 우리가 (조직 구조상으로는 밀접했지만) 서로 다른 영역에 있었기 때문일 것이다.

톰 반 블렉[Tom Van Vleck]은 멀틱스에 대한 역사적 정보를 철두철미하게 기록한 multicians.org를 관리한다.

1978년 7월에 발간된 『Bell System Technical Journal』의 유닉스 특별호에는 몇몇 핵심 논문이 들어 있다. 4장 도입부에 언급한 「Communications of the Association for Computing Machinery」 논문의 업데이트된 버전, 켄의 「Unix Implementation(유닉스 구현)」, 데니스의 「A Retrospective(회고)」를 비롯해서, 스티븐 본이 셸에 관해서 쓴 논문과 테드 돌로타, 리처드 하이트[Richard Haight], 존 매시가 PWB에 대해 쓴 논문도 있다.

1984년에 발간된 『AT&T Bell Labs Technical Journal』의 유닉스 특별

호에는 흥미로운 기고문이 많이 실렸다. 그중에 데니스 리치의 논문 「The Evolution of the Unix Time-sharing System」과 비야네 스트롭스트룹이 쓴 「Data Abstraction in C」도 있다.

더글러스 매클로이의 「A Research Unix Reader」는 유닉스의 역사적 배경을 파악하는 데 특히 좋은 자료다. genius.cat-v.org/doug-mcilroy에서 찾을 수 있다.

워런 투미가 많은 자원봉사자의 도움을 받아서 운영하는 유닉스 헤리티지 소사이어티는 초기 유닉스 코드와 문서 여러 버전을 보존해왔다. 아주 흥미롭게 둘러볼 만한 곳이다. 예를 들어 www.tuhs.org/Archive/Distributions/Research/Dennis_v1에는 데니스 리치가 제공한 유닉스 제1판 코드가 있다.

프린스턴 대학교 과학사 교수였던 고(故) 마이클 머호니는 1989년 여름과 가을에 1127 센터 멤버 열 명 내외를 인터뷰하고 유닉스의 역사에 대해 폭넓은 구술 기록을 만들었다. 마이클이 직접 글로 옮긴 문서와 편집된 인터뷰 내용은 프린스턴 대학 역사학과에서 관리한다. www.princeton.edu/~hos/Mahoney/unixhistory에서 찾아볼 수 있다. 마이클은 최고의 역사학자였을 뿐만 아니라 프로그래머였다. 자신이 다루는 주제가 무엇인지 실제로 이해했기에 그와 나눈 인터뷰에는 상당한 기술적 깊이가 있다.

수치 컴퓨팅의 선구자이자 벨 연구소에서 여성 연구자로 선구적인 역할을 한 필리스 폭스는 2005년에 산업응용수학 학회Society for Industrial and

Applied Mathematics와 구술 역사 인터뷰를 했다. 인터뷰는 history.siam.org/oralhistories/fox.htm에서 볼 수 있다. 이 페이지는 이식성 있는 PORT 포트란 라이브러리에 대한 자세한 설명도 포함한다.

2019년 5월에 미 동부 빈티지 컴퓨터 축제에서 켄 톰프슨과 나눈 담화는 www.youtube.com/watch?v=EY6q5dv_B-o에서 볼 수 있다.

유닉스 초기 역사에 대한 두 권의 책은 무료로 다운로드 가능하다. 돈 리브스Don Libes와 샌디 레슬러Sandy Ressler가 쓴 『Life with Unix』(1989)와 피터 살루스Peter Salus가 쓴 『A Quarter Century of Unix』(1994)다.

(노키아) 벨 연구소 웹사이트에 데니스 리치의 사이트가 보존돼 있다. 데니스가 쓴 논문 대부분과 다른 역사적 자료로 연결되는 링크를 제공한다. 주소는 www.bell-labs.com/usr/dmr/www다.

BSD의 중심인물 중 하나인 마셜 커크 매쿠식Marshall Kirk McKusick은 BSD의 역사에 대해 세심한 글을 썼다(www.oreilly.com/openbook/opensources/book/kirkmck.html). 이언 다윈Ian Darwin과 제프 콜리어Geoff Collyer는 약간 다른 관점에서 BSD에 대한 통찰을 더 제공한다(doc.cat-v.org/unix/unix-before-berkeley).

찾아보기